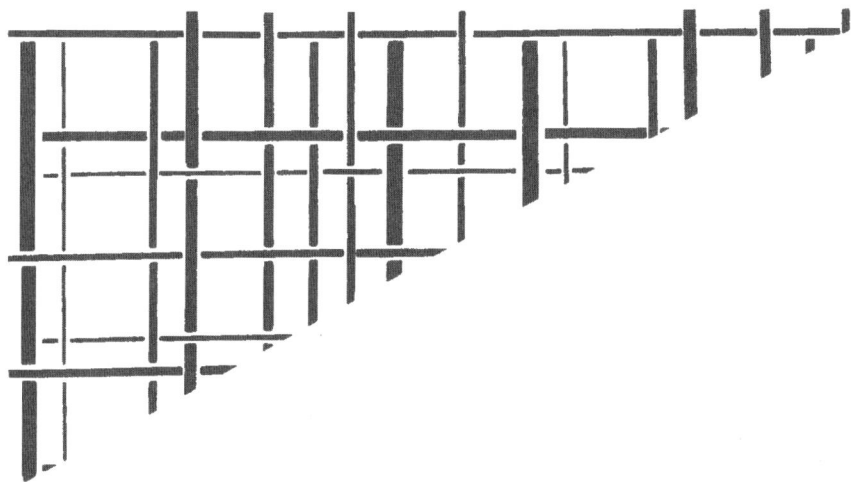

U0610805

东盟

中国—东盟区域发展省部共建协同创新中心
广西大学中国—东盟研究院 编著

国情报告
2017 ~ 2018

经济管理出版社
ECONOMY & MANAGEMENT PUBLISHING HOUSE

图书在版编目（CIP）数据

东盟国情报告（2017～2018）/中国—东盟区域发展省部共建协同创新中心，广西大学中国—东盟研究院编著．—北京：经济管理出版社，2020.8
ISBN 978 - 7 - 5096 - 7324 - 9

Ⅰ. ①东…　Ⅱ. ①中…　②广…　Ⅲ. ①东南亚国家联盟—研究报告—2017 - 2018
Ⅳ. ①D814.1

中国版本图书馆 CIP 数据核字（2020）第 146069 号

组稿编辑：张巧梅
责任编辑：张巧梅　侯娅楠
责任印制：黄章平
责任校对：王淑卿

出版发行：经济管理出版社
　　　　　（北京市海淀区北蜂窝 8 号中雅大厦 A 座 11 层　100038）
网　　　址：www. E - mp. com. cn
电　　　话：（010）51915602
印　　　刷：北京晨旭印刷厂
经　　　销：新华书店
开　　　本：720mm×1000mm/16
印　　　张：15
字　　　数：286 千字
版　　　次：2020 年 8 月第 1 版　　2020 年 8 月第 1 次印刷
书　　　号：ISBN 978 - 7 - 5096 - 7324 - 9
定　　　价：88.00 元

编　委　会

总　序

　　广西壮族自治区与东盟国家传统友谊世代相传，东盟国家是我国血脉相连、守望相助的好邻居、好伙伴。广西大学的专家、学者很早就专门针对东盟政治、经济、社会问题展开了一系列的研究并取得了一批优秀成果。2002 年，广西大学商学院联合原广西大学东南亚研究中心共同研究出版了——《中国—东盟经济与管理问题研究系列丛书》。2005 年，广西大学整合全区高校和相关部门的研究力量，在原广西大学东南亚研究中心（1995 年成立）的基础上，成立了中国—东盟研究院，并再次编辑出版《中国—东盟自由贸易区研究文库》和《中国—东盟自由贸易区论丛》。2011 年在"211 工程"重点学科建设的支持下，广西大学中国—东盟研究院出版了《广西大学中国—东盟研究院文库》。2013 年，中国—东盟自由贸易区建成 3 周年之际，中国—东盟区域发展研究创新团队作为自治区首批八桂学者设岗团队，入选教育部"长江学者和创新团队发展计划"，并推出《中国—东盟研究文库》。为了进一步推动学界、业界对中国—东盟国家合作发展情况以及东盟国家在各领域最新发展与变化的全方位了解，中国—东盟区域发展协同创新中心、广西大学中国—东盟研究院决定从 2014 年开始，每年就东盟十国与中国合作与发展的情况推出《中国—东盟合作发展报告》系列成果。同时，从 2017 年开始设立"东盟国情报告"重大项目，每年推出《东盟国情报告》系列成果。这一系列成果的发布，对于加强中国—东盟区域发展重大理论与实践问题的综合研究做出了重要贡献，对于面向东盟的战略决策给予了全面性、前瞻性、科学性的指导，同时也见证了广西大学中国—东盟研究团队的成长与壮大。

　　2013 年，习近平主席创新性地提出"一带一路"倡议，这是构建人类命运共同体的伟大实践，而东盟国家处于"一带一路"的陆海交汇地带，是中国推进"一带一路"建设的优先方向和重要伙伴。"一带一路"倡议提出近 6 年来，取得了巨大成就，也促进了东盟国家的发展，一大批互联互通、产能合作项目稳步推进，中国—东盟合作已经成为亚太区域合作中最为成功和最具活力的典范。

但是经济间的相互依存也意味着经济摩擦的出现，产品的同质性造成同类竞争的出现，同时国际关系的波动等一系列问题使得中国—东盟命运共同体的建设面临重重困难。特别是在当前贸易主义抬头、逆全球化思想暗流涌动的大格局变动下，发展中国家将会深受其害。中国与东盟唯有携手前行，秉承"互助共建""开放共享"新理念，才能实现国家利益的互利共赢。2015 年 3 月，习近平主席视察广西时指出，"随着国家推进'一带一路'建设，广西在国家对外开放大格局中的地位更加凸显，要加快形成面向国内国际的开放合作新格局，把转方式调结构摆到更加重要的位置，做好对外开放这篇大文章"。站在新的历史起点上，广西迎来了历史性的发展机遇，同时也为广西大学中国—东盟研究院未来的研究指明了方向，提出了更高的要求。对此，2015 年，由广西大学牵头、以中国—东盟研究院为建设载体的中国—东盟区域发展协同创新中心在北京举行第二轮组建签约，将成员单位扩至 28 家，致力于针对中国—东盟政治互信、中国—东盟经济合作、中国—东盟命运共同体建设、次区域合作模式和理论创新、国际化人才培养模式创新等一系列重大问题展开协同攻关，以破解中国—东盟区域发展中的重大理论和政策难题。

在协同机制的推动下，中国—东盟区域发展协同创新中心及广西大学中国—东盟研究院实现重大突破。截至 2019 年 5 月，研究院科研人员已承担国家社科重大项目、教育部重大攻关项目共 6 项，围绕这些重大项目，形成了中国—东盟关系发展战略、合作机制与规则研究，中国—东盟经贸合作与区域经济一体化研究，中国—东盟产业合作、资源综合利用与生态保护研究三大研究方向，涵盖"一带一路、中国—东盟自由贸易区、中国—东盟命运共同体、泛北部湾区域经济合作、大湄公河次区域合作"等热点领域。同时，基于理论和实践研究，积极产出能对国家重大决策产生实际影响、重大经济效益和社会效益的成果，通过学术平台建设与全球研究东盟领域的智库合作互动，为党中央、国务院和地方党委、政府民主决策、科学决策做出贡献。目前，中国—东盟区域发展协同创新中心成果文库已有 61 篇政策建议入选中共中央对外联络部《当代世界研究》、外交部《外交政策咨询专报》、教育部《教育部简报（高校智库专刊）》等中央、自治区内参和要报或获得党和政府领导人的批示，其中 3 篇获得中央政治局常委、国务院副总理的批示，为国家相关部门制定对外合作特别是中国与东盟合作领域的政策发挥了重要的智囊和参谋作用。

2015 年，党的十八届五中全会首次提出"国家大数据战略"，2017 年，《大数据产业发展规划（2016～2020 年）》实施，推进大数据产业发展成为党中央、国务院的重大战略部署。在大数据对接东盟方面，建立中国—东盟信息港已成为国家"十三五"规划纲要的重大项目，而广西作为中国—东盟信息港建设的支点，打造面向东盟开放合作的数字新高地和数字丝路的重要门户迫在眉睫。在此背景下，中国—东盟区域发展协同创新中心紧跟国家、时代步伐积极开展大数据研究，于 2018 年 9 月在广西壮族自治区人民政府的支持下，建立中国—东盟信息港大数据研究院。目前，大数据研究院已建成中国—东盟全息数据研究与资讯中心平台、"一带一路"综合大数据平台、东盟舆情监测平台，正努力构建以数据挖掘为关键要素和以区块链为关键技术的中国—东盟合作数字经济，将大数据技术融入、贯通到中国—东盟研究中，为中国—东盟信息港建设助力，为党和国家制定相关国家战略提供前沿性的参考依据，为参与"一带一路"建设以及走向东盟的相关企业、组织或个人提供大数据应用服务。中国—东盟大数据研究的开展进一步提升了协同创新中心东盟研究的水平与特色，使得广西大学东盟研究始终处于全国领先地位。

一直以来，本人密切关注中国—东盟区域发展协同创新中心成果文库的最新进展并聚焦中国—东盟领域的相关研究，近年来，在广西大学中国—东盟研究院的不懈努力下，特别是在中国—东盟区域发展协同创新中心的建设推动下，中国—东盟区域发展协同创新中心成果文库研究成果喷涌而出，如今又添硕果。这是广西大学中国—东盟研究院以及以其为建设载体的中国—东盟区域发展协同创新中心聚焦东盟领域重大现实问题、热点难点问题，服务国家战略的又一体现。我相信通过这些成果的出版将进一步促进我国学界、业界对东盟国家各领域的最新发展与变化的全方位了解，进一步加强对中国—东盟深层次问题的思考与讨论，从而形成新的观点，碰撞出新的火花，为"一带一路"倡议下的中国—东盟命运共同体建设献计献策。谨此作序，以表祝贺。

于洪君

2019 年 8 月

序

　　作为东盟新的 50 年起始之年——2018 年，全球经济疲软的征兆显现，民粹主义盛行，美国针对许多国家开征关税，全球性的贸易摩擦升温，中美贸易摩擦拉开序幕并不断加剧。在美国举起单边主义和保护主义大旗，欧盟一体化受到冲击的当下，东盟这边却风景独好，呈现出完全不同的景象。在政治上，东盟各国趋于稳定。虽然马来西亚第 14 届大选实现了国家独立以来首次政党轮替，但政局基本实现了平稳过渡。柬埔寨的大选尘埃落定，人民党仍大局在握。缅甸议会中期补选，民盟依旧是最大赢家。印度尼西亚、新加坡、泰国有序推进 2019 年大选准备。文莱任命了新的内阁，并致力于政府部门效率的提高。老挝、越南、菲律宾在不断加大反腐的力度。在稳定政局的基础上，"一带一路"建设、全球性贸易摩擦等反而给东盟各国提供了良好的发展机会，诸多的国际资本流向东盟地区，国际产业链加速布局东盟，使 2018 年东盟各国的经济增长成为饱受下行压力的全球经济的一抹亮点。其中，柬埔寨和越南 2018 年的经济增速分别高达 7.3% 和 7.08%，成为全球经济高速增长的国家。印度尼西亚、泰国经济增速实现近几年新高，老挝、缅甸、文莱的经济实现了增长。新加坡、马来西亚、菲律宾的经济增速虽然有一些放缓，但经济总体仍然是稳定的。在社会、文化等方面，东盟各国仍然延续了平衡发展的态势。《东盟国情报告（2017~2018）》将会从各个方面把东盟各国的精彩呈现给读者。

　　《东盟国情报告（2017~2018）》是中国—东盟区域发展协同创新中心、广西大学中国—东盟研究院从 2017 年开始设立"东盟国情报告"重大项目的成果之一，本书已经是第三期报告书。广西大学中国—东盟研究院的十个国别研究所成立于 2013 年。从成立伊始，各个国别研究所便针对所研究的国家开展深度研究，并定期编制和发布东盟十国的舆情周报和每月专题分析报告。为了与更多关心东盟国家发展情况的读者一起分享东盟国别研究的成果，中国—东盟区域发展协同创新中心、广西大学中国—东盟研究院决定从 2017 年开始设立"东盟国情报告"重大项目，在舆情周报和每月专题分析报告的基础上，每年针对东盟各国的政治、经济、安全、外交、区域合作、社会文化、发展展望等方面进行系统研究，对热点问题进行剖析，形成年度的国情报告并出版。2017 年由东盟研究院撰写的第一期《东盟国情报告（2015～2016）》系列丛书，将每个国家的年度国情报告写成一本书，力求详细阐述各个国家各个方面的历史沿革与现状。从第二期国情报告，即从《东盟国情报告（2016～2017）》开始，将十个国家的年度国情报告合成一本书出版，力求在第一次报告的基础上把各国最新的各个领域的年度情况予以阐述和展现。《东盟国情报告（2017～2018）》作为第三期国情报告延续了这个体例。有所不同的是，《东盟国情报告（2015～2016）》系列丛书、《东盟国情报告（2016～2017）》是各个国别研究所的全体研究人员共同完成的，而《东盟国情报告（2017～2018）》是在中国—东盟研究院领导的指导下，第一次由国别研究助理执笔，并由各国别研究所所长以及中国—东盟研究院的专家修订、指正下完成的。国别研究助理由了解各国国情的青年研究人员所组成，他们每天跟进东盟十国的新闻动态，是东盟十国的舆情周报和每月专题分析报告的主要完成人员。作为国别研究的中坚力量，他们既有国别研究的热情，同时，也在不断积累国别研究的经验，他们既要面对国别研究的困难，也在不断克服困难的过程中成长。他们的文笔虽然还比较青涩，但是，从由他们执笔的《东盟国情报告（2017～2018）》中能看到他们的付出与诚意，以及他们在跟进一个国家开展日积月累的研究过程的心得与点滴。正值《东盟国情报告（2017～2018）》付梓之际，衷心感谢参与本书撰写的研究人员，感谢支持本项目研究的领导与国内外各界人士！同时，衷心希望第三期国情报告能得到读者的认可，并对本书不足之处予以批评指正，以便未来在新的报告中得到进步，期待东盟国情系列报告能越来越好！

梁淑红

2019 年 7 月 31 日

目　录

第一章 2017～2018 年文莱国情报告[*]

第一节 引言

回顾 2018 年，文莱在政治上对内阁成员进行了更换，任命了新内阁成员。在经济上依旧依赖油气产业，其他行业对文莱经济贡献提升不大。文莱与其他国家保持密切的关系，军事交流以互访为主，积极参与打击跨国犯罪。2018 年 11 月，中国国家主席习近平访问了文莱，这将进一步推动中国与文莱的关系，加强各领域的交流与合作。

第二节 政治

一、文莱苏丹任命新内阁

1. 重视伊斯兰教的国教地位

马来伊斯兰君主制是文莱的政治制度，也是文莱苏丹王朝赖以统治的根基。2018 年，文莱继续保持多年来的发展格局，政治社会保持稳定。

2018 年 1 月，在原任内阁未到 5 年的任期下，文莱苏丹通过全国电视台和电台宣布了新的 5 年政府内阁，在将国家宗教司与国家大法官两职位阶级拉至与部

---

* 本章由李阳阳负责撰写。李阳阳，广西大学国际学院（中国—东盟信息港大数据研究院）文莱舆情助理。

长同等级别之余，也任命丕显伊沙为新内阁中添加的苏丹特别顾问一职。文莱苏丹提高宗教司和法官的等级，旨在提高伊斯兰教和执法人员的地位，希望继续实施政教合一，巩固政权。

苏丹在公布新内阁阵容时也感谢那些未能再次获委为内阁正副部长的上任内阁成员过去所做出的贡献。对于新一任内阁成员，苏丹表示，获任命为内阁成员是一种信任的体现。内阁成员必须对这份信任全面地负责，尽责地去履行被委任的责任。苏丹补充道，这份信任犹如与真主之间的契约。新内阁成员任期为5年，新成员组成如表1-1所示。

表1-1　新内阁成员

内阁成员	职务
哈桑纳尔·博尔基亚	苏丹、首相、国防部长、财政部长、外交与贸易部长
阿穆达迪·比拉王储	首相府高级部长
拿督穆迪	首相府部长
丕显阿布巴卡	内政部长
丕显巴达鲁丁	宗教部长
拿督阿里阿邦	初级资源与旅游部长
丕显哈尔毕	第二国防部长
拿督刘光明	第二财政部长（财政部更名为财政经济部）
拿督苏海米	发展部长
拿督艾瑞万	第二外交与贸易部长
拿督伊山姆	卫生部长
拿督玛苏尼	能源与工业部长
拿督哈姆扎	教育部长
穆塔里布	交通部长
拿督阿米奴丁	文化青年体育部长
拿汀艾琳达	首相署副部长
拿督巴伦	宗教副部长
拿督阿玛汀	财政副部长
拿督迈沙杜朱	能源与工业副部长
拿汀罗麦查	教育副部长

2. 超过半数新内阁成员由新人出任

在重新改组的新内阁中，9名原任正副部长再度被任命为新内阁成员，其余

11 个正副部长职位则由新人出任。而文莱苏丹在新内阁中则继续出任首相、国防部长、财政部长及外交与贸易部长 4 要职。继续留任在新内阁中的其中 4 名副部长分别跃升第二部长或部长。王储在新内阁中继续出任首相府高级部长之职，巴拉旺阿米南被委任为新任文莱皇家武装部队的指挥官。

二、政府部门更名重组

文莱苏丹还任命和调任了多位政府高级官员，包括文莱首席大法官等高级官员。经过苏丹授意，2018 年 9 月，文莱进行了以下部门名称的更改：财政部改为财政经济部、外交与贸易部改为外交部。经济规划和发展部（JPKE）、外交部贸易司、文莱经济发展局（BEDB）和外国直接投资行动和支持中心（FAST）于 2018 年 9 月合并且编入财政经济部，拿督刘光明任命为首相府的第二财政部长（财政经济部长）兼文莱经济发展委员会主席。财政经济部扩大体现文莱苏丹希望改善文莱经济严重依赖油气产业的状况，由此加快经济发展。

原来由比拉王储执掌的国家灾难管理委员会在文莱苏丹的授意下改为由内政部长执掌。国家灾难中心已经采取了积极的措施加强与东盟人道援助协调中心的合作，将提高面对文莱国内外各类灾难的能力。

一系列政府高级官员的职位的调整与部门改革所透露出来的信息是：首先，苏丹希望新内阁能够加强政府部门的管理，将国家宗教司和大法官拉至与部长同等级别，苏丹希望增强伊斯兰的国教地位，继续巩固苏丹政府政权，稳固马来伊斯兰君主制意识形态。其次，文莱希望继续通过全球的招商引资，加快经济多元化的发展。苏丹还表示要加强农业与工业能源领域的建设，优先发展农业，对发展企业和能源领域要有专注力，并需要进一步深化多元化发展目标，实现 2035 年宏愿。

三、提升政府部门效率

为提升公共服务水平的决心，进一步构建公务员体系绩效文化，2018 年 6 月，首相署办公室管理服务部（MSD）通过星级评定研讨会为公共部门绩效评分计划（3PSA）举行了特别会议，8 个政府机构参加了研讨会，每个机构都需要在其各自的机构进行自我评估。为提高公共服务领域服务质量和效率，激发政府员工的创新力和工作热情，文莱在公务员日首次颁发了公共部门绩效评级计划奖。依托这项评级，苏丹希望政府机构继续为卓越的公共服务提高各自的机构行政管理。

3PSA 计划的实施能够对公务员制度产生积极影响，鼓励"结果导向"方法和政府机构之间的良性竞争，增强动力，激发"团队文化"。关于公务员的创新，首相府将通过管理服务部和公务员制度研究所提出的"首要创新奖"，以此审查文莱公务员草案的公务员制度创新，该奖项旨在帮助提高公务员的效率和效力。文莱希望通过公共部门绩效评级计划，鼓励政府部门之间的良性竞争，对国家公务员队伍产生积极影响。

第三节　经济

一、文莱经济实现连续四个季度增长

自 2017 年第二季度到 2018 年第一季度，文莱连续四个季度实现经济正增长，数据显示，以当前价格计算，文莱 2018 年第一季度 GDP 总额为 43.92 亿文元（约合 32.27 亿美元）；以不变价格计算，GDP 总额为 47.43 亿文元（约合 34.85 亿美元），较上年同期增长 2.8%。以当前价格计算，相比 2018 年第二季度的 45.82 亿文元，文莱第三季度的 GDP 总额为 45 亿文元，以不变价格计算，GDP 总额为 45.11 亿文元①，同比负增长 1.1%。文莱 2018 年第四季度的 GDP 总额则为 48.13 亿文元，同比增长 1%，如表 1-2 所示。根据国际货币基金组织（IMF）2018 年数据显示，文莱 2018 年保持增长势头，GDP 增速为 2.3%②。

表1-2　按当前和不变价格计算的 GDP（2017~2018 年）

年份	2017				2018			
GDP	第一季度	第二季度	第三季度	第四季度	第一季度	第二季度	第三季度	第四季度
当前价格（亿文元）	40.98	43.45	39.78	43.25	43.92	45.82	45.0	48.13
不变价格（亿文元）	46.23	44.51	45.64	47.38	47.43	43.26	45.11	47.83
同比增长率（以不变价格计算）	-1.3	0.2	1.3	5.2	2.8	-2.6	-1.1	1.0

2018 年第三季度，石油和天然气行业在 GVA（Gross Value Added）产值中

---

① 文莱经济计划与发展局. Economic Planning and Development, Prime Minister's Office Brunei Darussalam [EB/OL]. http://www.depd.gov.bn/SitePages/Foreign%20Direct%20Investment.aspx.

② IMF. IMF Executive Board Concludes 2018 Article IV Consultation with Brunei Darussalam [EB/OL]. [2018-10-10]. https://www.imf.org/en/News/Articles/2018/10/12/pr18389imf-executive-board-concludes-2018-article-iv-consultation-with-brunei-darussalam.

的比例按不变价格下降了2.4%。下降的原因主要与液化天然气和甲醇制造量下降7.4%，石油和天然气开采量下降0.7%有关。按当前价格计算，2018年第三季度油气业产值为26.18亿文元，而2017年第三季度为21.10亿文元，2018年第三季度油气业GVA贡献率为57.3%，原因为第三季度石油和液化天然气的价格均大幅上涨。2018年第三季度增长0.5%，2018年第四季度，非石油和天然气行业继续增长6.8%。2018年第四季度，油气行业按不变价格计算同比下降3.3%，下降的主要原因是液化天然气和甲醇的制造减少了6.3%，石油和天然气的开采减少了2.3%（见表1-3）。油气产业仍旧是文莱经济增长的引擎，但非油气行业的贡献率正在逐渐增加，文莱仍需努力发展多元化经济，继续降低对油气产业的过度依赖。

表1-3　文莱油气业和非油气业GVA贡献率对比

GVA	2018年第一季度	2018年第二季度	2018年第三季度	2018年第四季度
当前价格（亿文元）				
油气	26.19	28.19	26.18	26.85
非油气	18.64	18.26	19.52	21.87
合计	44.83	46.45	45.70	48.72
不变价格（亿文元）				
油气	28.76	25.20	25.93	26.98
非油气	19.54	18.89	20.03	21.76
合计	48.30	44.09	45.96	48.74
GVA贡献率（%）				
油气	58.4	60.7	57.3	55.1
非油气	41.6	39.3	42.7	44.9
增长率（按当年价格,%）				
油气	4.4	-2.6	-2.4	-3.3
非油气	-0.1	-3.0	0.5	6.8
合计	2.5	-2.8	-1.2	1.0

　　文莱产业结构主要由三大产业组成：农林牧渔业、工业和服务业。2018年第四季度的GVA现值计算可见，以油气业为主的工业对GDP贡献率最高（59.4%），其次是服务业（39.7%），贡献率最低的是农林牧渔业（0.9%）。

其中，农业和渔业产量下降，林业、家禽和畜牧业产量增长。农林牧渔业产值为444万林吉特，占总 GVA 约 0.9%。文莱土地面积狭小且贫瘠，不适合农作物种植，农林牧渔业占文莱经济比重很小。虽然文莱大力推行农业发展，但是还未见成效。

工业部门 GVA 贡献率在 2018 年第二季度下降了 2.0% 后第三季度又下降了 2.2%，在第四季度继续下降 2.3%。这主要是由于液化天然气和甲醇、食品和饮料产品、服装和纺织品制造业、石油和天然气开采业产值均下降了，但是水电、其他制造业、建筑业都有所增长。按当前价格计算，工业部门的产值约为 28.6亿林吉特，占总 GVA 的 59.4%。工业仍旧是文莱国民经济的主要支柱，油气行业仍旧对文莱经济发展十分重要。

文莱服务业产值为 19.32 亿文元，本季度增长 6.4%，GVA 贡献率约为39.7%。由于多个部门产值提高，服务业整体产值也相应提高了。相比于 2017年同期，服务业 GVA 贡献率变化不大。

二、CPI 微幅上涨

2018 年文莱消费者价格指数（Consumer Price Index，CPI）比 2017 年增长0.1%，其中，食品和非酒精饮料 CPI 指数上升 1.9%。与此同时，由于特定私立学校的小学和中学学费增加，教育行业 CPI 上涨了 1.8%。卫生医疗上涨了2.5%。但是，由于家具、家庭设备和日常家庭维修费用下降了 0.9%，服装和鞋类价格指数下降了 4.4%，消费者 CPI 有所缓和。2018 年全年，食品和非酒精饮料 CPI 指数增长了 1.9%，与此同时，非食品 CPI 下降了 0.3%。文莱 2018 年通货膨胀率为 0.1%，通货膨胀水平保持基本稳定，涨幅很小。

三、营商环境改善

根据世界银行发布的《2018 年全球营商环境报告》显示，2018 年，在列的190 个国家和地区中，文莱在全球营商环境排名中从 2016 年的第 84 位上升到2018 年的第 56 位。在东盟地区，只有文莱和马来西亚的排名有所改善。文莱进入 2018 年改善最大的前 10 位国家名单，"获得信贷""开创企业""获取电力"和"纳税"等指标的得分均有所提高。排名越高，表示该经济体的监管环境越有利于开启和运营一家本地企业。尽管文莱努力改善所有指标的业务相关流程，但由于其他参与经济体实施的改革和竞争力不断提高，报告中的几项指标均下滑，包括"处理建筑许可证"和"跨境贸易"。文莱大力支持中小型企业的发展，中小型企业将成为文莱经济发展的新动力。营商环境的提高为中小型企业的发展提供了有利条件。

四、对外贸易

2018 年 1～12 月，文莱贸易总额增长了 21.1%，贸易平衡减少了 5.9%。文莱对外贸易最新的统计显示[①]，2018 年的贸易总额为 144.94 亿文元，其中出口总额为 88.72 亿文元，进口总额为 56.22 亿文元。同时，2018 年的出口和进口贸易平衡与 2017 年的 34.55 亿林吉特相比减少至 32.5 亿文元。2018 年 1～12 月的对外贸易数据如图 1-1 所示。

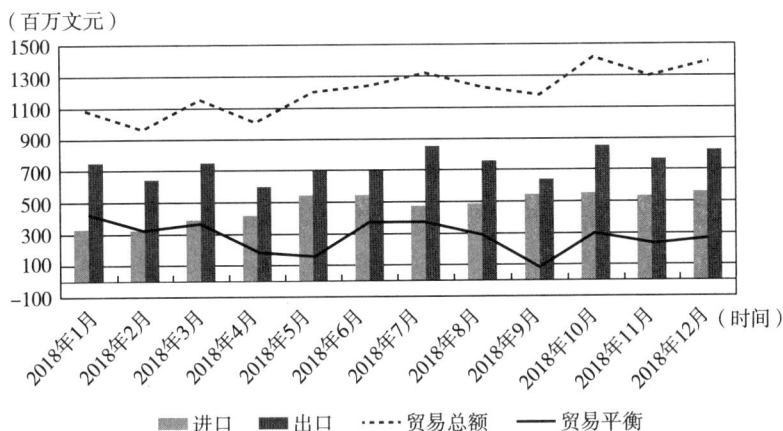

图 1-1 文莱出口、进口、贸易总额和贸易平衡（2018 年 1～12 月）
资料来源：文莱经济计划与发展局。

从文莱的贸易结构来看，2018 年，总出口额占比最高的是矿物燃料，其次是化学品和机械与交通工具，出口额分别为 8072.9 百万文元、332.7 百万文元和 231.8 百万文元。与 2017 年一致，2018 年，文莱进口额排名第一、第二、第三位的依旧是机械和交通工具、制成品和食品，进口额分别为 2154.0 百万文元、1600.2 百万文元和 612 百万文元。与 2017 年相比，2018 年文莱进出口均增长较快。

2018 年，文莱对日本的出口一直稳居榜首，文莱的其他主要出口国主要集中在亚洲国家。在文莱主要进口来源国中，中国稳居文莱第一进口来源国，文莱进口来源国排名前三的国家包括中国、新加坡和马来西亚。总的来看，文莱的主要进出口国集中在亚太地区，主要是指域内东盟国家和东亚中日两国。

---

① 文莱经济计划与发展局. Economic Planning and Development, Prime Minister's Office Brunei Darussalam [EB/OL]. http://www.depd.gov.bn/SitePages/Foreign%20Direct%20Investment.aspx.

第四节　安全

一、以访问为主的军事合作

文莱国土面积小并且人口少，因此，文莱的军事力量发展十分有限。尽管如此，文莱拥有陆军、海军和空军，军种齐全并且重视军事发展。同时，文莱一向非常重视与东盟国家、区域外大国进行军事交流与合作，以此保障国家安全。2018 年，文莱通过参加防展、互访、军事演习、国防军事会议等方式继续加强与区域内外国家的国际安全交流与合作，国防安全状况保持稳定。

表 1-4　2018 年文莱军事国际合作一览表

编号	时间	合作国家	事件	形式
1	2 月 3 日	日本	3 艘日本海上自卫队（JMSDF）海外培训游轮停靠摩拉港，对文莱进行为期 4 天的友好访问	访问
2	2 月 21 日	美国	文莱苏丹接见美国太平洋司令部司令小哈里宾克利·哈里斯上将	接待
3	3 月 24 日	马来西亚	文莱皇家武装部队司令前往马来西亚进行访问，先后拜会了马来西亚国防部长和马来西亚武装部队国防部司长	访问
4	3 月 29 日	澳大利亚	文莱和澳大利亚举行了第 16 次文澳联合防务工作委员会会议	会议
5	4 月 2 日	马来西亚	马来西亚皇家海军指挥官拜访文莱皇家武装部队代指挥官，获颁文莱海军指挥官勋章	接待
6	4 月 5 日	新加坡	文莱皇家武装部队指挥官阿米南对新加坡进行了防务访问	访问
7	4 月 14 日	新加坡	文莱皇家陆军部队司令访问新加坡	访问
8	4 月 20 日	英国	英国武装部队及文莱皇家武装部培训学院举办 2018 年区域丛林作战演习和研讨会，也进行丛林进攻行动示范	演习、会议
9	4 月 26 日	澳大利亚	澳大利亚皇家海军舰队 HMAS TOOWOOMBA 到访文莱并与文莱皇家海军进行作战演习	访问、演习
10	5 月 14 日	新加坡	新加坡总统哈莉玛对文莱皇家武装部队和国防学院进行访问	访问

编号	时间	合作国家	事件	形式
11	5月15日	新加坡	新加坡陆军参谋长对文莱国防部进行介绍性访问	访问
12	6月1日	英国	英国国防部长抵达文莱国际机场，文莱第二国防部长哈尔比少与之进行双边会谈。在会议期间，双方都重申了文莱与英国之间长期和强有力的双边防务关系	访问、会议
13	7月26日	澳大利亚	第二国防部长接待了由澳大利亚议员Rowan Ramsey率领的议会代表团礼节性拜访。拜访旨在重申两国之间密切和长期的双边防务关系	会议
14	8月17日	美国	文莱皇家陆军和美国陆军太平洋司令部举行"Exercise Pahlawan Warrior 2018"联合军演，旨在加强军队之间的合作，并通过丛林训练和城市行动提高其军事人员的技能	军演
15	8月31日	新加坡	苏丹接待了新加坡武装部队国防部队长	接待
16	9月1日	东南亚	第17届年度东南亚合作与培训（SEACAT）演习于8月27日在新加坡举行，有9个国家参加，包括文莱	演习
17	9月10日	英国	文莱皇家武装部队（RBAF）和英国皇家海军之间的Setia Kawan第三次联合军事演习	军演
18	10月22日	马来西亚	文莱皇家武装部队和马来西亚武装部队完成了两项双边军事演习，即14/2018系列的MALBRU Setia演习和11/2018系列的Mertak Bersatu演习	军演
19	10月27日	中国、东盟	文莱第二国防部长参加2018北京香山论坛，文莱皇家海军参加东盟—中国海上联演	会议、演习
20	11月13日	美国	第24届文莱—美国联合海上战备与训练（CARAT）合作演习	军演
21	11月23日	泰国	文莱苏丹接见泰国国防军总司令，两国希望继续加强国防领域的关系	接待
22	12月3日	泰国	文莱苏丹向泰国皇家空军总司令授予文莱皇家空军荣誉飞行员联队称号，泰国皇家空军总司令还向第二国防部长、文莱皇家武装部队指挥官和文莱皇家空军指挥官进行礼节性拜访	访问
23	12月4日	马来西亚	文莱苏丹接见马来西亚国防部长	接待
24	12月11日	印度尼西亚	两艘印度尼西亚海军舰艇对文莱皇家海军进行友好访问	访问
25	12月18日	澳大利亚	文莱陆军和澳大利亚陆军进行2018年Mallee Bull演习	军演

资料来源：根据文莱新闻整理。

"联合海上战备和训练（CARAT）"是文莱与美国联合举行的年度军事演习活动。2018 年第 24 届的演习活动于 11 月举行。文莱和美国之间的国防和军事合作关系通过于 1994 年 11 月 29 日签署的国防谅解备忘录变得更加巩固。两国的双边合作涵盖专业交流、培训和练习。同时，通过"东南亚合作与培训（SEACAT）""联合海上战备和训练"和"东盟国防部长会议（ADMM - PLUS）"也加深了两国之间的各层面交流。

2018 年 10 月，文莱皇家陆军完成了在马来西亚沙巴进行的海外军事演习，并且还与印度尼西亚探讨了进一步的军事合作。2018 年 12 月，文莱和澳大利亚举行军事演习，此项演习继续成为加强国防外交和文莱与澳大利亚军事合作的重要平台。

10 月，文莱第二国防部长参加了 2018 北京香山论坛，重点讨论国际安全治理——新思想和新方法，全球恐怖主义，海上安全合作面临的威胁与对策，现实与愿景，以及联合国维和与合作。文莱皇家海军参加东盟—中国海上联演，并表示共同致力于保持海军关系，进一步加强在共同领域的互动。

二、联合打击跨国犯罪活动

2018 年 6 月，在东盟联盟议会上，文莱与其他成员国呼吁加强地区打击毒品威胁的努力，需要通过在区域和国际层面上的协调合作来加强解决毒品滥用问题的努力。文莱麻醉品管制局（NCB）多次举办宣传活动和简报会，以提高社会对消费毒品的危险性和对毒品集团的认识，强调各方都必须团结起来，遏制滥用药物的问题。首相署副部长在第六届东盟毒品事务部长级会议开幕式强调，文莱完全致力于加强区域内和区域外的联合努力，以此解决跨国毒品犯罪问题。

在 2018 年 8 月举行的第 11 届中国—东盟检察官大会上，文莱总检察长表示，需要对检察官进行连续培训，并建立强有力的法律框架，以确保将犯罪背后的罪犯绳之以法，并在当今的全球格局中应对网络犯罪带来的各种挑战。无论是毒品问题还是网络犯罪问题，文莱都给予高度重视并持严厉打击的态度。

在第十二届东盟跨国犯罪问题部长级会议（AMMTC）及其相关会议上，文莱第二国防部长表示文莱将通过政府宏观角度，继续努力对抗跨国犯罪。文莱除对法规、社会与宗教结构进行强化外，也通过对网络的监控及区域合作的强化，对抗跨境犯罪活动。

三、加强打击国内犯罪

2018 年，文莱多次进行路检和睦邻巡检行动。3 月，6 个执法单位开展联合路检行动，旨在确保各方面的法令获得民众的遵守。12 月 14～30 日，文莱皇家警察部队（RBPF）与所有4个地区的执法机构举行代号为Ops Cegah的联合路检行动。在这项路检行动下警方分别与各地警局、交通监管与调查局、陆路交通局、皇家关税局、移民与国家注册局、肃毒局及宗教执法单位进行合作。这些行动除强化公共道路安全外，也是该局进一步加强对罪案的预防的举措。

除了各地警局与地方巡警进行的路检和睦邻计划的巡逻，文莱还举办机场和飞行的安全演习。文莱交通部民航局在文莱国际机场举行安全演习，将侧重于利益攸关方之间分发和接收信息与通信系统的有效性，同时评估协调的效率和有效性，并解决涉及的飞行运行和航站楼服务的紧急情况。

四、提高相关部门对安全事故的应急能力

文莱对各种应急事件，比如溢油、失火等，也多次进行预演。2018年11月国家溢油应急计划管理委员会和文莱壳牌石油公司私人有限公司对诗里亚的二级溢油应急响应进行了现场演习。本演习旨在测试壳牌石油公司的事故管理团队和危机管理团队，加强国家溢油应急计划管理委员会和壳牌公司之间的现有关系，并测试参与溢油应急响应的各个机构之间在应急事件处理上的关系。

11月，卫生部与马来奕消防局携手，在马来奕中央医院展开医院失火演习，检视院方在应对失火事故的能力与反应速度及效率。卫生部指出，此演习在于测试医院在火灾事故发生后，能在消防局的标准时间内有效地做出必要的反应。同时，借此实际演习加强该医院火警与医院其他职员之间的沟通能力与程序的有效性。不仅如此，该部表示这项演习也为提升院方在灭火设施与安全设施的运用及院方在火灾事故之际撤离病患的能力。

第五节　外交

一、与英联邦和其成员国的关系保持稳定

文莱一直积极通过参与会议与其他国家保持着密切的联系，稳步发展对外关系。文莱与澳大利亚的关系历史悠久，文莱期待加强今后与澳大利亚双边合作。2018年，在东盟—澳大利亚峰会上，文莱苏丹与澳大利亚总理就文澳双边合作交流了意见，表示要提升东盟及澳大利亚民间关系。

2018年4月，文莱苏丹出席英国联邦首脑会议。会议议题包括亚太国家基础设施建设援助等。苏丹称，英联邦应该在全球和区域框架内继续加大反倾销措施

力度，稳定全球化和反保护主义情绪。苏丹表示文莱欢迎英联邦通过的议程，包括加强业务活动，妇女和青年都参与，以及优先考虑中小型企业的友好措施。文莱非常欢迎通过鼓励妇女与青年参与商贸活动及优先关注对微型、小型及中型企业友善措施的推动，协助进一步巩固商贸活动的共和联邦国联通计划的落实。文莱也非常愿意和其他共和联邦国家合作，一起克服各种威胁。

2018年8月，文莱苏丹接见了英联邦秘书长。后者表示，文莱在与其他国家的联系方面一直非常慷慨，英联邦期待看到文莱担任与别国联通领域的一个领导角色。因为文莱在数字化方面做了很多工作，这些是发展中国家所需要的技能，文莱可以作为一个安全和平等方式发展的榜样。

二、文莱与日本的关系保持良好

文莱与日本交好，双方的关系更多地体现在经济和社会文化方面。2018年，文莱对日本的出口占出口总额的40.7%，位列第一，日本位列文莱的进口来源国的第五位。日本驻文莱大使加藤元彦指出，日本使馆将会在这几年里加强与文莱的体育交流。日本每年都主办日本—东南亚青年交流活动，旨在通过日本与东盟各国学生的交流和互访，促进海外青年对日本的理解。文莱也通过举办日语及文化周活动，介绍日本传统文化、现代流行文化、日本留学计划、青年交流计划和旅游等方面的信息。

三、文莱与中国关系更上一层楼

2018年11月，随着中国国家主席习近平对文莱的访问，中国和文莱两国关系迈向了新的发展阶段。习近平主席的文莱之行让两国都成为对方国的焦点，为两国的发展做了顶层设计。苏丹把中国视为文莱重要的伙伴。多年来，文莱与中国的战略合作关系不断加强，双边关系遍布各个重要领域。苏丹重视中国，坚定支持加强人与人之间的联系和民心相通。

2018年3月，中文两国举办了2018欢乐春节——"美丽中国·心仪广西"文艺演出，让前来观赏的文莱民众感受中国文化艺术魅力和广西民俗风情。5月，中国驻文莱使馆组织"文莱华文媒体访华团"代表赴中国进行交流访问。代表团走访北京、天津和四川成都，拜访相关省市新闻主管部门，与媒体同行进行交流，参加"一带一路"等专题讲座，并参观当地高新技术企业和历史文化景观。9月，文莱媒体访问云南报业集团，交流探讨合作机会。

欢乐的文艺演出和交流访问加强了两国人民之间的相互交流与了解，实现两国的民心相通。自古以来，中国就是通过展现中国文化来加强与其他国家的交流。文莱苏丹也表示欢迎中文两国之间的民间交流，希望促进两国密切的关系。

四、与其他各国的关系

文莱与马来西亚和印度尼西亚同为马来伊斯兰国家，又是近邻，在政治和文化上都有亲近感。在东盟成员国中，文莱与新加坡同为小国，联系最紧密，与新加坡元实行 1∶1 汇率挂钩。同时，文莱也重视与大国的防务关系。2018 年 11 月，俄罗斯太平洋舰队首次访问文莱。

第六节　区域合作

一、东盟地区合作

文莱较大的进出口国均集中在亚太地区，因此，文莱对与亚太地区国家的合作更为重视。在第 35 届东盟交通设施工作小组会议上，文莱交通部常任副秘书对各国推动实现 2025 年东盟联通性宏愿，实现无缝隙、全面连接和整合的东盟的承诺表示支持和感谢，这将促进竞争力、包容性和更大的共同体意识的形成。

在国际货币基金组织（IMF）和世界银行（WB）会议上，包括文莱在内的东盟成员国国家元首和政府首脑就加强东盟区域稳定的步骤以及加快区域一体化经济发展重申他们的承诺，即协助国际货币基金组织、世界银行和联合国在可持续发展目标背景下应对发展挑战。

文莱国力有限，因此，文莱积极融入世界经济生产贸易网络。2018 年，文莱苏丹出席了亚太经合组织（APEC）领导人会议并表示直到今天，对确保自由、开放、透明和包容性贸易规则的世界贸易组织（WTO）的支持仍然至关重要，呼吁 APEC 经济体通过坚持多边主义原则共同努力增加贸易和投资。

二、区域全面经济伙伴关系协定（RCEP）

2018 年 1 月文莱苏丹在印度新德里召开的东盟印度纪念峰会全体会议上就印度通过东进政策，强化与东盟的关系表示欢迎。文莱苏丹呼吁印度在区域全面经济协定（RCEP）的最终内容架构的定夺上给予强大的支持，并与东盟各国首领及印度总理就提高海洋安全性、联通性和贸易的方式进行讨论。苏丹还促请印度与东盟国家加强资讯和情报共享模式，以此面对恐怖主义与极端暴力等区域安全挑战。

文莱苏丹在新加坡出席第 33 届东盟峰会时对东盟继续促进地区和平稳定和

经济繁荣表示满意，会议主要表达东盟在面对全球战略格局不断增长的不确定性时团结一致的愿景，东盟还必须具有适应性和前瞻性，以便利用机遇应对电子科技的挑战。苏丹强调了完成 RCEP 谈判的重要性。苏丹还认为东盟领导的最重要方面是坚持集体努力方法，应该给人民带来实实在在的利益。文莱仍然致力于与东盟伙伴共同努力实现共同目标。

另外，文莱苏丹在参加第 13 届东亚峰会全体会议及其相关会议时表示，东盟应该共同维护以规则为基础的多边贸易体系。这包括加紧努力完成 RCEP 以及抵制反全球化的力量。苏丹还鼓励在电子商务和数字贸易方面加强合作。文莱作为 RCEP 成员国，积极推动协议谈判。

三、文莱"2035 宏愿"与中国"一带一路"倡议对接

2018 年 11 月，中国国家主席习近平访问了文莱。习近平主席与文莱苏丹举行了会谈，就中文关系和共同关心的地区国际问题深入交换意见，全面部署和规划两国各领域互利合作。中文两国关系提升到战略合作伙伴关系。在多次中国和文莱高层的互访中，都提到了推动"一带一路"与"文莱 2035 宏愿"的对接。

文莱自 2008 年提出"2035 宏愿"以来，希望推动发展多元化经济，但多年来经济转型效果仍不明显。文莱表示愿加强"2035 宏愿"战略同"一带一路"倡议对接合作，这既符合文莱的国家意愿，也是"一带一路"倡议建设的工作方向，从根本上看符合两国的国家利益，两者的成功对接可以成为大国与小国合作的典范，为"一带一路"的建设和沿线各国的对接起示范作用。

第七节　社会文化

一、国民教育

1. 积极建立伊斯兰教育体系

由于文莱是一个伊斯兰国家，其义务教育法规定每一位居住在文莱的 7～15 岁的穆斯林儿童都必须参加学前教育和小学教育。同时，文莱积极对儿童进行伊斯兰教育，为每个穆斯林的价值观打下了基础。

在第 5 届伊斯兰教育和阿拉伯语研究国际会议上，文莱宗教事务部长重申了文莱苏丹提倡的关于教育政策和课程结构，强调宗教信仰，以宗教和阿拉伯学派的福祉促进国家和公民的发展。伊斯兰教育创新对教育当地公民特别是穆斯林有

着非常重要的意义。文莱苏丹接见伊斯兰教科文组织总干事并给予其表彰，作为苏丹对伊斯兰教科文组织在伊斯兰国家的教育、科学和文化发展方面的支持和承诺。

2. 加强华文教育

文莱各华文学校经常举办中华传统文化活动，比如马来奕中华中学举办毛笔书法比赛、第八届全文莱华校校园文学征文比赛、诗词朗诵、华语歌曲比赛等。山西外侨办到文莱巡讲，传授中国文化知识与实践经验。通过举办各类中华传统文化的教育活动，中国与文莱的关系更为密切，未来必定推动两国文化交流向前发展，并开拓出新的学术领域。

文莱也与中国的学校进行教育合作。综合 2018 年文莱新闻报道，文莱学生可申请中国等国家的奖学金并前往中国学习。2018 年 5 月，文莱大学与上海师范大学签署了一份谅解备忘录，延长了两机构 5 年的合作关系，双方将继续积极开展学生交流。同月，文莱大学综合技术学院与浙江大学化学与生物工程学院签署了合作协议，为期 4 年的课程涉及 2 年在文莱大学学习，随后 1 年在浙江大学做研究，并且包括在恒逸附属工厂进行 6 个月的工业培训，为文莱的青年提供了在恒逸石化厂工作的机会，有利于促进中文双方的经济发展。文莱苏丹呼吁文莱留学生毕业后回国报效祖国。

3. 维护马来语教育，坚持马来语的优先地位

文莱的官方语言是马来语，且文莱是马来伊斯兰君主制，文莱对马来语的教育自然十分重视。语言和文学局代理局长在文莱语言委员会上呼吁保护和加强马来语，即使在不断变化的世界中，马来语在日常生活中的意识形态和理解力也不会减弱。文化青年体育部长在 2018 年第六届文莱语言月表示，不要让全球化侵蚀马来语，文莱继续坚持马来语的尊严，并按照 1959 年"文莱宪法"第 82 章和 2004 年修正案的规定优先使用马来语。虽然文莱鼓励学习外语，但重要的是马来语不能被视为二等语言。文化青年体育部长多次强调要把马来语运用到日常生活中，强化文莱的官方语言。

文莱福建协会与文莱广播电台和最高委员会秘书处办公室合作举办了"全国马来语演讲比赛"。来自文莱华校的 58 名学生将在马来语演讲比赛中展示他们在马来语中的谈话技巧。本次比赛旨在提高华人社区使用马来语的流利程度，马来语是该国的官方语言，还旨在培养爱国主义，使用标准马来语，提高沟通技巧，并产生积极的竞争力。本次比赛主题为"文莱我的国家"，以推广马来语在华人社会的普及化和增强对文莱的爱国精神。一方面，文莱苏丹希望通过教育稳固文莱青年的马来君主制意识形态；另一方面，文莱苏丹也希望通过教育培养农业和技术方面的人才，为文莱面对未来的挑战做好准备。

二、医疗卫生

1. 药品管理严格

文莱对药品的监督和管理非常严格。2018年1～12月，有新闻表示文莱卫生部揭露有多种传统保健品和化妆品因掺杂强效西药，卫生部令其下架并禁止在文莱市场中销售。未获得文莱卫生部所批准进口或售卖的药品，包括保健品和化妆品的商家，将面临罚款或者拘留的惩罚。

2. 提高国民健康意识

文莱正面临肥胖流行，而肥胖容易引发各种慢性疾病，如高血压、糖尿病、心脏病、肾病以及其他慢性病等。苏丹及政府高官多次呼吁民众注意合理饮食、参加体育运动、认识到各类非传染性疾病，比如肥胖、癌症、糖尿病等的危害，提醒民众定期检查身体，注意预防此类疾病。2018年，文莱卫生部多次举办公共卫生健康讲座，旨在提高国民健康意识，并多次表示要遏制结核病，通过举办结核病的预防宣传，以提高各方的认识，减少结核病，也举办多种关于乳腺癌等慢性疾病的讲座。增强民众健康意识，促进健康的生活习惯，改善现有的医疗保健条件，是改善文莱国民健康状况的当务之急。

3. 提升国民医疗保障服务水平

2018年4月，文莱卫生部与日本卫生、劳动与福利部签订了医疗保健合作谅解备忘录，将在卫生保健领域人力资源开拓方面进行合作，也将在医疗保健制度与政策、新兴医疗模式的运用、药剂与医疗设备、监管条规等方面进行经验交换与分享。文莱希望通过与日本开展卫生保健和医疗保障各方面的合作提升本国的医疗保障服务水平。文莱卫生部2018/2019年度财政预算为3.44亿林吉特，比上财年的3.24亿林吉特增长了7%，优先通过创新提高医疗服务的生产力，提高医务人员的专业水平，提高卫生管理和政策的有效性和服务质量。

三、健康休闲活动

1. 提高国民体质

文莱人的休闲娱乐活动较为简单。骑行是被文莱民众广泛接受的活动之一，也是常见的节日庆祝活动。2018年，文莱苏丹先后三次率领民众骑自行车环游斯里巴加湾市。第一次，文莱苏丹出席2018国庆日"爱国骑行"活动，并率领骑手环绕斯里巴加湾市骑行。第二次，作为苏丹诞辰的庆祝活动之一，文莱苏丹与民众一起骑车。第三次，文莱苏丹出席"2018年国家青年日骑自行车休闲活动"，与民众一同骑车游览市区。

因为骑行活动的推广，所以文莱自行车使用广泛，山地车的销售数量增加，而且山地车骑行组织增多。骑自行车还能减少汽车使用量,进而减少碳排放,因此骑行活动也得到文莱政府的大力宣传。文莱苏丹及文莱政府的愿景之一是提高国民健康体质和推广文莱旅游业,将骑车与旅游结合起来,举办国际骑行赛事将是未来初级资源和旅游部的重点项目及目标。

2. 提高国民环保意识

民众生活质量改善是文莱"2035 宏愿"的重要目标。文莱政府十分重视社会民众环保意识的培养。为了实现民众生活环境的质量改善及保护环境,文莱2018 年陆续推行无塑料袋日,即从一星期的某一天开始,商店都不再提供塑料袋。无塑料袋日旨在鼓励公众共同减少塑料袋的使用,减少塑料袋对环境的污染。

第八节　发展展望

综上所述,文莱政府在实施财政整顿、改善商业环境、支持中小微企业等方面取得了进展。整体来看,文莱 2019 年依然保持其稳定和平的政治局势,并与各国保持友好的关系。文莱苏丹也依旧会维护马来伊斯兰君主制。2018 年 11 月,中国国家主席习近平访问了文莱,这将进一步推动中国与文莱的关系,中文关系也将继续蓬勃发展。

随着位于摩拉岛的恒逸石化项目和文莱化肥工业投入使用在即,以及更强劲的油气开采活动,将在 2019～2023 年带来强劲的 GDP 增长和出口。预计从 2019年起,尽管油气价格和生产量存在很大的不确定性,文莱财政状况有望在中期恢复,但仍然容易受到油气价格冲击的影响。预计通货膨胀率将保持在较低水平,但仍为正值。文莱仍将继续努力发展中小微企业。

第二章 2017～2018 年柬埔寨国情报告[*]

第一节 引言

2018 年，柬埔寨依然保持着令世界瞩目的强劲经济增速。第六届国会选举如期进行，人民党以绝对优势获胜。柬埔寨的人权问题依然受到国际社会的高度关注。虽然面临中国—美国贸易战的紧张局势以及部分国家的货币政策影响，以及受到某些国家与国际组织的施压与制裁，但柬埔寨经济社会发展仍然取得了巨大进步。当前，柬埔寨正继续集中精力开展基础设施建设，吸引外资，发展国家经济，提高国民生活水平，越来越多地参与到世界经济之中，同时以其独特的民族文化魅力以及充满潜力的经济活力吸引着来自世界各地的商客前来投资游览，并向世界展示其神秘面纱之下的高棉微笑。

第二节 政治

2018 年，柬埔寨国家政治基本保持稳定。各党派集中精力，专心备战第六届国会选举。人民党以绝对优势获得大选胜利，迅速组建新一届政府内阁，继续推进其发展规划，逐步实现对国民的承诺。

---

* 本章由陈园园负责撰写。陈园园，广西大学国际学院（中国—东盟信息港大数据研究院）柬埔寨舆情助理。

一、第六届大选尘埃落定，人民党依然大局在握

2017 年的前救国党事件在国际社会上引起了强烈的反响，美国为此第一个停止向柬埔寨选举提供援助，还对柬埔寨高官实施入境签证限制和冻结财产等制裁措施。同时，也有其他一些国家和国际组织对柬埔寨进行施压。例如：新西兰代表 45 个国家于 2018 年 3 月 21 日在日内瓦召开的联合国人权理事会第 37 次会议上谴责柬埔寨日益严峻的政治打压行为；欧盟理事会和欧盟国会警告可能对柬埔寨取消 EBA 的优惠待遇，并停止对柬埔寨选举提供援助，拒绝承认柬埔寨的选举。但欧美国家的强烈态度和系列举动并没有阻止柬埔寨大选的到来。2018 年 7 月 29 日，柬埔寨第六届国会选举如期举行。洪森领导的人民党取得压倒性胜利，一举拿下议会全部 125 个议席[1]。同年 9 月 6 日，新一届政府提前成立，洪森继续出任国家首相，29 名政府部门部长全部留任[2]。新政府成立后，世界多国领导人发来贺电，表示对柬埔寨新政府及其领导班子的支持。

二、探索开辟政党和谐共处新路径

2017 年柬埔寨国内发生的诸多事情使其面临了巨大的国际压力，但执政的人民党始终坚定立场，同时对于如何与其他政党和谐共处，新一届政府探索并开辟出了新的路径。

1. 成立政府和政党最高咨询理事会

2018 年 8 月 21 日，洪森首相组织召开"政府和政党领袖论坛"。参加第六届国会选举的 20 个政党中，有 16 个政党代表出席论坛，另外 4 个政党拒绝参加。洪森首相在会上倡导成立"政府和政党最高咨询理事会"，得到与会所有政党主席的一致赞同[3]。

参加政府和政党最高咨询理事会的每个党派有 2 个名额加入该理事会，其中包括党主席和副主席（或秘书长）。政党主席职位相当于国务部长，党副主席（或秘书长）职位相当于部长。该理事会的职责包括：向政府提倡或者提供关于制定发展政策的意见，对政府制定的法律草案在呈送内阁会议审批之前提供宝贵的意见。更重要的是，政府和政党最高咨询理事会有权致函参议院要求驳回已获得国会审批的法案。理事会主席采用轮职方式，按照选举名单排列序号依次轮

① Agence Kampuchea Presse. Election Official Results：CPP Wins All NA Seats ［N/OL］．［2018 - 08 - 15］．http：//akpnews. info/archives/135938.

② 高棉日报．国王签发王令正式任命新内阁　29 名政府部门部长全部留任［N/OL］．［2018 - 09 - 06］．http：//cn. thekhmerdaily. com/article/21566.

③ 柬华日报．政府和政党领袖论坛今日举行　多方共商成立最高咨询理事会［N/OL］．［2018 - 08 - 21］．http：//jianhuadaily. com/20180821/26638.

职，轮职周期为 1 个月。至于政府和政党最高咨询理事会的运作，第一，由轮职主席每个月召集召开一次会议。第二，每 6 个月与首相会面一次，或者在必要的情况下，由首相召集召开会议。第三，政府和政党最高咨询理事会将随着政府届满被终止。

2. 修改《政党法》，取消政治禁令

柬埔寨外交与国际合作部于 2018 年 12 月 3 日发布了关于《采取措施以增进民主和扩大政治空间》的重要声明。该声明称，"为了进一步增进柬埔寨民主和把实施宪法提高到新的水平，柬埔寨国会正在检查和研究相关法律，以允许被禁止从政的一些政治人物可以恢复从政的权利"。这意味着原救国党 118 位领袖被禁止从政 5 年的"禁令"或将被取消。十天后，《政党法》第三次修正案在 115 名人民党议员举手支持下获国会全体会议轻松通过。修改后的《政党法》第 45 条文（新）规定，被法院禁止参政的政客，可以在最高法院禁令期限结束后，或者在内政部长的申请及首相的建议下，获得国王的特赦，他们将提前重获参政权①。《政党法》的修订是出于政治形势的需要，为 118 名前救国党领袖恢复从政开了绿灯。

三、政府效率有所提升，反腐成效并不显著

为提升各部门工作效率，新一届政府在留用各部门首长的同时，注入了不少"新鲜血液"。在新政府成立后的两个月里，新政府大规模提拔官员。21 人被任命为劳工职业培训部顾问，其职位相当于副国务秘书，另外 86 名顾问被任命为相当于总局的职位，此外还有 46 名新人被任命为首相私人顾问，国会主席韩桑林、参议院主席赛冲等政府高层官员也有委任顾问等，总共约 200 名官员被委任为国务秘书、国务副秘书、政府领袖顾问和助理等②。尽管有部分专家人士认为这是权力分配，浪费国家开销，但内政部官员辩道此举将提高政府的公共服务效率。

在反腐败工作方面，柬埔寨未能实施切实有效的措施，反腐成效并不显著。2018 年 10 月，世界经济论坛（The World Economic Forum）发布《2018 年全球竞争力报告》，将柬埔寨列为全球最腐败的 32 个国家之一，仅比乍得、安哥拉、也门和委内瑞拉等国稍强。

---

① 柬华日报. 参议院审议通过《政党法》修正案［N/OL］．［2018 - 12 - 25］. http：//jianhuadaily. com/20181225/40032.

② 柬华日报. 新政府大规模提拔官员引关注［N/OL］．［2018 - 11 - 13］. http：//jianhuadaily. com/20181113/34650.

第三节　经济

2018 年，国内外多重因素的变化给柬埔寨带来了前所未有的挑战，然而柬埔寨经济依然保持强劲增速，在农业、旅游业、建筑业、金融业等多个领域开花结果。

一、经济环境面临压力，经济表现仍令人瞩目

柬埔寨国家经济同时面临内在和外来的挑战。主要的外部危机包括：国际原油价格上涨，增加了柬埔寨的运输费和生产成本；欧盟已经正式启动柬埔寨大米的"除武器外一切免税"（EBA）优惠待遇撤销程序，未来有可能会扩大到对成衣制造产品以及其他产品的出口免税方面，前景并不乐观。这些对于以农业、制造业产品为主要出口商品且以欧盟国家为主要出口目的地的柬埔寨而言，将会带来巨大的冲击。同时，柬埔寨还面临着以下内部危机：生产成本仍处于高水平，柬埔寨基础设施薄弱，互联互通能力有限、电力输送网络覆盖不全、用电成本高等问题依然存在；旅游业存在旅游产品单一、旅游路线交通不便利、旅游服务生态环境不够完善等问题。据世界银行发布的《2018 年营商环境报告》，柬埔寨营商环境在 190 个受调查的国家中仅排在第 135 名。柬埔寨营商环境已连续两年下降，从 2016 年的第 127 名降至 2017 年的第 131 名。

在竞争力方面，柬埔寨在近年来爆发出了令人瞩目的经济活力，连续多年保持约 7% 的 GDP 年增长率，被亚洲开发银行誉为"亚洲经济新虎"。尽管涨势迅猛，但综合竞争实力还不具备优势，全球竞争力基本在 85~95 名徘徊，在近两年甚至出现了下滑[①]，详见图 2-1。在 2018 年的全球竞争力报告中，世界经济论坛将柬埔寨评为 50.19 分（100 满分），排名第 110 位（140 个国家）。其中，劳动力市场评分达到 60 分（排名第 65 位），宏观经济稳定性评分达到 74 分（排名第 74 位），是其排名最高的两个指数。然而，在第四代工业革命的背景下，柬埔寨在对竞争力起着决定性作用的一些竞争指标中的得分都比较低，例如，创新能力 31 分，劳动技能 41 分，体制 42 分，接受技术的能力 44 分，市场规模 46 分，产品市场 50 分，基础设施 52 分，金融系统 54 分[②]。

---

① Trading Economics. Cambodia Competitiveness Index ［DB/OL］. ［2019-02-22］. https：//tradinge-conomics. com/cambodia/competitiveness - index.

② Klaus Schwab. The Global Competitiveness Report 2018 ［R］. Geneva：World Economic Forum，2018.

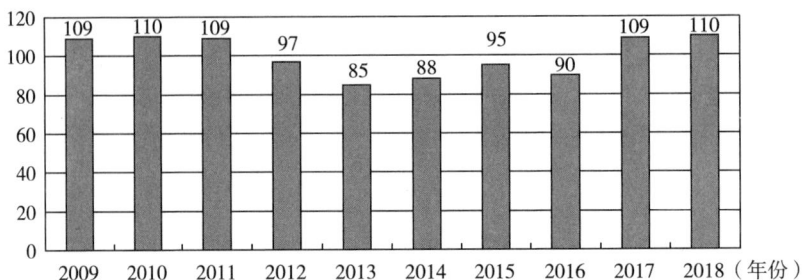

图 2 - 1　2009～2018 年柬埔寨全球竞争力排名

资料来源：Trading Ecomomics，World Economic Forum。

经济增长创 5 年来最高纪录。得益于成衣业、建筑业与旅游业双位数增长，2018 年柬埔寨国家经济增长率为 7.3%，创近 5 年以来的最高纪录①，详见图 2 - 2。人民的生活水平不断提高。2018 年，柬埔寨人均 GDP 达到 1563 美元，近 5 年来人均 GDP 涨幅超过 60%。

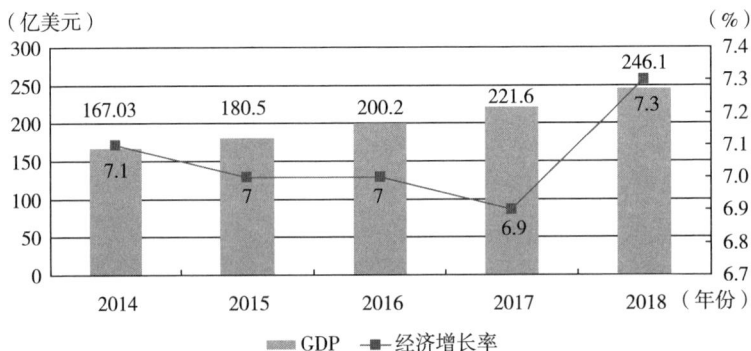

图 2 - 2　2014～2018 年柬埔寨 GDP 与经济增长率

资料来源：柬埔寨国家银行，Trading Economics。

最低工资水平标准继续提高。2018 年，柬埔寨成衣和制鞋工人最低工资标准为 170 美元/月。自 2014 年以来，政府加大对工人的资助补贴，成衣和制鞋工人最低工资连年提升，5 年来涨幅达 70%。2018 年期间，政府和企业、工人共同商讨制定了 2019 年的最低工资标准（见图 2 - 3），还督促企业增加了工人的各项补贴福利，同时提出加快制定建筑、家政等领域工人的最低工资标准。

---

① Trading Economics. Cambodia GDP［DB/OL］. https：//tradingeconomics. com/cambodia/gdp.

（美元/月）

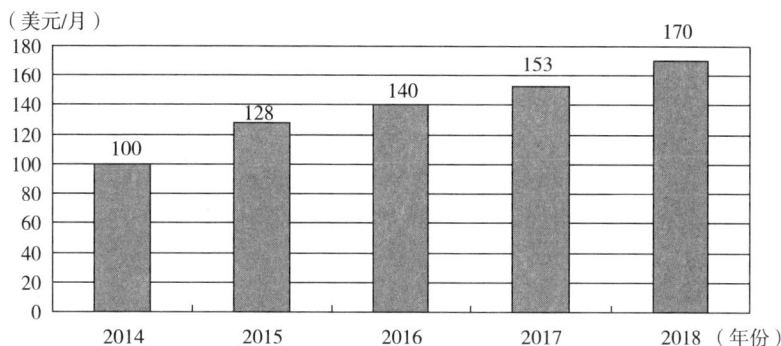

图 2-3　2014～2018 年柬埔寨成衣和制鞋工人最低工资标准

资料来源：Trading Economics.

通货膨胀率仍保持良好水平。2018 年前 10 个月，柬埔寨通货膨胀率（平均）基本保持在 2.5% 左右，比 2017 年的 2.1% 上涨了 14%（见图 2-4）。

（%）

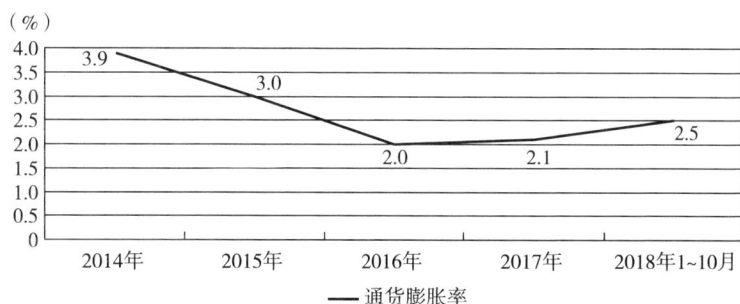

图 2-4　2014～2018 年柬埔寨通货膨胀率

资料来源：世界银行。

瑞尔汇率稳定。2018 年，虽然周边部分国家因美联储调高基本利率的压力，造成本地货币贬值，但是柬埔寨瑞尔兑换率仍保持稳定，即处于 4050 瑞尔/美元。

外来投资依然强劲。缘于对柬埔寨产业市场、政治稳定、经济发展、自由市场经济和洪森政府的信心，2018 年柬埔寨继续吸引大量的外国投资。据柬埔寨国家银行（NBC）的年度报告，柬埔寨 2018 年的外国直接投资（FDI）总额为 30.83 亿美元，与 2017 年的 26.73 亿美元相比，增长了 12%，总额占柬埔寨国内生产总值的 12.7%。该报告还称，2018 年，柬埔寨的银行业和房地产业得到了大量外国投资者的支持，而外国投资者对柬埔寨的制造业、农业、服装业、鞋业、汽车装配、汽车零配件和电气设备生产业的投资也有所增长。

进出口贸易总额持续增长。2018 年柬埔寨进口总额 188 亿美元，比 2017 年增长 21.3%；出口总额 136 亿美元，比 2017 年增长 21%。截至 2018 年底，柬埔寨贸易逆差达 52 亿美元，比 2017 年的 42.7 亿美元增长 22%（见图 2 - 5）。

（年份）

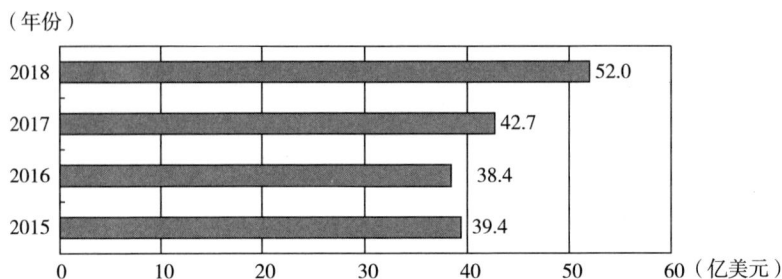

图 2 - 5　2015 ~ 2018 年柬埔寨贸易逆差

资料来源：柬埔寨国家银行。

国家税收连年增长。据税务总局公布数据，2018 年税收总收入达 21.9785 亿美元，占原定目标的 114.27%，较上年增长 13.37%。最近 5 年里，柬埔寨税务总局的征税平均保持约 20% 的年增长率①（见图 2 - 6）。

（亿美元）

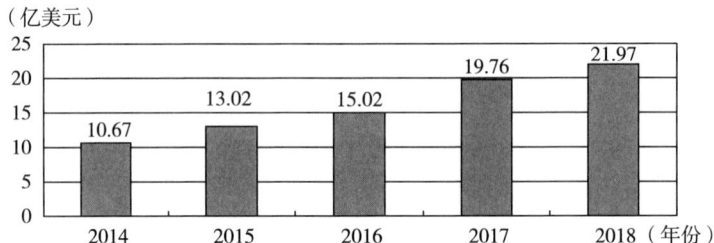

图 2 - 6　2014 ~ 2018 年柬埔寨国家税收

资料来源：柬埔寨国家银行。

二、主要产业发展情况

1. 农业

柬埔寨地处热带，气候炎热多雨，土地资源丰富，农业是其第一支柱产业。2018 年，农业为柬埔寨国内生产总值（GDP）贡献 23.5%，总量达 54.78 亿美元。全年生产 1664 万吨农产品，出口 423 万吨，其中稻谷出口 62.6 万吨。

---

①　柬中时报. 柬未来税收增长难度高［N/OL］.［2019 - 02 - 08］. https：//cc - times. com/posts/3991.

（1）稻米产业。

大米是柬埔寨重要的出口商品之一，政府一直致力于在国际市场上树立柬埔寨大米的品牌形象。根据柬埔寨农林渔业部统计，2018 年柬埔寨生产了 1089 万吨稻谷，比 2017 年同比增长 3.51%，其中雨季稻 821 万吨、旱季稻 268 万吨，稻谷盈余 583 万吨，大约等于 373 万吨大米。2018 年全国稻谷种植面积 334 万公顷，相当于计划的 113%，其中雨季稻 275 万公顷、旱稻 59 万公顷，平均每公顷产出 3.35 吨稻谷，雨季稻每公顷平均产量 3.094 吨、旱季稻每公顷平均产量 4.512 吨。2018 年柬埔寨共出口大米 62.6225 万吨，同比减少 1.5%。其中向中国出口 17.0154 万吨，占比 27.17%，连续 4 年位列第一（见图 2-7）。前五大进口国还包括法国（8.605 万吨）、马来西亚（4.0861 万吨）、加蓬（3.306 万吨）和荷兰（2.6714 万吨）。

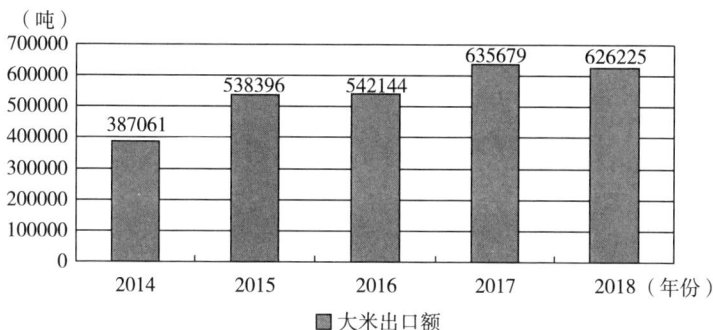

图 2-7 2014～2018 年柬埔寨大米出口数量

资料来源：联合国粮食及农业组织；柬埔寨农林渔业部。

但柬埔寨的大米因为生产成本较高影响了其在国际市场的竞争力。2018 年，柬埔寨向欧盟出口大米 26.9127 万吨，占总出口量的 42.98%。欧盟委员会宣布，从 2019 年 1 月 18 日起，欧盟将对柬埔寨和缅甸大米征收关税。第一年关税为每吨 175 欧元，第二年关税为每吨 150 欧元，第三年关税为每吨 125 欧元。柬埔寨大米享有 GSP 优惠关税，每年对欧盟的大米出口量为 30 万吨左右。按照 30 万吨计算，柬埔寨需加付高达 6000 万美元的进口关税[①]。为此，柬埔寨政府已经联合柬埔寨稻米联盟出台应对措施，包括降低国内生产和出口成本，规定部分商品不需要接受商业部货检局的检查，消除出口的额外费用等。但是，这些措施是否能"取长补短"抵消欧盟市场带来的重大冲击，前景不容乐观。

---

① 柬中时报. 欧盟宣布征税 柬大米或每年加付 6000 万美元进口税 [N/OL]. [2019-01-17]. https：//cc-times.com/posts/3816.

（2）橡胶产业。

作为世界第 16 大天然橡胶生产国，柬埔寨政府制定了到 2020 年向中国、越南、新加坡和马来西亚出口 29 万吨橡胶的目标[①]。根据农业、林业和渔业部橡胶总局的官方报告，2018 年，柬埔寨橡胶种植面积 43.6 万公顷，其中工业橡胶园 27.5 万公顷、家庭式橡胶园 16.1 万公顷，可割胶橡胶园 20.2 万公顷，产量 22 万吨。全年出口超过 21 万吨橡胶，创造了 3 亿美元的收入。2018 年，橡胶的平均价格为每吨 1319 美元，比上年下降了 17%。

2. 制衣（鞋）业出口继续增长

2018 年柬埔寨成衣业出口增长 24.7%，部分产品出口更以双位数和三位数增长，虽然成衣业出口仍占柬埔寨总出口额的 2/3，但相比 10 年前的 96% 已明显减少。2018 年，柬埔寨出口成衣与鞋子价值 100 亿美元，比 2017 年的 80 亿美元增长 24%。2018 年欧盟进口柬埔寨成衣鞋子量占总出口量的 46%，美国占 24%、加拿大占 9%、日本占 8%。2018 年柬埔寨成衣鞋子出口额占贸易总出口额的 74%，该领域为 80 万工人提供就业。

3. 旅游业多元化政策开花结果

旅游业是柬埔寨的"绿色黄金"。柬埔寨政府实施了多元化的旅游业发展政策。2018 年柬埔寨共接待 620 万人次的外国游客，比 2017 年的 560 万人次增长 11%（见图 2 - 8）。其中，中国游客排名第一，达 190 万人次，同比增长 70%，欧美国家游客则下降 4%～5%。旅游业为国内生产总值（GDP）贡献 12%，为 62 万人直接创造就业岗位。据柬埔寨旅游部预计，2020 年到柬埔寨旅游观光的外国游客将增长至 700 多万人次，为国家带来 50 亿美元外汇收入，创造 100 万个就业岗位；2030 年将达 1500 万人次，为国家创收 100 亿美元，创造 200 万个就业岗位。

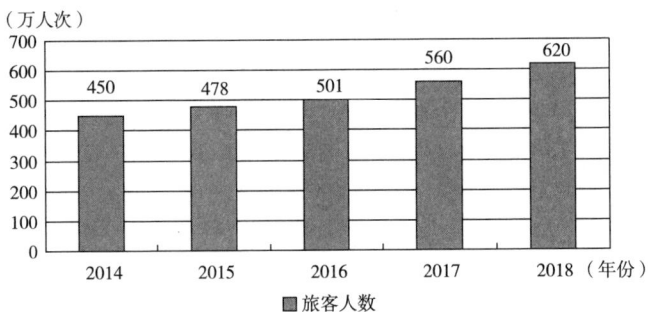

图 2 - 8　2014～2018 年柬埔寨接待外国游客人数

资料来源：柬埔寨旅游部。

① Freshnews. Cambodia Earns US ＄300 Million from Rubber ［N/OL］. ［2019 - 01 - 28］. http: // en. freshnewsasia. com/index. php/en/localnews/12840 - 2019 - 01 - 28 - 08 - 57 - 58. html.

4. 建筑业投资有所回落

建筑业是柬埔寨经济增长的四个主要行业之一。建筑业平均每天在全国范围内雇用 20 多万名工人，而金边每天至少需要 9 万名工人。2018 年全国共批准 2867 个大型建筑投资项目，比 2017 年同期的 3052 个项目下降 6%；投资总额高达 52.29 亿美元，比 2017 年同期的 64.29 亿美元下降 18.67%。其中，西哈努克省的建筑业投资额高达 10 亿美元，占全国的 20%，比 2017 年增长 58%。西省建设局共批准了 297 个建筑项目，建筑面积达 166.9536 万平方米①。

2018 年柬埔寨住宅区项目共有 2420 个，协议投资额共 183541.6912 万美元，相当于 1.8471 万间房。截至 2018 年底，金边市 5 层以上建筑物一共有 1217 栋，以及 2003 年到 2018 年之间住宅项目一共有 235 个②。

5. 能源业取得重大进展

柬埔寨最大水电站——"西山河下游 2 号水电站"（也称桑河二级水电站，Hydro Power Lower Sesan2）于 2018 年 12 月 17 日正式投产发电，将基本满足柬埔寨的电力需求，并进一步降低电价③。此外，柬埔寨积极开发太阳能、光伏发电、天然气等清洁能源。由中国晶科能源控股有限公司（JKS‐Jinkosolar Holding Co.，Ltd.）和柬埔寨 SchneiTec 集团合作建设的太阳能发电厂、实居省 60 兆瓦光伏电站等项目在积极推进之中。此外，柬埔寨还与中国最大的海洋油气生产商中国海油集团携手开发清洁能源，推动柬埔寨的再生能源领域发展，为用户提供高质量和价格低廉的电力供应。

6. 金融业健康发展

2018 年，随着国民对银行业的信任度逐步提升，银行存款总额增长至国内生产总值（GDP）的 91%（同比增长 16%），银行贷款增长至 GDP 的 102%（同比增长 20.1%）。为了支撑金融业的发展，柬埔寨积极开发金融基础设施，推进金融基础设施的现代化，开展并扩大贷款信息分享系统和电子支持业务。随着央行系统平台（NBC Platform）的上线，银行之间的货币和债券交易更加便利，促进流动性担保操作（LPCO）。同时，央行正在研究成立二维码（QR Code）交易标准，便利支付服务机构，包括银行机构可进行跨网支付操作。

---

① 高棉日报微信公众号. 2018 年西省建筑投资额同增 58%。

② FRESHNEWS. 2018 年获批建筑项目接近 3000 个，协议投资额约 50 亿美元，金边市 5 层楼建筑已超过 1000 栋［EB/OL］. http：//cn. freshnewsasia. com/index. php/en/10832‐2018‐12‐24‐05‐37‐18. html.

③ 柬中时报. 柬最大水电站投产　助实现电力自给自足［N/OL］.［2018‐12‐17］. https：//cc‐times. com/posts/3531.

第四节　安全

柬埔寨经历了多年的战乱，深谙国家和平的来之不易。2018年，柬埔寨继续积极推进排雷工作，坚决打击毒品犯罪和网络犯罪等社会问题，主动参与联合国的维和行动，与中国等开展联合军演，表达对于维护世界和平、国家安全的强烈意愿和坚定决心。

一、推进无雷计划

柬埔寨是世界上受地雷危害严重的国家之一，战争遗留下400万～600万枚地雷和其他未爆炸物。据柬埔寨排雷行动中心（Cambodian Mine Action Center，以下简称CMAC）提供的消息，1963年到1975年初，美国以美越战争为由向柬埔寨空投了约280万吨炸弹，其中包括化学炸弹，造成约50万柬埔寨人丧命，数万间民房受损。据柬埔寨政府统计，从1979年到2017年，地雷和其他未爆炸物在柬埔寨共造成近2万人死亡、4.5万人受伤。柬埔寨排雷行动与救助受害者机构（Cambodian Mine Action and Victim Assistance Authority）表示，自1992年以来，柬埔寨共发现和销毁约380万枚地雷和其他未爆炸物。2018年，排雷行动中心共清除了8866.6546万平方米土地的地雷，并销毁了4.5493万枚地雷及未爆炸物。另外，因地雷受伤和死亡的人数共有58人。

通过多年来的排雷努力，柬埔寨疑有地雷的面积已逐渐减少，但地雷和未爆炸物的危害仍不容小觑。政府与排雷组织仍继续加强扫雷工作。2018年5月17日，柬埔寨政府批准《2018～2025国家排雷行动战略》，计划到2025年将在全国范围内清除战争遗留地雷。2018年，柬埔寨扫雷机构计划清除120平方公里的地雷区，大约需要2000万美元开展扫雷任务。从2018年至2025年柬埔寨还需要4.06亿美元，排除1970多平方公里的疑似有地雷与未爆炸物地区。

由于柬埔寨经济基础薄弱，排雷工作的资金、设备与技术提升主要依靠国际援助与合作。2018年，柬埔寨的排雷工作继续得到了日本、美国、中国以及国际组织的援助与支持。1月，美国向CMAC援助32万美元，用于5个省份的扫雷任务；日本向CMAC机构援助近800万美元，用于在马德望省的排雷任务；5月，日本政府向柬埔寨政府提供无偿援助总价近500万美元的5台地雷引爆重机和扫雷设备，用以执行第三阶段排雷任务；8月，英国国际发展署（DFID）表示将继续支持柬埔寨的扫除地雷、宣传地雷危害知识和提升扫雷能力等扫雷行动至

2020年；10月，英国向柬埔寨提供逾900万美元，用于开展从2018年到2020年的扫雷工作；11月，日本表示2019年将继续向该中心援助近400万美元，其中354万美元用于支持排雷行动，30多万美元为马德望省地雷受害者项目，该项目已执行了3年；12月，APOPO向CMAC提供约20万美元资金购买嗅雷鼠，用于2019年在暹粒省开展的扫雷行动。

在扫雷技术方面，由于扫雷工作的危险性以及复杂性，常常面临着人员不足的局面以及层出不穷的技术难题。截至2018年9月，柬埔寨约有4000名扫雷员在进行排雷工作，为实现2025年全面无地雷目标，排雷机构还需要增加2000名扫雷员。同年9～10月，中国政府为柬埔寨在陆军工程大学（南京）举办人道主义扫雷培训班。来自柬埔寨王家军、地雷行动和受害者救助机构的40名学员参加了培训，学习了地雷和爆炸物处理专业知识，掌握了扫雷装备器材操作使用，熟悉了扫雷作业标准、程序和组织指挥方法。中国政府还向柬埔寨捐赠了一批扫雷器材和扫雷防护装具。2018年12月1日至3日，柬泰两国扫雷机构在暹粒省召开边境联合委员会会议。泰国扫雷机构（TMAC）和CMAC达成共识，双方将加强扫除边境地雷和未爆炸物工作，为边民提供安全舒适的生活环境。

加强排雷安全防范宣传。除了国际援助以外，柬埔寨国内的排雷组织在政府的支持下联合开展排雷以及安全防范的工作，积极向人民传播和教育关于地雷及未爆炸物导致的危险事件，尤其是居住在地雷可疑区附近的民众。除了CMAC，柬埔寨主要的排雷组织包括：柬埔寨排雷行动与救助受害者机构（Cambodian Mine Action and Victim Assistance Authority，CMAA）、省级排雷行动委员会（Provincial Mine Action Committees，PMAC）、排雷行动规划单位（Mine Action Planning Units，MAPU），还有省市级地方的政府以及热心的捐助方。经过排雷工作者的努力，民众对地雷危害意识不断提升，柬埔寨每年受战争遗留地雷伤害的人数明显下降，从1996年的4320人下降到2017年的58人。

二、打击社会犯罪

1. 坚决打击毒品犯罪

柬埔寨的毒品交易、跨境贩毒等犯罪活动屡禁不绝。为打击毒品犯罪，政府多次开展禁毒扫毒行动。据柬埔寨反毒委员会第三次反毒战略行动的最新数据报告显示，2018年全年，当局共侦破8018起涉毒案，比2017年的8152起毒品案同比下降1.67%。报告显示，当局共逮捕1.6232万名涉毒人员（女性1343人），比2017年的1.7877万人同比下降9.2%（其中女性1582人，比2017年下降15.1%）。涉及毒案的外国人达24个国籍310人（女性48人）。

2018年全年柬埔寨当局共查获533公斤各种毒品。8152起涉毒案中，毒品交易、窝藏、加工和种植案达 5061 起，逮捕 9099 人（女性 917 人），另有 2975 起吸毒案，逮捕 7133 人（女性 426 人）。除此之外，当局共查获 533 公斤和 370 包毒品、74 公斤干大麻和 16.4925 万棵大麻苗，扣留涉及毒案的 94 辆汽车、2230 辆摩托车、5924 台手机、376 杆秤、26 把短枪和 13 把长枪。

目前，柬埔寨全国共有 16 个国营与私立戒毒治疗中心，此外卫生部在全国设有 419 个戒毒与心理治疗中心，分别是国立医院 2 个、省立医院 24 个、县立医院 72 个和卫生中心 321 个。2018 年，卫生部计划向 2 万多名吸毒者提供戒毒治疗服务。

2. 联合打击电信诈骗和网络犯罪

随着科学技术的发展，犯罪分子的犯罪手段也日益复杂高端，为抓捕犯罪分子、打击犯罪行为增加了难度。2018 年，柬埔寨境内的电信诈骗与网络犯罪尤其猖獗，特别以来自中国、马来西亚、泰国等的犯罪分子为主。仅在 10~12 月，柬埔寨在金边、茶胶省就捣毁了多个电信诈骗集团窝点，逮捕了 363 名涉嫌电信诈骗的罪犯，其中中国人 337 名、泰国人 26 名。针对电信犯罪日益猖獗的严峻形势，柬埔寨政府加强打击力度，计划尽快研究制定出台相关针对电信诈骗和网络犯罪的法律。此外，还加强与中国公安部等联合执法以及合作培训。2018 年 12 月，中国北京警察学院教官团为柬埔寨打击网络犯罪局警员提供培训，以加强打击境内的网络犯罪活动；由中国公安部在金边举办的网络安全研修班圆满成功，参与受训的 30 名柬埔寨警员打击网络犯罪能力进一步提升。

三、参与维和行动，开展联合军演

2018 年，柬埔寨积极参与联合国维和行动，宣示维护世界和平的决心和意愿，为维和行动贡献自己的力量。据外交部称，12 年来柬埔寨共派出逾 500 名维和人员到非洲、中东和欧盟，参与执行联合国维和任务。2018 年 1 月，派遣 184 名"蓝盔"工程部队赴黎巴嫩参与联合国维和行动，以替代履行任务届满的上一批柬埔寨维和部队。5 月，柬埔寨再次派送 428 名"蓝盔"部队（其中女性 24 人），于 3 日赴马里和南苏丹参与联合国为期 1 年的维和行动。柬埔寨国防部 11 月 2 日派出 216 名维和官兵（其中 10 名女兵）赴中非参与联合国的维和任务。

此外，柬埔寨继续与中国开展联合训练，通过交换经验的形式参与维护区域和平。为庆祝两国建交 60 周年，柬埔寨—中国大规模军事演习"金龙—2018"（Dragon Gold 2018）于 2018 年 3 月在柬埔寨举行，280 名柬埔寨王家军战士以及 190 名中国解放军战士共 470 人参与。演习的科目包括扫雷、引爆未爆炸物、拆除化学炸弹、反恐实战、急救演习、解救人质、实弹演习等。同年 5 月，柬埔寨海域俄罗斯海军举行海岛演习，包括反恐和救援项目。通过与大国联合开展军事演习，互相交换经验，柬埔寨不断地提高军队作战能力，更有效地履行保卫国家的使命，同时也增进国家之间的友谊，加强与他国军队的合作关系。

第五节 外交

柬埔寨奉行独立、和平、永久中立和不结盟的外交政策，迄今已经同 172 个国家建交。柬埔寨加强同周边国家的睦邻友好合作，虽然与泰国、越南、老挝存在领土纷争，但是在当今和平发展的主流之下关系趋于缓和；同时由于其中立原则，柬埔寨获得了中国、日本、韩国等东亚国家以及法国、美国等欧美国家和国际组织的经济援助。

一、与东盟邻国关系

因柬埔寨与越南、老挝、泰国天然毗邻，历史上一直存在边界争端，加上"三角区"的非法跨境、跨境犯罪等社会问题屡禁不止，双边关系时好时坏。然而，天然的地理相近条件也让柬埔寨与这些邻邦国家的经贸往来和民间交流越发频繁。

1. 柬越关系

柬埔寨与越南的陆海相连，历史上，两国发生过漫长且复杂的海陆领土争议，以湄公河下游的下柬埔寨区域、富国岛及其附属海域的争议为主。2018 年，两国政府注重和平解决边界争议，加强合作，促进和平友好发展。

柬越推进勘界立碑工作。双方重申决心加强密切合作，以建立和平、友谊、合作和发展的共同边界。双方达成共识，尽快完成边界勘界立碑工作。截至 2018 年 11 月，两国完成了 84% 的边界线划定工作，柬埔寨和越南在蒙多基里省和拉达纳基里省设立了 40 个划定国境线的界碑。

柬越加深经贸往来合作。双方于 2018 年 3 月 31 日签署了《避免双重课税协定》（DTA）。同年 10 月 5 日，柬埔寨柴桢省与越南西宁省开通新口岸，满足双方边界地区人民的医疗、贸易、探亲等需求。柬埔寨和越南一致同意，将加快建设模范边贸市场，以促进双边贸易发展，由此进一步改善边民生活。截至 2018 年 9 月，越南在柬埔寨累计投资 30 亿美元，在柬埔寨投资项目共 206 个，注册资金达 30.2 亿美元，成为柬埔寨第五大投资来源国。柬埔寨在越南投资项目共 18 个，注册资金达 5810 万美元。

2. 柬老关系

达成共识，缓解边境紧张局势。2018 年，柬老两国就 2017 年遗留的边境纠纷达成共识。2017 年柬老两国最为突出的边境纠纷在于上丁省乌达闹区的纷争，老挝方面增派数百名军人驻扎在该边界，并调派一批全副武装的军人队伍进入柬埔寨境内。两国军队从 2017 年 4 月对峙到当年 8 月才终于达成退兵协议，防止了一场潜在的军事冲突。但 2018 年 5 月，老挝决定就柬老边境纠纷寻求国际仲裁，要求海牙国际法庭判定位于上丁省的乌达闹区为老挝领土。直到 2018 年 12 月，柬埔寨首相洪森和老挝总理通伦·西苏里达成 3 项共识，才逐步缓解了两国边境地区的紧张势态。这三项共识包括：第一，不准两国军队驻守；第二，不准两国人民在这两个地区从商；第三，在这两个地区，包括陆路、水路、航空领域视察时必须由双方同时进行。

复杂的边境纷争并没有中断两国民间的经贸往来和文化交流。2018 年 7 月，老挝东南部的阿塔普省 Sepien Senamnoi 水电站大坝发生倒塌，柬埔寨政府伸出援手向老挝提供了 10 万美元的善款，用于支持老挝政府救助洪灾的灾民。同年 12 月，柬埔寨首相洪森率团对老挝进行正式访问。双方政府总共签署了四项协定和谅解备忘录，其中包括 2019～2024 年教育协定；2019～2021 年文化和艺术合作协定；关于借用大象在金边野生动物园举办艺术展览和文化交流的谅解备忘录；老挝班哈特与柬埔寨上丁之间买卖 230 千伏高压电源和 500 千伏高压电源的谅解备忘录。

3. 柬泰关系

2018 年，柬埔寨与泰国在经贸合作方面实现了突破，并致力在药物管制和扫雷工作方面的合作。

双边经贸合作有所突破。为实现 2020 年双边贸易达到 150 亿美元目标，柬埔寨和泰国致力推动边境贸易往来，积极开通边境口岸，改善边境基础设施。2018 年 6 月 6 日，柬埔寨和泰国就加快成立 3 个新国际边关口岸的法律程序达成共识。除此以外，双方促成多次会展活动。2018 年，泰国产品展览于 6 月 7～10 日在金边钻石岛举行，有 200 家泰国品牌公司参展。9 月再次举办 2018 年泰国产品展览会。同时，柬埔寨被邀请参加 2019 年在泰国举办的四个贸易展览会。目前，双方正在合作建立二维码支付系统，以加强两国货币在跨境交易中的使用。截至 2018 年 10 月，柬埔寨和泰国的双边贸易额已突破了 70 亿美元。

柬埔寨与泰国在药物管制和扫雷方面也在加强合作。双方于 2018 年 9 月 4 日在柬埔寨暹粒省举行的第 12 届柬埔寨—泰国药物管制合作双边会议上做出承诺，加强在禁毒和跨境毒品打击方面的合作，为促进共同边界的可持续发展做出贡献。柬泰两国扫雷机构也在边境联合委员会会议上达成共识，双方将加强扫除边境地雷和未爆炸物工作，为边民提供安全舒适的生活环境。

除此以外，两国还就非法越境、非法劳工问题达成协议。从 2014 年 6 月开始，为本国劳动力腾出有限的工作岗位，增加本国居民的就业机会和经济收入，泰国"维护国家和平与秩序委员会"开始遣返在泰国非法务工的柬埔寨人员。泰国方面表示，合法入境的劳工可以在泰国正常务工，但非法劳工必须被遣返回柬埔寨。截至 2018 年，约有 150 万名柬民在泰国打工，只有 54.8470 万人拥有合法证件，其余则是非法务工，随时会面临被泰国当局取缔。柬埔寨劳工聘请协会与柬埔寨—泰国联络协会（TCRA）于 11 月签署合作谅解备忘录，旨在保障柬民在泰国务工的合法性和关心其家庭生活水平。

二、与中日韩等东亚国家关系持续升温

柬埔寨的中立外交立场为其打开了国际援助的大门，以中国、日本和韩国为主的东亚国家中为柬埔寨的和平发展提供了可观的经济援助和优惠贷款，同时在文化交流和贸易合作等方面保持积极的往来。

1. 柬中关系

柬埔寨与中国于 1958 年 7 月 19 日正式建交，两国的传统友谊历史悠久，多年来经受住了国际政治风云变幻的考验。双方在地区和国际事务中相互理解、相互尊重，在涉及彼此核心利益和重大关切问题上相互支持，共同维护地区和平稳定。双方保持政治互信、经贸往来以及民心沟通，两国关系处于上升、发展新时期。

（1）双方政治关系日益密切。

2018 年是中国—东盟建立战略伙伴关系 15 周年，也是柬埔寨与中国建交 60 周年。两国高层互访频繁，双方政治关系进一步深化发展。2018 年 1 月，应柬埔寨首相洪森邀请，中国国务院总理李克强赴柬埔寨金边出席澜湄合作第二次领导人会议并对柬埔寨进行正式访问，双方签署 19 项合作协议。两国政府发表联合公报，将以建交 60 周年为契机，继往开来，携手打造两国具有战略意义的命运共同体。同年 7 月，柬埔寨和中国分别在金边、北京举办庆祝两国建交 60 周年招待会。洪森首相在出席金边举行的招待会上表示，柬中两国的友谊与合作定能为习近平主席提出的构建"人类命运共同体"的宏大构想做出积极贡献。在柬埔寨第六届国会选举正式结果公布后，中国国家主席习近平和总理李克强在第一时间分别向柬埔寨人民党主席洪森致贺电。同年 9 月 12～15 日，第 15 届中国—东盟博览会在广西南宁举办。柬埔寨第二次荣膺主题国，柬埔寨首相洪森率团出席并参加系列重要活动，中柬全方位交流合作进一步深化。此外，2018 年 10 月，柬埔寨副首相兼国防部长狄班率领代表团对中国进行正式访问并出席第八届北京香山论坛。1 个月后，中国第十三届全国人民代表大会常务委员会副委员长张春贤访问柬埔寨，柬埔寨国会主席韩桑林、参议院主席赛冲、首相洪森分别与其进

行会晤。两国多位重要领袖之间的会晤为推动双方关系的发展形成了一系列的重要成果。

（2）两国经贸合作紧密。

中柬双方经贸合作从鲜有往来、波折中断到快速增长，至今已成为双方的重要合作伙伴。随着中柬两国友谊的不断深化以及"一带一路"倡议的不断推进，中国已经成为柬埔寨的第一大贸易伙伴和第一大进口来源地，同时成为柬埔寨最大的外资来源国和最大的外来援助国。至今，双方签署60余份相关合作备忘录及7份合作协议，中国还帮助柬埔寨建立起食品实验室、培训相关专业人才等。2018年8月，柬埔寨与中国达成签署《柬埔寨香蕉输华植物检验检疫要求协定书》。9月12～15日，第15届中国—东盟博览会在中国广西南宁市举办。柬埔寨第二次担任主题国，重点展示农业、基础设施建设、教育、文化、旅游等领域优质产品及服务。同时，磅通省将作为柬埔寨"魅力之城"在展会期间推介展示。在本次博览会投资、商业和旅游论坛上，柬埔寨与中国达成了8000多万美元的投资合作协议。11月15日，柬埔寨税务总局局长关威宝与中国国家税务总局在中国浙江省举行工作会谈，双方计划将于2019年初开始执行《避免双重征税和防止逃税协定》。

（3）柬中文化交流频繁，中国为柬埔寨提供大量援助。

为帮助柬埔寨人民发展国民经济、改善民生，脱离贫困，中国为柬埔寨提供许多援助，如中方参与柬埔寨的建设和修葺项目，并向柬埔寨提供新技术、新设备、人力资源培训等。2018年，中国向柬埔寨捐助500万美元医疗设备、医疗车，大巴"流动诊所"。中国政府通过"中国援助柬埔寨完成排雷"项目无偿援助250万美元。7月22日，中国向柬埔寨政府提供2.5900亿美元，用于兴建第3条金边外环公路项目。9月27日，中国政府向柬埔寨援助人口普查物资，用于协助2019年的人口普查工作。12月13日，中国向柬埔寨提供12亿元人民币无偿援助和6.22亿元人民币优惠贷款，用于改善柬埔寨民生、基础设施和开发水库项目。

在教育和人力资源方面，2018年7月24日，中国政府援助柬埔寨外交与国际关系学院的物资总值50万元人民币。11月29日至12月1日，中国开展"中国—东盟旅游人才教育培训基地柬埔寨培训中心"首期培训并取得圆满成功。近年来，柬埔寨派出不少新闻记者赴中国学习，加深媒体交流。目前，两国媒体进行纪录片、电视剧制作合作，以帮助柬埔寨媒体从业人员提高影视制作摄影、剪辑等技术水准。双方还计划成立"湄公—澜沧新闻中心"，提供柬埔寨语、汉语、泰语、老挝语、马来西亚语等多种语言培训、翻译、配音等服务。

2. 柬日关系

日本与柬埔寨的外交关系以援助外交为主。从20世纪90年代起，日本就在柬埔寨的社会政治领域如教育、排除地雷、基础设施重建和非政府组织活动当中活跃至今。近年来，日本向柬埔寨提供的官方援助呈现显著增长趋势，由 2016 年的 1.19 亿美元，计划增长至 2019 年的 2.42 亿美元，援助项目涉及经济、教育、医疗、卫生、排雷等多个领域。在柬埔寨第六届国会选举受到国际社会高度关注之时，日本基本保持沉默中立，没有派出监察员临场监督，并以此为理由未发表言论，但仍然履行自己对柬埔寨选举进行援助的承诺，向柬埔寨国家选举委员会援助 1.1000 万个投票箱及 40 辆皮卡车，总值 700 万美元。

2018 年是柬埔寨—日本建交 65 周年。双方举行重大庆祝活动，表达了进一步加强友好合作关系的意愿。2018 年 4 月，日本外相河野太郎（Taro Kono）到访柬埔寨，进一步加强柬日两国的双方友好合作关系。9 月 18～19 日，柬埔寨副首相兼外交与国际合作部长巴速坤对日本进行工作访问。洪森首相率团赴日本出席 10 月 6～10 在东京举行的第 10 届湄公河国家与日本峰会，并与日本首相安倍晋三举行会谈，讨论双边地区和国际合作共同关注的问题。

3. 柬韩关系

柬埔寨与韩国于 1997 年正式建交，两国在经贸合作和文化交流方面一直保持良好关系。2018 年 10 月，韩国驻柬埔寨使馆透露，韩国政府通过经济发展合作基金（EDCF）将向柬埔寨提供总值 6657 万美元的贷款，用于建设柬埔寨卫生科学大学下属医院（UHS）。12 月，韩国向柬埔寨提供 700 万美元，以继续修复暹粒省的 Preah Pithou 的寺庙和 Lean Chul Damrei（大象的露台）。

据柬埔寨发展理事会的数据统计，2018 年柬埔寨—韩国两国贸易总额达 9.74 亿美元，其中柬埔寨对韩国出口 3.14 亿美元，韩国对柬埔寨出口 6.6 亿美元，贸易逆差 3.46 亿美元。柬埔寨近年来的经济增长表现亮眼，也吸引了韩国企业和民间组织前来投资创业。早在 2005～2007 年，韩国对柬埔寨投资总额就排名各国之首。但是，近些年来韩国对柬埔寨投资排名不断下滑。2018 年前 9 个月，对柬埔寨投资额仅 1200 万美元。相比之下，2017 年韩国对柬埔寨投资额 2 亿美元，是近些年来投资额最高的年份。韩国目前对柬埔寨投资项目主要是房地产、农业、科技、服装等行业。

三、与欧美国家的关系忽冷忽热

1. 柬美关系

1950 年，柬埔寨与美国正式建交。长期以来，美国对柬埔寨政党问题都保持高度关注。自 2017 年前救国党领导人金速卡被捕、救国党被解散、118 名高层被禁止从政 5 年后，双方关系逐渐降温。

2018 年，为表达自己对柬埔寨大选的不满，美国停止对柬埔寨政府的部分援助，制裁洪森首相及其 16 名家属和长官，禁止他们入境美国和冻结在美国的资产。在 2018 年 7 月柬埔寨大选结束后，美国批评大选不自由、不公正和无法反映柬埔寨人民意愿，称将考虑扩大对柬埔寨的制裁措施。1 个月后，在国家选举委员会宣布人民党获国会所有 125 个议席后，美国政府决定扩大对支持柬埔寨政府"破坏民主"人士的签证限制，包括非政府官员及其直系亲属在内。2018 年 10 月，柬埔寨同意恢复寻找越战美国军士遗体，美国对柬埔寨此举表示欢迎与支持，两国关系又有了一定程度的回温。

虽然双方政治往来并不活跃，但在双边贸易上出现了"政冷经热"的局面。2018 年，柬埔寨—美国在普遍优惠制（普惠制）下的双边贸易总额为 33 亿美元，与 2017 年的 26 亿美元相比增长 27%。柬埔寨对美国出口 28 亿美元，使美国成为柬埔寨商品的第二大市场。在柬埔寨生产旅游商品的工厂数量增加了大约 60 家，柬埔寨对美国的出口包括服装、鞋子、袋子、橡胶、碾米、木薯和其他农产品。

2. 柬—欧盟关系

柬埔寨与欧盟自 1997 年以来一直保持密切的经贸合作。柬埔寨享受欧盟的特殊普惠制，使得柬埔寨的纺织服装、鞋类、农产品以及劳动密集型产品大量进入欧盟市场。欧盟已累计对柬埔寨投资 60 多亿美元，是柬埔寨第三大投资来源国，主要投资农业、太阳能发电、机场、油气和汽车等。欧盟还为柬埔寨提供多种形式的援助。从 2017 年下半年开始，双方关系因为柬埔寨前救国党事件而逐渐降温，欧盟对柬埔寨实施了经济制裁。2018 年 4 月，欧盟委员会向柬埔寨政府发出一份"问题清单"（List of Issues），要求其对一系列问题进行解释。2018 年 7 月 5~11 日，欧盟委员会派出代表团对柬埔寨开展为期一周的考察，对相关部门进行调查访问。随后，欧盟在声明上警告："取消对柬埔寨 EBA 待遇可能是最终的措施。"在欧盟代表团对柬埔寨调查访问的同时，柬埔寨政府也派出了特使团，从 2018 年 6 月 18 日到 11 月 1 日赴欧盟游说，希望不要对柬埔寨取消 EBA 待遇。在柬埔寨国内，112 个工会组织联名提呈请愿书，呼吁欧盟切勿撤销优惠待遇。7 月 29 日，柬埔寨第六届国会选举如期举行。洪森领导的人民党取得压倒性胜利，一举拿下议会全部 125 个议席，其他政党"颗粒无收"。欧盟议会再次敦促欧盟政府制裁柬埔寨。在大选之后，欧洲议会呼吁柬埔寨政府撤销针对金速卡的所有控状，同时要求欧盟制裁相关官员。2018 年 10 月 5 日，欧盟委员会终于使出撒手锏，宣布将开始审议《撤销柬埔寨与缅甸的优惠关税案》。从 2019 年 1 月 18 日起，欧盟将对柬埔寨和缅甸大米征收关税。欧盟委员会通过实施保障措施，对柬埔寨大米征收进口关税。

然而，将柬埔寨从 EBA 计划中撤销的过程是漫长而渐进的，并且预计不会在 6 个月内全面实行。在这期间是否会出现转机，还存在不确定性。

第六节 区域合作

自柬埔寨获得独立走上和平发展的道路之后，逐渐开始了国际合作，积极履行成员国的义务，推动东盟共同体建设，同时也是区域全面经济伙伴关系（RE-CP）、澜湄合作以及中国"一带一路"倡议的有力支持者。

一、积极参与推动东盟共同体建设

柬埔寨于 1999 年正式加入东盟，成为最后一个东盟成员国。加入东盟后，柬埔寨积极改善与越南、老挝、泰国等邻国的关系，积极协商和平解决领土、边界的纷争，推动多边经贸合作与民间交流。利用东盟的平台，柬埔寨积极参与区域政治、经济、安全等事务，履行成员国义务，当好轮值主席，办好东盟首脑会议，对于推动区域一体化、推动东盟共同体建设发挥了积极重要的作用。在南海问题上，始终坚持自己的政治立场，保持中立，不偏不倚，并维护东盟团结。在东盟的经贸合作方面，柬埔寨积极履行东盟的服务贸易协定，不断降低关税，也从东盟的多边贸易中获益良多。尽管柬埔寨近年来的经济增长表现亮眼，但其经济体量以及经济发展水平在东盟成员国中仍然处于较低水平。2018 年 4 月 27 日，应新加坡总理李显龙的邀请，洪森首相率领政府高级代表团赴新加坡出席第 32 届东盟峰会及系列会议。洪森首相在东盟峰会上提出六大观点，旨在加强东盟财政、贸易和经济互联互通的法律框架，以及通过贸易自由化融入区域发展。同年 10 月，洪森首相率团赴印度尼西亚巴厘岛参加东盟领导人聚会。此次聚会以"实现可持续发展目标，通过区域和全球稳固的合作成功缩小发展差距"为主题，洪森首相在会议上发表了主旨演讲，代表柬埔寨政府表明决心，将继续致力投资改善环境，促进贸易便利化，减少投资者的投资成本，以及鼓励和协调支持中小型企业发展等。同时，洪森首相还受邀参加国际货币基金组织、世界银行在巴厘岛举办的 2018 年年会。

二、积极参与澜湄合作

2018 年，柬埔寨继续积极参与澜湄合作，努力缩小与东盟其他国家的发展差距。

2018 年 12 月 17 日，澜沧江—湄公河合作第四次外长会议在老挝琅勃拉邦举行。会议通过了《联合新闻公报》，发布了《〈澜湄合作五年行动计划〉2018 年度进展报告》《2018 年度澜湄合作专项基金支持项目清单》和六国智库共同撰写的《澜湄流域经济发展带研究报告》及澜湄合作会歌。澜湄合作专项基金批准 138 个项目，柬埔寨获得 19 个项目，总价值 766.4556 万美元，主要涉及能力建设、教育、研究和文化交流等。这 19 个项目协议将于 2019 年签署。自澜湄合作专项基金设立以来，柬埔寨共获得 35 个项目，获批项目连续两年最多，项目涉及农业、旅游、信息和通信技术、教育、农村发展、航空、文化和宗教等领域，这些项目的顺利实施必将在提高人民生活水平、教育、健康、旅游等诸多领域为柬埔寨人民带来巨大益处。

第七节　社会文化

2018 年，柬埔寨继续加大对教育以及医疗卫生领域的支持，出台多项惠民政策，同时也得到了国际社会的援助。此外，柬埔寨人民重视民族文化的传播，在文物保护与申遗以及传统文化的宣传上取得喜人成果。

一、国民教育

柬埔寨经历了几十年的战争动乱，在贫穷与苦难中挣扎多年，国家的教育受文化历史以及宗教的影响较深。战争结束后，柬埔寨对法国等西方国家的教育模式较为推崇，实行较为开放包容的教育政策。柬埔寨政府提出"四角战略"，将培训人才与发展人力资源列为重点发展领域，教育领域被列为国家优先发展领域，致力培养出更多高质量的人力资源。2018 年，柬埔寨教育部正在开展高等教育改革，还在推行"新时代学校"（New Generation School，NGS）政策，力争通过实现现代化以提高教育质量。为了使教育与旅游业人才资源培养相结合，政府也做了许多努力。2018 年，为降低学生的负担，政府与 6 家银行及小额贷款机构合作，推出高校旅游专业低息贷款服务。此外，中国在柬埔寨投资建立了以旅游相关业务为主要培训内容的世界青年文化旅游职业学校（WYTHS）。该学校配置了先进的教学设施和专业的教师资源，积极响应柬埔寨政府在东盟《服务业双边认可协议》框架下大力促进旅游及服务业的倡导，开设了中文、英文、计算机及酒店接待专业相关课程，招生对象为柬埔寨偏远地区及贫困家庭学生，施行学费全免及奖学金计划，为适龄青年提供培训和提升机会，解决青年人就业问题，最终帮助柬埔寨年轻人走向自立，助力柬埔寨教育的发展。2018 年 11 月 29 日至

12 月 1 日，中国云南旅游职业学院"中国—东盟旅游人才教育培训基地"开展了"中国—东盟旅游人才教育培训基地柬埔寨培训中心"首期培训活动，标志着柬埔寨国家旅游学院未来落地七星海迈出的第一步。

柬埔寨的教育发展也得到了中国、日本、韩国、世界银行等国家与国际组织的援助。2018 年，教育部的高等教育改革获得了世界银行 9000 万美元的资助。"2018 年柬埔寨贫困儿童教育援助项目"通过与柬埔寨马德望省政府及各级多部门的合作，在马德望省 Wat Po Khnong 小学改建了多媒体及文体活动室，并配备电脑、电视机、投影仪，体育及文娱用品等器材，还捐助学生桌椅、学生用品等物资。

二、社会福利与医疗卫生

2018 年，柬埔寨重视提高国民社会福利，加强医疗卫生保障。不仅制衣与制鞋厂工人获得多项福利待遇，政府教职官员包括退休教职官员等也享受到了更多的福利待遇。

退伍军人及军人家属、残疾人以及妇女是重点的关切对象。柬埔寨每年补贴退伍军人及军人家属近亿美元。磅湛省政府将为没有田地耕种的退伍军人家庭分配土地，以改善他们的生活水平。每年，还有医生志愿者到县级或乡村展开义诊活动。2018 年，全国有 10353 名残疾人注册身份，获得政府提供的福利补助金。2018 年 1 月 1 日到 11 月 14 日，共有 54000 多名女工生育，政府为此共发出约 20 亿瑞尔补贴。自 2019 年中起，贫穷孕妇将享有生产与育婴津贴，每位可获得 76 万瑞尔（约 190 美元）。

提高工资，推行"一月两薪"制。为提高工人收入，改善国民生活水平，政府、企业与工人在 2018 年共同商定将 2019 年最低工资标准提高到 182 美元/月，同比增长 7.1%。2018 年第六届国会竞选时，柬埔寨人民党提出要在纺织、成衣和制鞋工厂实行每月薪资分为两次发放的制度，将于 2019 年正式开始实施。

三、保护与宣传民族文化

柬埔寨历史悠久，善良智慧的柬埔寨人民创造并保存了宝贵而丰富的文化遗产，并积极地向世界人民宣传柬埔寨的独特民族文化。灿烂的民族文化与绚丽的自然风光形成了丰富的旅游资源，也吸引了世界各地的游客前来游览。2018 年 7 月，柬埔寨人民编织的 1149.8 米的水布进入金氏世界纪录，成为"世界最长的水布"。11 月，柬埔寨建造的全长 87.3 米可容纳 179 名划手的龙舟进入金氏世界纪录，成为世界最长龙舟。柬埔寨于 1991 年 11 月 28 日成为联合国教科文组织世界遗产委员会成员国，享誉世界的吴哥窟（Angkor）、柏威夏寺、三波坡雷古、堆斯陵罪恶馆等古迹，还有拔河、长臂琴被列入世界文化遗产名册；皇家舞、皮影戏被列入非物质文化遗产名录。2018 年 11 月 28 日，联合国教科文组织世界遗产委员会决定将柬埔寨男性面具舞列为非物质文化遗产。

柬埔寨有不少民间传统节日，如御耕节、亡人节、送水节、加顶节等。柬埔寨人民重视节日的庆祝，尤其是传统节日的传承，享受国家和平和经济发展为国民带来的幸福生活。除此以外，部分省市还利用自身的天然地理条件或历史资源开发了"河水节"（干拉省）、"海洋节"（国公省等海港城市）等新节庆。柬埔寨的海岸线涉及 4 个沿海省份，长达 450 公里，曾在 2011 年 5 月被认为是世界上最美丽的海湾。自 2011 年以来，海洋节每年轮流在 4 个沿海省举行，2018 年已经举办了第七届海洋节。每到重大节庆，政府机关单位、企业、学校纷纷休假，在部分节日前政府还提供免费的公交车、水上巴士或者高折扣的火车票等供民众出行使用，让民众回乡与家人团聚共庆佳节。充满高棉历史文化魅力以及展示柬埔寨现代城市发展面貌的丰富庆祝活动吸引了来自世界各地的游客前来观赏，既向世界传播推广了柬埔寨民族文化，同时为国家经济带来了可观的收入。以亡人节为例，据柬埔寨旅游部报告称，2018 年 10 月亡人节假期期间，约有 120 多万游客前往柬埔寨旅游景点，与 2017 年同期相比增长 20.4%。12 月，主题为"美丽海湾 幸福人民"的第七届海洋节在国公省举办，吸引了 38 万名国内和国际游客前来游玩。

第八节 发展展望

在政治方面，2019 年柬埔寨将继续保持以人民党为主导的趋势，在举行的第三届省、市、县、区理事会选举中获得了压倒性的胜利，进一步加强人民党对地方政治的控制能力。另外，随着国际风云变幻，柬埔寨将努力在区域合作以及世界政治中扮演着重要的角色。

在经济方面，2019 年柬埔寨经济增长将保持强劲，但增速可能低于 2018 年。外部原因是外需低于预期，欧盟撤销贸易优惠待遇（EBA）、中美贸易摩擦以及市场上的商品标准竞争将导致柬埔寨经济成长风险加剧；内部原因是农业领域的增长将继续走低，且国民经济需要长期实质和有效的改革，在短期内难以实现。

在社会方面，提高国民收入、改善人民生活水平、降低贫困率依然是国家的首要任务。建立完善社会福利体系、扩大福利受众范围依然是政府的重点。此外，提高国民教育水平，为国家政治、经济和社会发展培养人力资源，也是长远而紧迫的任务。

第三章 2017～2018年印度尼西亚国情报告[*]

第一节 引言

2018年，印度尼西亚正、副总统候选人及参选政党名单正式确定，反腐工作仍是政府着重的方向。经济形势表现良好，进出口贸易额较上年有所增长，通货膨胀保持低位，"印度尼西亚制造4.0"计划出台推动产业升级。恐怖势力猖狂，引起世界关注。自然灾害频发，给当地民众和政府带来了巨大损失。亚运会的顺利举办，令世界瞩目。外交活动频繁，与大国加强合作关系，继续发挥东盟"领头羊"作用。

第二节 政治

一、正、副总统候选人及参选政党名单的确定

1. 普委会确定两组正、副总统候选人

随着支持佐科阵营的政党联盟规模的不断扩大，大印度尼西亚运动党总主席普拉博沃也正式宣布参选2019年总统选举。在佐科和普拉博沃各自公布双方竞

---

　　* 本章由蓝心辰负责撰写。蓝心辰，广西大学国际学院（中国—东盟信息港大数据研究院）印度尼西亚舆情助理。

选搭档后，普委会于 2018 年 9 月 20 日正式公布佐科—马鲁夫，普拉博沃—桑迪阿加为 2019 年大选的正副总统参选人。佐科—马鲁夫、普拉博沃—桑迪阿加的竞选序号通过抽取产生，他们的竞选序号分别为 1 号和 2 号。

副总统人选一般是由总统候选人在考虑其背后的资源和各党派之间的平衡后做出的抉择。原先佐科有意让前宪法法院院长马福特作为他的竞选搭档，但由于马福特的政党坚持推选伊斯兰教士理事会（MUI）主席马鲁夫，最终，佐科做出妥协，选择了马鲁夫。从宗教因素来看，佐科选择马鲁夫也是形势所迫。佐科执政以来，虽然得到大多数民众的支持，但一直受到来自竞争对手的攻击。

2. 公布参选政党名单

经过普委会核实，共有 16 个政党有资格参加 2019 年的大选。这 16 个政党分别是国家使命党（PAN）、从业党（Berkarya）、斗争民主党（PDI - P）、民主党（Demokrat）、大印度尼西亚运动党（Gerindra）、印度尼西亚改革运动党（Garuda）、专业集团党（Golkar）、民心党（Hanura）、繁荣公正党（PKS）、民族觉醒党（PKB）、民主国民党（NasDem）、印度尼西亚团结党（Perindo）、建设团结党（PPP）及印度尼西亚团结一致党（PSI）①、新月星党（PBB）② 和印度尼西亚统一公正党（PKPI）③

此次参选政党包含 4 个新政党，分别是从业党、印度尼西亚团结党、印度尼西亚团结一致党和印度尼西亚改革运动党。从业党由印度尼西亚第二任总统苏哈托的幼子胡多莫创建，具有雄厚的资金实力。印度尼西亚团结党总主席陈明立作为印度尼西亚的传媒业巨头、MNC 集团总裁，利用媒体争取选民支持的效果不可忽视。2018 年 3 月 5 日，印度尼西亚团结党总主席陈明立与佐科总统会晤，表明支持佐科竞选总统连任。印度尼西亚团结一致党，鼓励女性参政，且该党有 2/3 的党员为千禧一代的年轻人。印度尼西亚改革运动党，以青年人为主，致力扩大青年人参与弘扬民主的机会。青年选民大约占总选民的 40%，印度尼西亚团结一致党和印度尼西亚改革运动党在竞选宣传中，为了能更好地发挥青年群体优势，都选择了能吸引年轻选民的演讲方式。

---

① 华中师范大学 . 印度尼西亚研究中心：普选委员会正式宣布 2019 年参选的政党名单 ［EB/OL］. ［2018 - 02 - 18］. http：//www. cistudy. cn/bencandy. php？ fid = 52&id = 5236.

② 国际日报 . 星月党终获参加大选资格 ［EB/OL］. ［2018 - 03 - 08］. http：//www. guojiribao. com/shtml/gjrb/20180308/416815. shtml.

③ 国际日报 . 国家行政法院裁决 PKPI 胜诉 ［EB/OL］. ［2018 - 04 - 13］. http：//www. guojiribao. com/shtml/gjrb/20180413/430052. shtml.

二、地方首长选举

1. 简要概况

2018 年 6 月 27 日，地方首长选举将在全国 171 个地区，即 17 个省、115 个县和 39 个市同步举行。这 17 个省分别为：北苏门答腊省、廖内省、南苏门答腊省、楠榜省、西爪哇省、中爪哇省、东爪哇省、西加里曼丹省、东加里曼丹省、南苏拉威西省、巴厘省、东努沙登加拉省、北马鲁古省、中苏拉威西省、西努沙登加拉省、马鲁古省和巴布亚省。此次地方首长同步选举是选举制度改革后举行的第三次。第一次是在 2015 年，在 269 个地区举行地方首长同步选举。第二次是在 2017 年，在全国 101 个地区，选出 7 名省长、18 名市长和 76 名县长。

2018 年的地方首长同步选举成为国际媒体关注的焦点，因为地方选举的结果，将影响到 2019 年两位总统候选人的政治命运。此次地方首长同步选举的固定选民达 152066686 人，占全国总选民约 1.86 亿人的 70%，尤其是东爪哇省、西爪哇省、中爪哇省、北苏门答腊省和南苏门答腊省，这 5 个省的选民众多，达到 958822181 人，是各政党竞争激烈的地方①。在这 17 个省份中，西爪哇省最受关注。西爪哇省不仅是最大选区，是印度尼西亚政治经济中心，也是伊斯兰保守派的大本营。在 2014 年总统选举中，尽管最后佐科获胜，但其对手普拉博沃却在该省赢得 59.78% 的选票②。若此次佐科的政治盟友在西爪哇胜选，对佐科明年竞选总统连任将是一大助力。

2. 地方首长选举结果

如表 3 - 1 所示，佐科的政治盟友在大部分选区得票率都领先于普拉博沃的政治盟友。爪哇三省已无意外成为了佐科盟友的地盘。目前明确表明支持佐科—马鲁夫组合的有：东爪哇省长 Khofifah Indar Parawansa，西爪哇省长 Ridwan Kamil，中爪哇省长 H. Ganjar Pranowo，西努沙登加拉省长 Zulkieflimansyah、副省长 Sitti Rohmi Djalilah 及巴布亚省长 Lukas Enembe。巴布亚省长表示他将确保所有巴布亚民主党干部在 2019 年总统选举中支持佐科—马鲁夫。佐科的政治盟友在大部分选区的良好表现有助于为佐科争取总统连任提高胜算。上述省长的表态对佐科来说也是一大助力，因为地方省长将能更有效地动员选民来支持总统候选人。

---

① 巴厘之窗. 印度尼西亚地方首长选举昨进行 几家欢喜几家愁［EB/OL］. ［2018 - 06 - 28］. http：//www. jinciwei. cn/h208619. html.

② 印尼视角. 印尼地方选举登场 2019 总统大选前哨战［EB/OL］. ［2018 - 06 - 27］. http：// www. yidianzixun. com/article/0JP6AMkg.

表 3-1　2018 年印度尼西亚地方首长选举结果情况

编号	省份	省长—副省长	支持政党	获得选票	总选票	百分比（%）
1	北苏门答腊（SUMATERA UTARA）	EDY RAHMAYADI—MUSA RAJEKSHAH	Nasdem, Hanura, Golkar, PKS, PAN, Gerindra	3291.137	5716.097	57.58
2	廖内 RIAU	Drs. H. SYAMSUAR, M. Si—H. EDY NASUTION	PKS, PAN, Nasdem	799.289	2092.526	38.20
3	南苏门答腊 SUMATERA SELATAN	H. HERMAN DERU, SH, MM—Ir. H. MAWARDI YAHYA	PAN, Nasdem, Hanura	1394.438	3877.626	35.96
4	楠榜 LAMPUNG	Ir. H. ARINAL DJUNAIDI—Hj. CHUSNUNIA, Ph. D	Golkar, PKB, PAN	1548.506	4099.272	37.78
5	西爪哇 JAWA BARAT	H. MOCHAMAD RIDWAN KAMIL, ST., M. U. D—H. UU RUZHANUL ULUM, SE	Hanura, Nasdem, PKB, PPP	7226.254	21979.995	32.88
6	中爪哇 JAWA TENGAH	H. GANJAR PRANOWO, S. H, M. IP—H. TAJ YASIN	Demokrat, Nasdem, PDIP, PPP	10362.694	17630.687	58.78
7	东爪哇 JAWA TIMUR	KHOFIFAH INDAR PARAWAN - SA—Dr. EMIL ELESTIANTO D - ARDAK, M. Sc.	Hanura, Golkar, PPP, Demokrat, Nasdem, PAN	10465.218	19541.232	53.55
8	巴厘 BALI	Dr. Ir. WAYAN KOSTER, M. M.—Dr. Ir. TJOK OKA ARTHA ARDHANA SUKAWATI, M. Si.	Hanura, PKPI, PAN, PDIP	1213.075	2103.005	57.68
9	西努沙登加拉 NUSA TENGGARA BARAT	Dr. H. ZULKIEFLIMANSYAH, SE, M. SC—Dr. Ir. Hj. SITTI RO - HMI DJ ALILAH, M. Pd	PKS, Demokrat	811.945	2553.602	31.80
10	东努沙登加拉 NUSA TENGGARA TIMUR	VIKTOR BUNGTILU LAISKODAT—JOSEF ADREANUS NAE SOI	Hanura, Golkar, Nasdem	838.213	2354.856	35.60
11	西加里曼丹 KALIMANTAN BARAT	H. SUTARMIDJI, S. H., M. Hum.—Drs. H. RIA NORSAN, M. M., M. H.	PKS, PKB, Hanura, Nasdem, Golkar	1334.512	2588.541	51.55

编号	省份	省长—副省长	支持政党	获得选票	总选票	百分比（％）
12	东加里曼丹（KALIMANTAN TIMUR）	DR. Ir. H. ISRAN NOOR, M. Si—H. HADI MULYADI, S. Si, M. Si	PAN, Gerindra, PKS	417. 711	1333. 090	31. 33
13	南苏拉威西 SULAWESI SELATAN	PROF. DR. IR. H. M. NURDIN ABDULLAH, M. Agr. —ANDI SUDIRMAN SULAIMAN, ST	PDIP, PAN, PKS	1867. 303	4256. 439	43. 87
14	东南苏拉威西 SULAWESI TENGGARA	H. ALI MAZI, SH—DR. H. LUKMAN ABUNAWAS, SH, M. Si	Nasdem, Golkar	495. 880	1135. 179	43. 68
15	马鲁古 MALUKU	IRJEN POL. (Purn) Drs. MU-RAD ISMAIL—Drs. BARN-ABAS ORNO	Gerindra, PPP, PDIP, PAN, Hanura, PKB, PK-PI, Nasdem	328. 982	805. 654	40. 83
16	北马鲁古 MALUKU UTARA	AHMAD HIDAYAT MUS—Dr. RIVAI UMAR	PPP, Golkar	176. 993	554. 734	31. 91
17	巴布亚 PAPUA	LUKAS ENEMBE. S. IP, MH—KLEMEN TINAL, SE. , MM	Hanura, Golkar, Demokrat, PKB, PKS, PPP, PKPI, PAN, Nasdem	1939. 539	2871. 547	67. 54%

资料来源：普委会（KPU）官方数据，https：//infopemilu. kpu. go. id/pilkada2018/hasil/report/penetapan/list/nasional.

虽然佐科票面局势看起来占据优势，但普拉博沃阵营也并没有落入下风。值得注意的是，虽然西努沙登加拉省长和副省长个人表示支持佐科—马鲁夫，但 Zulkieflimansyah 所属繁荣公正党，Sitti Rohmi Djalilah 曾属民主党，这两个政党早已表明将在2019 年的大选中支持普拉博沃和桑迪阿加。

三、继续推进反腐工作

反腐败工作仍然是政府重点关注的方向。印度尼西亚腐败现象由来已久，在苏哈托长达32 年的执政期间，腐败问题达到巅峰，腐败之风影响到政府各阶层，同时渗透到社会的各个层面。虽然苏哈托政权已经垮塌，但腐败"后遗症"仍遗留到现在。

自佐科执政以来，积极推进反腐工作。其中最具标志性的事件是，因涉电子身份证腐败案被捕的印度尼西亚前国会议长塞特亚·诺凡托在 2018 年 4 月被定罪，根据审判结果，诺凡托被判处 15 年有期徒刑，罚款 5 亿盾。同时规定其在判决生效 1 个月内归还 730 万美元赃款。而且诺凡托在刑满出狱后 5 年内不能担任公职。这起电子身份证腐败案的涉案人员达 80 多名，其中 2 名内政部官员分别获刑 5 年和 7 年。

2018 年政府反腐工作举措：1 月，警方成立金钱政治监视工作队，以避免地方首长选举同步进行中可能出现的舞弊案；2 月，肃贪委逮捕绒网县长苏哈利，苏哈利被指控受贿 2.75 亿盾，以帮助该县卫生局代局长英娜提拔为卫生局局长；4 月，逮捕西万隆县县长阿布巴卡，指控其受贿 4.35 亿盾贿赂现金供其夫人 Elin Suharliah 竞选西万隆县长一职；7 月逮捕万隆 Sukamiskin 监狱长胡申，其被指控收受贪污囚犯 Fahmi Darmawansyah 的贿赂金钱和 2 辆汽车；被肃贪委列为接受北苏门答腊省前省长卡铎贿赂案的 38 名北苏门答腊省议员嫌疑犯当中，已有 5 名被关押；8 月，前从业党秘书长伊德鲁斯因涉廖内省第一蒸汽发电站项目贿赂案而被正式拘留；肃贪委当场拘捕棉兰地方法庭 3 名法官；10 月，当场逮捕勿加西县 10 名政府人员和私企人员，他们涉嫌勿加西房地产许可证办理贿赂案件，涉案金额超过 10 亿盾。

虽然反腐形势依然严峻，但这并不会使印度尼西亚政府退缩。诺凡托的获刑向印度尼西亚人民和世界展现了印度尼西亚政府打击腐败的决心。这将极大地增强印度尼西亚人民对政府反腐工作的信心。

第三节 经济

一、经济稳步上升，通货膨胀保持低位

2018 年，印度尼西亚经济增速保持上升趋势，国内生产总值增长率为 5.17%。尽管增速未达到《2015～2019 五年规划》中 7% 的增长目标，也未达到上年初政府计划的 5.4% 的目标和国际货币基金组织（IMF）预计的 5.3% 的水平，但确已是总统佐科 2014 年 10 月执政以来的最高增速。如图 3-1 所示，印度尼西亚经济增速在 2015 年至 2018 年分别为 4.88%、5.03%、5.07% 和 5.17%，可以说是稳步上升。

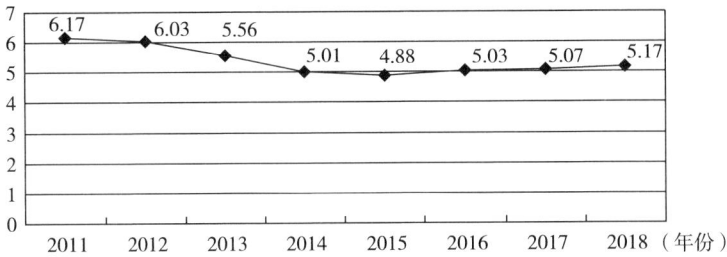

图 3 - 1   2011～2018 年印度尼西亚经济增长率

资料来源：印度尼西亚统计局。

2018 年，印度尼西亚通货膨胀水平保持低位，全年通货膨胀率仅为 3.13%，低于政府预算案中设定的 3.5%。低通货膨胀率主要归功于政府对燃料、电力价格的宏观调控。CPI 同比增长率在 2.9%～3.4%波动，比 2017 年 3.3%～4.3%的幅度有所降低，说明政府实现了对物价的有效控制（见表 3 - 2）。

表 3 - 2   2015～2018 年印度尼西亚月度消费物价指数和通货膨胀率

月份\年份	2015		2016		2017		2018	
	CPI	通货膨胀	CPI	通货膨胀	CPI	通货膨胀	CPI	通货膨胀
1 月	118.71	- 0.24	123.62	0.51	127.94	0.97	132.10	0.62
2 月	118.28	- 0.36	123.51	- 0.09	128.24	0.23	132.32	0.17
3 月	118.48	0.17	123.75	0.19	128.22	- 0.02	132.58	0.20
4 月	118.91	0.36	123.19	- 0.45	128.33	0.09	132.71	0.10
5 月	119.50	0.50	123.48	0.24	128.83	0.39	132.99	0.21
6 月	120.14	0.54	124.29	0.66	129.72	0.69	133.77	0.59
7 月	121.26	0.93	125.15	0.69	130.00	0.22	134.14	0.28
8 月	121.73	0.39	125.13	- 0.02	129.91	- 0.07	134.07	- 0.05
9 月	121.67	- 0.05	125.41	0.22	130.08	0.13	133.83	- 0.18
10 月	121.57	- 0.08	125.59	0.14	130.09	0.01	134.2	0.28
11 月	121.82	0.21	126.18	0.47	130.35	0.2	134.56	0.27
12 月	122.99	0.96	126.71	0.42	131.28	0.71	135.39	0.62
通货膨胀率（%）	3.35		3.02		3.61		3.13	

资料来源：印度尼西亚中央统计局整理。

二、进出口贸易情况

2018 年，印度尼西亚贸易总额为 3689.26 亿美元，同比增长 13.23%。其中出口额为 1802.15 亿美元，同比增长 6.74%；进口额为 1887.11 亿美元，同比增长 20.21%，贸易逆差为 84.96 亿美元。

2018 年，印度尼西亚对主要贸易伙伴的出口中，除了对印度略微下降，对其他国家都有所增加。其中，前三大出口国为中国、日本和美国。印度尼西亚对中国、日本和美国的出口额分别为 271.27 亿美元、194.8 亿美元、184.27 亿美元，同比分别增长 18.9%、11.4% 和 3.6%（见表 3 - 3）。2018 年印度尼西亚前三大进口国为中国、新加坡、日本，进口额分别为 453.49 亿美元、213.85 亿美元、178.78 亿美元，同比分别增长 26.8%、26.6%、17.3%，3 个国家合计占印度尼西亚进口总额的 45%（见表 3 - 4）。

表 3 - 3　2018 年印度尼西亚对主要贸易伙伴出口情况

国家和地区	金额（亿美元）	同比（%）	占比（%）
总值	1802.15	7.5	100.0
中国	271.27	18.9	15.1
日本	194.8	11.4	10.8
美国	184.27	3.6	10.2
印度	137.26	-1.0	7.6
新加坡	129.92	1.8	7.2
韩国	95.33	17.9	5.3
马来西亚	94.37	11.6	5.2
菲律宾	68.25	7.0	3.8
泰国	68.19	5.5	3.8
中国台湾	47.01	11.5	2.6
越南	45.84	27.8	2.5
荷兰	38.98	-3.5	2.2
澳大利亚	28	12.3	1.6
德国	27.1	1.5	1.5
中国香港	25.59	6.7	1.4

资料来源：国别报告网，https：// countryreport. mofcom. gov. cn/record/view110209. asp? news_ id =63284.

表 3 - 4 2018 年印度尼西亚对主要贸易伙伴进口额

国家和地区	金额（亿美元）	同比（%）	占比（%）
总值	1879.17	19.8	100.0
中国	453.49	26.8	24.1
新加坡	213.85	26.6	11.4
日本	178.78	17.3	9.5
泰国	108.78	17.2	5.8
美国	101.48	24.9	5.4
韩国	90.42	11.3	4.8
马来西亚	85.63	-2.7	4.6
澳大利亚	58.19	-3.2	3.1
印度	50.03	23.6	2.7
沙特阿拉伯	49.09	55.0	2.6
德国	39.6	11.9	2.1
越南	37.87	17.3	2.0
中国台湾	35.44	8.9	1.9
中国香港	26.2	42.6	1.4
尼日利亚	25.27	96.0	1.4

资料来源：国别报告网，https：//countryreport. mofcom. gov. cn/record/view110209. asp? news_ id = 63285.

印度尼西亚主要出口商品有矿产品、动植物油脂、机电产品、纺织品及原料和贱金属及制品，2018 年出口额分别为 475.87 亿美元、203.46 亿美元、147.2 亿美元、132.17 亿美元、124.26 亿美元，占印度尼西亚出口总额分别为 26.4%、11.3%、8.2%、7.3%、6.9%。其中，矿产品、机电产品、纺织品及原料和贱金属及制品同比分别增长 19.8%、2.7%、5.4%、30.4%，动植物油脂同比下降 11.4%（见图 3 - 2）。

印度尼西亚主要进口商品为机电产品，矿产品，贱金属及制品，化工产品和塑料、橡胶，2018 年进口额分别为 484.05 亿美元、329.87 亿美元、201.33 亿美元、187.09 亿美元、115.05 亿美元，占印度尼西亚进口总额分别为 25.8%、17.6%、10.7%、10%、6.1%，同比分别增长 21.9%、23.2%、25.7%、16.9%、17.3%（见图 3 - 3）。

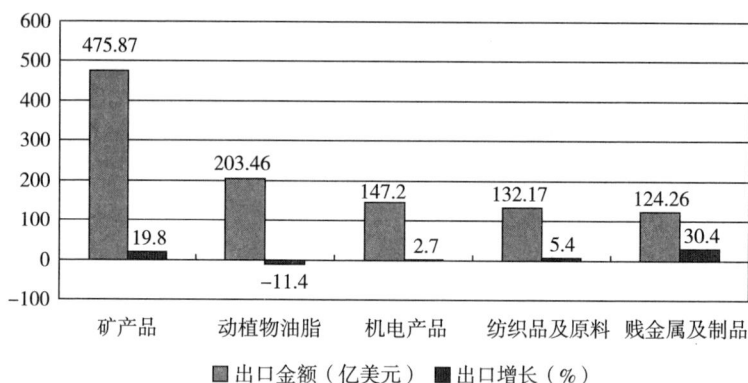

图3-2　2018年印度尼西亚主要出口商品

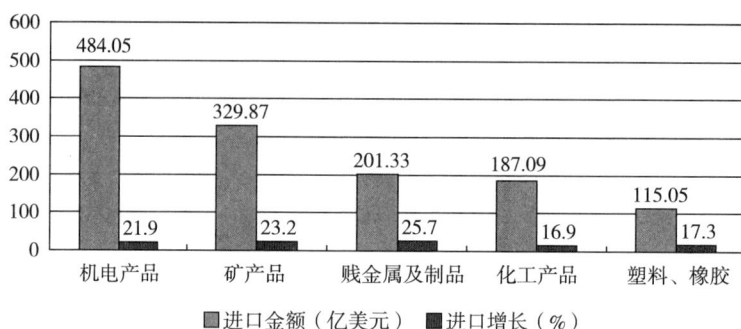

图3-3　2018年印度尼西亚主要进口商品

三、"印度尼西亚制造4.0"计划出台

1. "印度尼西亚制造4.0"计划

2018年4月，印度尼西亚政府正式颁布了"印度尼西亚制造4.0"（Making Indonesia 4.0）或"印度尼西亚工业4.0"路线图，这是印度尼西亚为了响应世界范围内的以数字技术、生物科技、物联网和自动化为主要特征的第四次工业革命所做的战略性布局。

佐科总统认为，"印度尼西亚工业4.0"是包括数字技术、生物学、硬件设备自动化领域的重大创新，信息物理网络将在工业4.0条件下自主决策生产。第四次工业革命对印度尼西亚经济的发展是一次重大机遇，他希望借助这次机会来调整印度尼西亚的工业布局，进行产业升级，提高国际竞争力，在2030年把印度尼西亚带入全球十大经济体行列。

"印度尼西亚制造 4.0"计划作为印度尼西亚的一项国家战略，由印度尼西亚工业部具体领导和推行。印度尼西亚工业部长 Hartarto 表示，要使印度尼西亚经济变得更有竞争力，提高工业增加值，发展高科技产业是关键方向。对于"印度尼西亚制造 4.0"计划，政府决定推出五项优先发展项目，即食品与饮料行业、纺织行业、汽车行业、电子行业和化工行业。这五个产业部门在经济发展中所占份额较大，且国际市场空间较大，对推动印度尼西亚就业、出口和未来科技发展都有重要意义。政府设想通过实施"印度尼西亚制造 4.0"战略，能够为经济增长贡献 1～2 个百分点，即在 2018～2030 年，实现 GDP 增速每年达 6%～7%，制造业在 GDP 中的贡献率达到 21%～26%，创造就业机会 700 万～1900 万个。

2. 政府措施

为有效实施第四次工业革命路线图，政府将采取 10 项优先步骤：改善物流供应，通过增产或加速技术转移来加强中、上游领域产品流通；重新设计布局工业区，对已建成的工业区要全力发挥其产业优势；适应可持续标准和应对可持续发展挑战，如发展清洁技术、可再生能源等产业，借此提高高端工业生产能力；积极发挥占企业总数 70% 的中小微企业作用；加快建设数码化的基础设施，包括高速互联网或通过公私合伙方式提高数码化能力；引进外资时注意引导向当地企业转让技术；改革教育课程，改善职业教育，提高人力资源素质；制订国民创新中心发展蓝图，筹备创新中心试点，并指导企业遵守保护知识产权法规；提供技术投资奖励，对技术转让提供税务优惠；统一规则和政策，支持优势行业竞争力，并确保与地方政府相关的部门和机构之间的密切政策协调。

第四节 安全

一、恐怖主义活动趋增

2018 年的恐怖主义活动与上年相比有所增加，即从 2017 年发生的 12 起，增加至 2018 年的 17 起[①]。

泗水教堂爆炸案发生后，包括首都雅加达在内的爪哇岛上所有省份均把安全级别提至最高级。警方呼吁市民保持警惕，并表示将对教堂和其他人群聚集的公

---

① 千岛日报. 国警总长：2018 年恐怖主义活动趋增［EB/OL］.［2018 - 12 - 29］. http：//www. qiandaoribao. com/news/119207.

共场所加强戒备。国家警察总长 Tito Karnavian 命令各地方警察成立反恐特遣部队，以彻底打击包括那些参与东爪哇泗水爆炸案在内的恐怖分子团伙①。印度尼西亚国会 5 月 25 日通过反恐法修订案，授予印度尼西亚警方在打击恐怖主义行动中更大权限②。印度尼西亚国会之前一直在审议是否修订现有的反恐法，但过程几乎停滞不前。2018 年 5 月，总统佐科发出最后通牒，要求国会与有关政府部门立刻完成反恐法令的修订工作，否则他将径自颁布其他相关的反恐法律，促使政府加快审议和通过 2003 年第 15 号反恐法令的修订案。2018 年 5 月 25 日，印度尼西亚国会通过反恐修订法案。根据新法案，警方在未起诉的情况下，对涉嫌策划袭击疑犯的拘留期限从 7 天延长至 21 天；一旦对涉恐疑犯正式调查，可拘留其长达 200 天；任何加入恐怖组织、为恐怖组织招募新人或参与国内外类军事训练的人员均可能被起诉；在警方的请求和总统的批准下，允许印度尼西亚军方参与反恐行动③。2018 年 6 月 2 日，警方搜查廖内大学校园，在大学生宿舍找到炸弹以及制造炸弹的原料与工具，并逮捕策划袭击廖内地方议会大厦的 3 名学生。2018 年 7 月 31 日，南雅加达法院以涉嫌发动多起恐怖袭击和与境外恐怖组织存在关联的罪名，解散印度尼西亚本土极端组织④。2018 年 10 月 23 日，印度尼西亚和沙特阿拉伯在雅加达举行两国外长双边会议，讨论双方合作和国际问题，其中包括巴勒斯坦、反恐和和平问题。

二、自然灾害频发

2018 年印度尼西亚发生了 2572 起灾难。其中 2119 起（占比 82.39%）是由气候变化引起的水文地质灾害，如洪水、山体滑坡、干旱和极端天气等。另有 82 起（占比 3.2%）是地球物理灾害，例如地震、火山爆发和海啸等。尽管地球物理灾难只有 3.2%，但影响巨大，不仅破坏了许多基础设施、损坏了人民的住宅，也给印度尼西亚的经济带来一定程度上的损失。龙目岛分别于 7 月 29 日、8 月 5 日和 8 月 9 日发生了 6.4 级、7.0 级和 6.2 级三次 6 级以上地震，其中 8 月 5 日发生的 7.0 级地震造成了数百人死亡，且自 7.0 级地震以后还发生了共 450 多

---

① 印尼商报. 国家警察总长命令各地方警察成立反恐特遣部队［EB/OL］.［2018－07－06］. http：//www. shangbaoindonesia. com/read/2018/07/16/politics－1531756321.

② 新华网. 印尼国会通过反恐法修订案［EB/OL］.［2018－05－25］. http：//baijiahao. baidu. com/s？id＝1601440543848308659&wfr＝spider&for＝pc.

③ 搜狐网. 印尼反恐严峻，法黑帮斗，咯武滋扰，印度国银总罢工［EB/OL］.［2018－05－29］. https：//www. sohu. com/a/233284314_284463.

④ 光明网. 印尼法院宣布解散本土极端组织"神权游击队"［EB/OL］.［2018－08－01］. https：//baijiahao. baidu. com/s？id＝1607551069477303716&wfr＝spider&for＝pc.

次的余震①。9 月 28 日下午 6 时 2 分，中苏拉威西省发生里氏 7.4 级强烈地震并引发海啸灾害②。这场灾难造成 2101 人死亡，1373 人失踪，4438 人受伤，22.145 万人流离失所，6.8451 万间房屋受损，经济损失高达 18.47 万亿盾③。12 月 22 日晚 9 时 27 分，爪哇岛西部巽他海峡发生海啸，邻近的楠榜省南海岸包括南楠榜、Tanggamus、Pesawaran 县以及万登省西海岸包括 Pandeglang 和 Serang 县受海啸袭击④。根据印度尼西亚国家灾害管理局（BNPB）统计数据，2018 年印度尼西亚自然灾害死亡人数达到 4231 人，创 2007 年来最高纪录。印度尼西亚近 10 年灾害事件趋势，如图 3 - 4 所示。

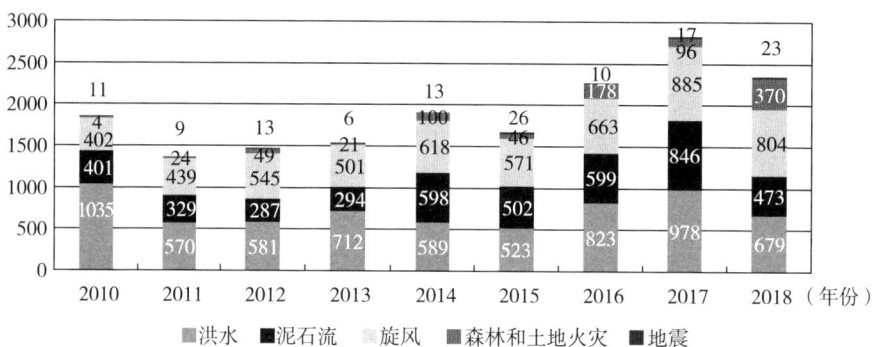

图 3 - 4　印度尼西亚近 10 年灾害事件趋势

资料来源：印度尼西亚国家灾害管理局数据整理。

全球有三大地震带——环太平洋地震带、地中海—印度尼西亚地震带与洋脊地震带。印度尼西亚处于全球最活跃的地震带——环太平洋火山地震带上（全球 90% 的地震都集中在这一地带），地震和火山活动频繁。据统计，全球有超过 1/6 以上的活火山都位于印度尼西亚境内。

地质不稳定，加上印度尼西亚落后的经济情况，使得印度尼西亚抵御自然灾害的能力非常薄弱，几乎每次大地震都给印度尼西亚造成巨大损失。印度尼西亚

① 中国新闻网. 印尼又发 6.9 级强震引发火灾　近期地震频发提高警惕！［EB/OL］.［2018 - 08 - 20］. https：//baijiahao. baidu. com/s？id = 1609272338048771027&wfr = spider&for = pc.

② 印尼商报. 中国政府人道主义援助物资抵达印度尼西亚［EB/OL］.［2018 - 10 - 10］. http：//www. shangbaoindonesia. com/read/2018/10/10/society - 1539102906.

③ 国际日报. 我国今年发生三次特大灾害［EB/OL］.［2018 - 12 - 27］. http：//www. guo-jiribao. com/shtml/gjrb/20181227/1461926. shtml.

④ 千岛日报. 克拉卡岛之子火山滑坡引发海啸　至少 400 余人死亡　佐科总统亲临灾区责令改善海啸预警系统［EB/OL］.［2018 - 12 - 26］. http：//www. qiandaoribao. com/news/119015.

曾在国际社会的帮助下建设一套海啸预警系统，是由 22 个浮标组成的海啸检测和预警网络。但因部分浮标遭到偷盗或破坏且缺乏资金维护，早在 2012 年印度尼西亚就已经停止使用这些探测海浪的海啸检测浮标。

三、印度尼西亚与澳大利亚签署防务合作延长协议

2018 年 2 月，次区域国防部长反恐会议在澳大利亚珀斯举行，本次会议旨在通过多边论坛和其他区域合作机制加强东盟地区反恐合作。印度尼西亚、菲律宾、马来西亚、新加坡、泰国、文莱代表出席会议。会议期间，印度尼西亚和澳大利亚同意延长在国防领域的合作，双方已签署防务合作延长协议①。印度尼西亚和澳大利亚一致同意制定一个安全和防务行动框架，并在平等互利、相互尊重和相互信任的原则基础上加强双边关系和扩大防务合作。

第五节 外交

一、与美国关系：继续保持战略合作伙伴关系

印度尼西亚和美国有着共同的愿景，双方致力深化战略合作伙伴关系，以此促进两国在各领域的合作发展。2018 年美国与印度尼西亚在经济上存在分歧，但双方积极寻找利益共同点。印度尼西亚政府积极与美国沟通，继续获得普惠制资格，美国也向印度尼西亚提供为期 1 年的合金钢产品进口关税优惠。4 月，美国总统特朗普表示正在评估包括针对印度尼西亚在内的普惠制政策，认为这是造成美国贸易赤字的元凶②。8 月，佐科总统在雅加达独立宫会见美国国务卿蓬佩奥时表示，希望美国对印度尼西亚的进口商品继续提供普遍优惠制度（GSP）或免税的优惠。11 月，佐科在出席第 33 届东盟首脑会议期间与美国副总统彭斯主持两国双边会议时重申，希望美国继续向印度尼西亚提供普惠制度的优惠，并表明双方是互辅的合作关系，没有利益上的竞争。

两国进一步推进军事和反恐合作。印度尼西亚作为东盟国家经济实力最强的国家之一，且地理位置横跨印度洋和太平洋，一直是美国拉拢的对象。2018 年 1

---

① 国际日报. 利亚米扎在珀斯出席次区域防长反恐会议［EB/OL］.［2018 - 02 - 05］. http：//www.guojiribao.com/shtml/gjrb/20180205/406630.shtml.

② 国际日报. 我国工业品争取美国普惠制待遇［EB/OL］.［2018 - 07 - 14］. http：//www.guojiribao.com/shtml/gjrb/20180714/734468.shtml.

月美国国防部长马蒂斯访问印度尼西亚，提出印度洋—太平洋地区战略概念。11月，美国与印度尼西亚进行双边会议，双方讨论共同维护印度洋和太平洋区域的永久和平和治安的稳定。在印度洋—太平洋地区架构上，印度尼西亚表明应以开放、透明、包容的原则为基础。在反恐领域上，美国与印度尼西亚达成共识，在维护区域安全与稳定方面加强协作。体现在：2018年5月，印度尼西亚东爪哇省发生连续自杀式炸弹袭击事件，美国积极为印度尼西亚提供调查帮助；2018年6月，印度尼西亚外交部长蕾特诺与美国国务卿迈克进行会晤；2018年8月，印度尼西亚国防部秘书长哈迪延与美国副国务卿安德烈举行会晤，两国领导人两次讨论事项都强调区域安全和反恐合作问题。

2018年，印度尼西亚与美国继续保持双边友好合作，除了多元化民族建设和发展方面外，印度尼西亚与美国也在能源方面加强合作，双方探讨发电厂业务及电费创新方案，以帮助印度尼西亚实现公正资源。印度尼西亚对美国来说，具有重要的战略价值，美国政府为了维持在亚太地区特别是东盟地区参与的持续性，与印度尼西亚这个东南亚大国保持友好关系是大势所趋。

二、与澳大利亚关系：积极而牢固的伙伴关系

2018年2月，印度尼西亚国防部长里亚米扎德和澳大利亚国防部长马丽丝·佩恩（Marise Payne）在澳大利亚珀斯共同签署延长两国防务合作协议书。3月，佐科总统与澳大利亚总理麦肯·腾博（Malcolm Bligh Turnbull）在悉尼的双边会议上，深入讨论有关印度尼西亚与澳大利亚全面经济伙伴关系协定（IA-CEPA）草案。4月，印度尼西亚经济统筹部长达尔敏（Darmin Nasution）表示，印度尼西亚与澳大利亚全面合作伙伴协议的谈判最迟在8月就会完成，还有一些如货物和服务领域等事项还在处于谈判的阶段。11月，印度尼西亚和澳大利亚在史纳延费尔蒙酒店联合举办次区域反恐问题九国会议，共商应对日益严重的恐怖主义威胁。来自印度尼西亚、澳大利亚、文莱、菲律宾、马来西亚、缅甸、新西兰、新加坡和泰国的代表参加了会议。

印度尼西亚与澳大利亚两国在对抗恐怖主义威胁上达成一定共识。虽然两国全面经济伙伴协定签订过程相对曲折，但双方一直在积极促进协定的达成。印度尼西亚与澳大利亚全面经济伙伴关系协定与其他双边和多边经济合作例如自由贸易协定（FTA）不同，其合作的范围不仅包括贸易，还包括金融、电信、投资、电子商务等服务的贸易自由。两国领导都希望完成这项协议，通过贸易和经济促进各国之间的开放关系。

三、与中国的关系：政治互信与全面合作

2018年是中国与印度尼西亚确立全面战略伙伴关系5周年。两国关系呈升温

趋势，两国领导互访频繁，政治互信不断深化。特别是在中国新一届政府组成后，国务院总理李克强首次出访选择印度尼西亚，充分体现了中国对两国关系的高度重视，对两国双边关系发展具有重要意义。中国作为印度尼西亚的最大进出口国，连续7年成为印度尼西亚最大贸易伙伴，双方交往日益频繁。印度尼西亚与中国在经贸、投资、基础设施建设等多个领域进行全方位合作，成果丰硕。中国—印度尼西亚综合产业园建设成效显著；雅万高铁进入全面实施推进新阶段；巨港轻轨投入使用；中国再次允许从印度尼西亚进口山竹；阿里云印度尼西亚大区正式开放服务运营；中国海军舰艇编队参加印度尼西亚"科莫多2018"多国联合演习。双方积极对接"21世纪海上丝绸之路"倡议和"全球海洋支点"构想，深化务实合作。"21世纪海上丝绸之路"倡议与"区域综合经济走廊"战略对接，中国与印度尼西亚两国合作新动能不断涌现。2018年5月，印度尼西亚政府和中国政府签署两项关于合作发展基础设施的谅解备忘录；印度尼西亚海事统筹部长卢胡特与中国国家发改委对口部门签署促进合作建设一个全面的区域经济走廊的谅解备忘录，该经济走廊包括北苏门答腊省、北加里曼丹省、北苏拉威西省和巴厘省。

四、与新加坡、马来西亚、越南等东盟成员国的关系

1. 与新加坡保持良好的贸易往来关系，加强制造业合作

新加坡是印度尼西亚最大的投资国，两国来往密切。2017年，来自新加坡投资额达84亿美元，占印度尼西亚外国投资总额的26.2%。2018年上半年，新加坡在印度尼西亚的投资额为50.4亿美元，比上年同期增长38%①。此外，2018年，印度尼西亚对新加坡的矿产品进口额高达119.03亿美元，使新加坡成为印度尼西亚的第二大进口国。2018年10月，印度尼西亚工业部正式与新加坡企业在推动印度尼西亚实施第四次工业革命缔结合作，新加坡将向印度尼西亚工业提供技术，鼓励和推动制造业的创新，并为"印度尼西亚工业4.0"开发培训课程。合作包括促进有关印度尼西亚制造业创新设施的设计或实施的机构间的交流，以及开发创新的平台，这些平台将成为印度尼西亚生产商获取工业4.0解决方案的桥梁。谅解备忘录还支持"印度尼西亚工业4.0"振兴5个制造业，即食品和饮料、纺织品和服装、汽车、化工产品以及电子产品。新加坡在印度尼西亚区域合作方面都拥有战略性角色，两国合作旨在互补彼此需求，以便形成互利共赢，这将会创造更多的经济机会。

---

① 国际日报. 工业部长在印度尼西亚—新加坡商业圆桌会议上说 印新是推动亚洲经济增长的双引擎 [EB/OL]. [2018 - 10 - 18]. http://www.guojiribao.com/shtml/gjrb/20181018/1118561.shtml.

2. 致力解决与马来西亚海陆划界问题

印度尼西亚与马来西亚在海陆边界仍存在争议，其中包括沙巴州与东加里曼丹省之间的 Ambalat 海域。该海域位于印度尼西亚东加里曼丹省以东，马来西亚沙巴州东南处，属于苏拉威西海。Ambalat 海域蕴藏着丰富的石油和天然气，这也是两国产生争端的主要原因。2018 年 7 月，印度尼西亚外交部长蕾特诺接待到访的马来西亚新任外交部长赛夫丁（Datuk Saifuddin Abdullah）。两位外交部长讨论了相关双边问题以及加强两国合作的努力，包括解决两国边界谈判等问题。11 月，在第 16 次印度尼西亚与马来西亚双边合作联合委员会（JCBC）会议上，两国领导讨论两国在海上边界和陆地边界划分的问题。作为两个拥有陆地和海洋边界的国家，解决国家边界划分始终是一个重要的问题。除了海陆划界问题，两国也加强了在棕榈油与保护印度尼西亚劳工和印度尼西亚公民定居马来西亚这两方面的合作。双方就马来西亚、印度尼西亚关系和棕榈油市场进行磋商，一致同意未来加强合作，联合抵制欧盟对棕榈油产品的负面宣传和歧视。2018 年 7 月，两国外交部长会晤，敦促尽快达成印度尼西亚移徙工人安置和保护的谅解备忘录。

3. 印度尼西亚与越南全面推进战略合作伙伴关系

2018 年是印度尼西亚与越南建立双边关系 63 周年。两国双边合作加强，主要加强在经济与海事方面的合作。国家领导政治互访频繁，继续发掘两国贸易潜能，经济特区划界问题仍存在分歧。2018 年 1 月，佐科总统与越南总理阮春福举行会晤，双方讨论经济特区划界事宜，并达成尽快解决问题的共识；9 月，佐科对越南进行国事访问，双方同意加强两国在各领域的合作，包括贸易、投资、打击非法捕鱼、加速完成专属经济区划界谈判，以及维护地区和平；10 月，总统佐科和越南总理阮春福在巴厘岛努沙杜阿会议中心举行双边会晤，双方决定加强在专属经济区谈判和打击海盗等方面的合作。2018 年 9 月，印度尼西亚网约车企业 Go-Jek 在越南推出 Go-Viet 服务，并迅速抢占市场份额。2018 年，两国还签署了 2019~2023 年印度尼西亚—越南战略伙伴关系执行行动计划。该行动计划旨在扩大印度尼西亚和越南之间的伙伴关系领域，如工业创新和知识产权、创意经济、数字经济和人力资源开发，来共同面对工业 4.0 革命的到来。

4. 推动与缅甸双边关系

印度尼西亚和缅甸之间贸易稳步增长，2017~2018 财年，缅甸和印度尼西亚贸易总额为 10.25 亿美元，同比增长 23.94%。但印度尼西亚和缅甸两国在贸易和投资的合作规模较小，两国出口产品缺乏互补性，产品无法满足市场需求，且运输成本高昂，双方仍需要积极寻找互补优势、发掘合作潜力。2018 年 9 月，印度尼西亚驻缅甸大使表示，印度尼西亚企业和经济机构有意在缅甸运输、包装、建造火车头、咖啡与食品、制药、服务、电信、银行、电力等领域投资①。此外，印度尼西亚继续向罗亚兴难民提供人道主义帮助。2018年4月，佐科总统与缅甸温敏总统举行印缅双边会议，佐科强调愿意继续与缅甸开展合作。

5. 着力促进与文莱在农业领域的合作

印度尼西亚与文莱双方关系一直保持着良好状态，两国在各领域都有着广泛的合作。2018年，印度尼西亚与文莱积极促进合作潜力机会，其中，农业是双方着力促进的合作领域，双方将开展合作研究新的水稻品种。此外，佐科总统与文莱苏丹哈桑纳尔积极洽谈移民安置和保护问题。文莱人口总数为40多万，而在文莱工作的印度尼西亚人占该国人口总数约20%。2018年7月，印度尼西亚外交部长蕾特诺会见来访的文莱外交与贸易部第二部长艾瑞万，双方讨论在预防贩运人口，贩毒和打击恐怖主义等跨国犯罪方面加强合作，以及加强保护在文莱的印度尼西亚公民。

印度尼西亚重视与东盟各国之间的关系，积极作为东盟一体化的先驱者。2018年，佐科政府继续谋求与东盟国家在各领域之间的合作，积极寻找合作潜力。除了以东盟作为经济外交的重心以外，也与其他各国在反恐、边防、情报分享方面加强合作。

第六节　区域合作

一、继续发挥东盟"领头羊"作用

印度尼西亚是东盟最大经济体、东盟秘书处所在地和地区外交中心，其面积、人口和经济总量均占东盟40%左右。作为东盟的"领头羊"，印度尼西亚在东盟各国中发挥着自身的积极影响力，为推动地区内社会安定，经济一体化发展，做出了持续、有效的努力。一是密切与东盟各国的双边关系，包括提出印度洋—西太平洋区域合作方案，并提出如下三点建议：①东盟推动环保建设，以法治进行国际对话和平解决纠纷，如低调处理与越南在海域发生的渔业执法冲突问题，积极推动专属经济区划界问题谈判。②加强安全措施，应对跨区域刑事案，包括恐怖主义、毒品买卖和抢劫行为等，如与文莱、马来西亚、菲律宾、新加坡和泰国共同签署"Our Eyes"合作反恐信息互通协议书。③应积极推动新的经济

---

① 中国国际贸易促进委员会驻新加坡代表处. 缅甸与印度尼西亚将加强经贸合作 [EB/OL]. [2018-09-28]. http://www.ccpit.org/Contents/Channel_4013/2018/0928/1067456/content_1067456.htm.

中心，尤其是在印度洋区域。二是积极协调与东盟内部多边合作，如推动制定东盟引渡条约，呼吁东盟各国加强网络合作，提出东盟国家合作打造智慧城市网络的重要性。三是在人道主义问题上，继续对东盟内部提供帮助。2018 年 4 月 27 日与缅甸温敏（Win Myint）总统举行双边会议。四是积极维护东盟与各国之间的关系。如邀请中国通过印度洋—太平洋概念相互合作；敦促东盟与战略性贸易伙伴之间的区域全面经济伙伴关系（RCEP）在 2018 年尽快解决。

二、积极参与"一带一路"建设

印度尼西亚与中国同为亚洲发展中大国和重要新兴市场国家，印度尼西亚的"海洋支点强国"目标与中国政府"一带一路"倡议高度契合。2018 年，两国继续积极对接"一带一路"倡议和"全球海洋支点"愿景，中国与印度尼西亚全面战略伙伴关系不断走深走实，务实合作成果丰硕。2018 年 2 月 8 日，中国银行（香港）雅加达分行对金光农业和食品下属子公司 PT Sawit Mas Sejahtera 授信 6150 万美元协议正式签订①。此次授信协议的签署将进一步加强中国银行与金光集团的合作，也是中国银行（香港）雅加达分行贯彻集团积极支持"一带一路"倡议和印度尼西亚"海洋强国"战略，推进中国与印度尼西亚交流的体现。2018 年 5 月，国务院总理李克强在茂物总统府同印度尼西亚总统佐科举行会谈时提出要深化中方"一带一路"倡议同印度尼西亚"全球海洋支点"构想对接，加强产能合作，推进雅万高铁和印度尼西亚"区域综合经济走廊"两大标志性项目合作②。"区域综合经济走廊"即在北苏门答腊、北加里曼丹、北苏拉威西和巴厘岛 4 个省建设综合经济走廊。这 4 个经济走廊中，除了巴厘岛以外，其他三个地区相对落后，但资源丰富。落实"区域综合经济走廊"项目将极大地改进当地的基础设施，促进当地经济社会的发展。2018 年 5 月 7 日，海事统筹部长卢胡特在茂物总统行宫与中国国家发改委对口部门签署了促进合作建设一个全面的区域经济走廊的谅解备忘录。该经济走廊计划建设在几个省份，包括北苏门答腊省、北加里曼丹省、北苏拉威西省和巴厘省③。除此之外，双方签署了基础设施建设、经贸投资、发展援助等多项合作文件。同年 11 月 5 日，中国水电国际工程有限公司分别与印度尼西亚卡杨水电能源公司、印度尼西亚 PT. Kamirzu 项目公司，就印度尼西亚 900 兆瓦卡杨一级水电站项目、印度尼西亚 443 兆瓦泰普 I

---

① 国际日报. 中国银行（香港）雅加达分行与印度尼西亚金光农业签署授信协议［EB/OL］.［2018－02－20］. http：//www. guojiribao. com/shtml/gjrb/20180220/411762. shtml.

② 国际日报. 李克强同佐科举行会谈时强调　推动中印尼全面战略伙伴关系再上新台阶［EB/OL］.［2018－05－08］. http：//www. guojiribao. com/shtml/gjrb/20180508/516402. shtml.

③ 国际日报. 印尼与中国签署两项谅解备忘录［EB/OL］.［2018－05－08］. http：//www. guojiribao. com/shtml/gjrb/20180508/516403. shtml.

水电站签署工程总承包（EPC）合同。此次签约的项目为卡扬一级水电站，装机900兆瓦，建成后将成为印度尼西亚第二大水电站[①]。

三、力促区域全面经济伙伴关系（RCEP）合作

区域全面经济伙伴关系（RCEP）由东盟十国发起，并于2012年正式启动。它是为应对经济全球化和区域经济一体化的挑战和发展提出来的，由东盟十国邀请中国、日本、韩国、澳大利亚、新西兰、印度共同参加（"10+6"），旨在通过削减关税及非关税壁垒等措施，建立16国统一市场的综合性自由贸易协定。印度尼西亚作为RCEP谈判小组的主席及协调国家，不断加速推进"区域全面经济伙伴关系协定"谈判。佐科曾在第31届东盟峰会上呼吁与会16国努力将RCEP谈判于2018年画上句号。2018年，佐科总统在分别与中国和韩国领导举行会晤中讨论RECP谈判事项，双方达成共识，决定加快推进"区域全面经济伙伴关系协定"谈判。同年11月，佐科在第33届东盟峰会上重申RCEP合作的重要性。佐科指出，当今全球贸易形势不明确，中美两大世界经济实体之间的贸易战，已对世界上许多国家造成重大影响，使许多国家争先恐后采取了贸易安全政策，如反倾销、反补贴税和贸易保护主义措施。所以必须在2019年加速完成RCEP谈判[②]。2018年11月，佐科总统与日本首相安倍晋三在新加坡进行双边会谈，双方讨论区域全面经济伙伴关系的一般性审查，佐科要求日本政府在合作中更灵活[③]。

第七节　社会文化

一、成功举办第十八届亚运会

第十八届亚洲运动会在印度尼西亚首都雅加达和巨港举行，比赛时间为2018年8月18日至9月2日。这次是雅加达第二次举办亚运会，第一次是在1962年，举办了第四届亚运会。雅加达是继曼谷、新德里后第三个取得第二次亚运会主办

---

① 中国—经贸合作网．印尼向中国投资者提供600亿美元项目　要求转让技术［EB/OL］．［2018 - 12 - 06］．http：//www.cic.mofcom.gov.cn/article/economicandtrade/doubleinvestement/201812/406343.html.

② 国际日报．印尼促区域经济合作［EB/OL］．［2018 - 11 - 16］．http：//www.guojiribao.com/shtml/gjrb/20181116/1271647.shtml.

③ 国际日报．总统与安倍在新加坡双边会谈［EB/OL］．［2018 - 11 - 16］．http：//www.guojiribao.com/shtml/gjrb/20181116/1271601.shtml.

权的首都城市。此次亚运会可谓来之不易，原先越南河内击败印度尼西亚泗水获得了第十八届亚运会的举办权，但越南在 2014 年宣布放弃主办权，雅加达主动申请获得了第十八届亚运会的举办权。

印度尼西亚作为正在崛起的新兴中等强国，迫切想要提高国际影响力，正积极塑造国家形象。2018 年第十八届亚运会是奠定印度尼西亚国家形象的一个重要转折点。雅加达亚运会不仅给雅加达和巨港这两个城市带来了高质量的体育基础设施，也提高了城市的建设速度。虽然这不是雅加达第一次举办亚运会，但此次亚运会大大提高了印度尼西亚的国家形象，成功向世界宣传了自己。国际奥委会主席巴赫称赞雅加达亚运会的成就，并声称这表明印度尼西亚有举办更大规模的运动会的基础。

雅加达亚运会共设 40 个大项（其中 32 个为奥运会项目、8 个为非奥项目），67 个分项，465 个小项。比赛项目数量仅次于 2010 年在广州举办的亚运会。武术、滑翔伞、电子竞技等项目首次出现在亚运会项目中，这也是本届亚运会的亮点。此次亚运会能成功举办得益于印度尼西亚政府的高度重视。在设施方面，本届亚运会主要在雅加达的格罗拉蓬卡诺体育中心和巨港札卡巴林体育中心举行。朋加诺体育中心曾作为 1962 年第四届亚运会的主场馆，能容纳 8.8 万名观众。但因年代久远，设施比较陈旧，印度尼西亚政府从 2016 年起耗资 7700 亿印度尼西亚盾（约合 3.8 亿元人民币）对整个场馆进行翻新。除了提供电梯和轮椅斜坡外，印度尼西亚还为体育场安装了 1293 块太阳能板，另外，体育场的照明亮度也从 1200 勒克斯提升到 3500 勒克斯[①]。在安全方面，印度尼西亚政府在雅加达、巨港和西爪哇省部署了大约 10 万名安保人员。警方在雅加达的重要交通枢纽和场馆周围部署狙击手。格罗拉蓬卡诺体育中心多个场馆安装了闭路电视系统，系统融合人脸识别技术。该系统直接同印度尼西亚反恐机构的数据库相连，若现场人员与恐怖分子面相库数据匹配，系统将会发出警报。除了在亚运会举办的城市，警方还在印度尼西亚 34 个省成立反恐特遣小组，以确保在亚运会期间全国治安平稳有序。在交通方面，众所周知，雅加达堪称全球第一堵城。为保证亚运会期间交通便利，雅加达警方关闭了 19 个雅加达市内高速公路的出入口。8 月 1 日开始至亚运会结束，扩大实行车辆单双号限行区域延长限行时间，且所有和亚运会有关的选手或官员车辆都将使用专用道。在亚运会期间，位于亚运会场馆和运动员村附近的学校也临时放假。

印度尼西亚前期投入大量资金用于基础设施建设，仅基础建设一项就将为印度尼西亚经济贡献约 12.7 亿美元的额外增长。基础设施建设投资直接带动了酒

---

① 搜狐网.2018 年亚运会筹备综述：印尼进入民族自豪时刻 ［EB/OL］.［2018 - 08 - 02］. http：//www.sohu.com/a/246713578_ 498674.

店、餐饮、交通、娱乐等相关产业的发展，并创造了大量的就业岗位。亚运会的举办不仅为印度尼西亚吸引了大量资金流和人流，也给印度尼西亚的发展带来新的机遇。特别是雅加达和巨港两座城市，巨港轻轨项目为当地创造了近千个就业岗位。巨港轻轨的运行不仅增强了城市联通功能，还将会吸引更多私人投资和带动旅游业发展。雅加达亚运会的顺利举行，向世界证明了印度尼西亚是一个有能力主办国际盛会的国家，也增强了印度尼西亚的民族自豪感。同时，亚运会的成功举办使印度尼西亚能够在国际上树立良好的形象，为印度尼西亚将来在国际上占据一席之地提供了保障。印度尼西亚用行动向全世界证明，这个国家正在不断进步。

二、假新闻频繁，扰乱社会安定

近期，由于临近 2019 年总统大选，印度尼西亚社会充斥着各种各样的假新闻，不仅影响着印度尼西亚居民的生活，也会破坏国家的统一。

造成这种现象的原因是多方面的。一是印度尼西亚人使用脸书和推特等社交媒体的频率高，人均上网时间为 8 个多小时，已成为上网时间最久的国家之一，这让不法分子有机可乘；二是大多数印度尼西亚人受教育程度低，没有辨识新闻真假的能力；三是政府没有推出相关措施，例如通过网络教育计划，来提高网民辨识假新闻的能力。

总统佐科认为社交媒体的存在，便于公民传达心声，但社交媒体也容易被不良分子所利用，这也为公民带来困扰。在假新闻泛滥的形势下，印度尼西亚政府开始严厉打击网络上传播的假新闻和仇恨言论，逮捕涉案者，以防出现种族冲突。总统候选人普拉博沃也与他的竞选搭档成立了一支反竞选骗局团队，该团队负责向公众传达正确信息，并向警方举报散播假消息的人。为了让民众学会分辨各类新闻，印度尼西亚信息与通信部将每周召开一次通报假新闻的发布会。

虽然政府采取措施极力打击假新闻的散播，但仍然有其他假新闻源源不断地涌现出来。实际上，最主要的还是要做好教育普及工作，提高印度尼西亚公民的文化水平，以增强公民对谣言的辨识能力。

三、加大土地证书分发力度

土地证书是土地所有权的合法凭证。发放土地证书是佐科土地改革计划的第四部分，已列入佐科经济社会改革发展"九大理念"中。2018 年，佐科政府分发 940 万份土地证书，比 2017 年增加了 400 万份（见图 3 - 5）。佐科强调，加速分发在全国的土地证书是很重要的事项，因为印度尼西亚各地都存在土地纠纷问题。为此，佐科下令有关地方官员加快工作速度及其精准性，甚至不惜撤换那些工作效率低或渎职的官员①。有了土地证书，民众可以通过使用土地加强生产，缩小贫富差距，均衡发展全国经济建设，从而提高全国人民的生活水平和质量。

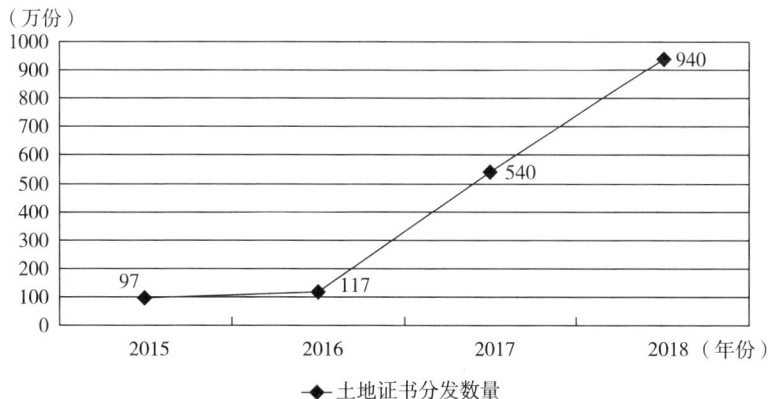

图 3 - 5　2015~2018 年印度尼西亚土地证书分发数量

第八节　发展展望

在政治方面，2019 年，印度尼西亚总统大选和议会选举将首次同步举行。此次总统大选是佐科与普拉博沃继 2014 年总统选举后的再次对决。佐科作为基层走出来的"草根"总统其在任期间取得的成就，包括基础设施方面的建设，更容易让民众真切感受到政府的作为。此外，佐科吸取上届的选举教训，选择马鲁夫作为他的竞选搭档。

在经济方面，中美贸易战等全球不稳定因素导致投资的不确定性，但也将给印度尼西亚带来机遇。受中美贸易战的影响，印度尼西亚将会吸引大量企业迁厂该国。预计 2019 年印度尼西亚经济放缓，但总体形势依然向好。基础设施建设依然是该国发展的重点，人力资源质量将作为今后政府偏重的方向。

在外交方面，印度尼西亚继续奉行不结盟政策。作为下一届联合国安理会非常任理事国，印度尼西亚将在联合国安理会发挥作用，巴勒斯坦问题或成为

---

① 国际日报 . 总统在苏加巫眉分发 3063 份地契［EB/OL］.［2018 - 04 - 09］. http：//www. guo-jiribao. com/shtml/gjrb/20180409/429686. shtml.

其关注的重点。经济外交全面发力，继续努力加强印太区域架构。此外，中国与印度尼西亚关系将是 2019 年关注的重点，中国作为印度尼西亚的最大出口国，不管是佐科，还是普拉博沃当选下一届总统，两国的友好关系发展是未来的主要趋势。

第四章　2017～2018年老挝国情报告[*]

第一节　引言

　　2018年，老挝在政治、经济、安全、外交和社会文化上表现得较为平稳。在政治方面，继续强化反腐和健全各项法律法规，并推动加强公务员行政能力建设。在经济方面，发展稳中略降，着重于旅游业、经济特区建设、水电开发及营商环境改善等几方面。在安全方面，重点推动解决边界争端和加强边境管理以及打击毒品犯罪，但非传统安全问题凸显。在外交方面，积极参与区域和全球事务，继续着重发展与越南、中国等周边国家间关系，与俄罗斯关系取得大的进展。在社会文化方面，发展稳步推进，重点加强农村发展，重视妇女儿童权益的改善以及优质教育和医疗卫生事务的投入。

第二节　政治

　　老挝作为一党执政的社会主义国家和佛教国家，政治形势总体较平稳，纵观2018年，老挝政治发展着重于加强反腐、健全各项法律法规以及公务员行政能力建设。

---

　　[*]　本章由杨卓娟负责撰写。杨卓娟，广西大学国际学院（中国—东盟信息港大数据研究院）助理研究员，老挝舆情助理，舆情监测中心主任。

一、推动反腐，赢取民心

有消息称，在老挝，腐败仍然渗透到生活的方方面面，从非法伐木到蓄意的成本超支，再到贿赂以换取政府日常生活的服务等①。沃拉吉主席和通伦总理自2016年4月上任以来，已经明确表示，老挝领导层决心采取严厉措施打击腐败。老挝人民革命党中央还发布了关于反对独裁和腐败的第22号决议，要求每一个党和政府组织及其他群众组织、大众传媒和公众积极致力于打击独裁和参与反腐败斗争。②

尽管老挝政府在过去两年中加大了打击腐败的力度，但是老挝2018年的腐败情况变得更糟。许多老挝政府官员公开承认腐败是一个巨大的问题。以老挝南部省份城市占巴塞省为例，半年内该省查处30多名涉嫌贪污腐败的官员，这些贪污腐败造成国家财产损失达36亿基普之多，主要问题包括越权、私自篡改文件、利用虚假文件挪用公款③。从行业来看，道路、建筑和交通建设项目是公众对腐败问题抱怨最多的领域④。因此管理这些领域的公共工程和交通部被告知要采取更加严厉的行动，防止官员滥用权力，实施腐败。随着境内外投资的增多，投资项目成为腐败的重要来源，国家投资项目曾被高估了1万亿基普⑤。

为加大反腐力度，防止贪腐官员进一步侵占挪用国有资产，监察部门把工作重点放在职务侵占风险高发部门和领域，如税务海关司、负责财政收入和支出的各个办公厅、基础设施项目审批部门、土地使用管理部门、自然资源开采管理等部门以及国有投资项目的采购、国家政府新雇员招聘、国家行政管理等领域。为增强反腐动力和能力，老挝还寻求与缅甸、泰国等国加强在反腐败领域的合作。

二、健全和完善各项法律法规，为国家运转提供制度保障

老挝法律尚不完善，法治透明度和效率较低，近两年来法律修订和新增立法较多，法治力度逐渐增强。2018年老挝国会召开了八届五次和六次会议，时间

---

① RFA. Corruption "Worse" in Laos Last Year, Sources in Country Say［EB/OL］. ［2018 - 03 - 15］. https：//www. rfa. org/english/news/laos/worse - 03152018135625. html.

② Vientiane Times. Savannakhet Disciplines Dozens of Officials over Misconduct［EB/OL］. ［2019 - 01 - 02］. http：//www. vientianetimes. org. la/freeContent/FreeConten_ Savannakhet. php.

③ 老挝快讯. 占巴塞省半年内查处30多名涉嫌贪污腐败的官员［EB/OL］. ［2018 - 05 - 08］. https：//mp. weixin. qq. com/s/xk8RE8E_ wg7 - MB5DN6U5WA.

④ Vientiane Times. Public Works and Transport Ministry Told to Get Tough on Corruption［EB/OL］. ［2018 - 08 - 21］. http：//www. vientianetimes. org. la/sub - new/Previous_ 194/FreeContent/FreeConten_ Public. php.

⑤ Vientiane Times. State - Funded Projects overvalued by One Trillion Kip［EB/OL］. ［2018 - 06 - 12］. http：//www. vientianetimes. org. la/sub - new/Previous_ 134/FreeContent/FreeConten_ State. php.

分别是 6 月 5 日至 28 日和 11 月 20 日至 12 月 21 日。国会八届五次会议审议了 5 项新起草的法律和 8 项法律修正案草案，其中 4 项新法律涉及疫苗接种、居住和职业分配、公共债务管理和退伍军人。通过的《增值税法》修正案，对于金融改革是必要且重要的，为税收收入和政府投资管理创造了有利条件。《家庭登记法》修正案则放宽了外国人和公民的结婚程序，相比 2009 年颁布的旧版《家庭登记法》，本次的修订版条款更加清晰、明确、完整，有部分条款在内容上根据实际情况进行了修改。国会八届六次会议讨论批准了八项法律草案和修订案，即《民法》《商业银行法》《辐射安全法》《电子签名法》《铁路法》《健康保险法》《残疾人法》和《老挝政府驻外代表处法》。其中《健康保险法》是老挝的第一部医疗保险法。《老挝政府驻外代表处法》包括 10 部分、12 章程和 65 条款，为老挝官员和代表在国外的管理和流动规定了原则、规章和措施，可以更好地促进外交使命的实现，保护老挝国家和侨民的利益。《电子签名法》对促进老挝电子商务和数字经济发展至关重要。

三、加强公务员队伍建设与管理，建设透明政府机构

根据老挝政府报告，老挝有 18.3 万多名公务员，其中中央政府公务员 2.6 万人以上，省级公务员 3.6 万人，区级公务员 12 万人，占总人口的 2.8%，按人均计算，在东盟 10 个成员国中排名第九，公共部门从业人员在东盟国家中排名第三[1][2]。

虽然老挝公务员人数不少，但存在布局不合理现象，有的部门人员冗余，有的部门人手不足。同时老挝公务员的素质还较低。为更好地精简政府机构，削减财政开支，各个部门在引入电子系统以减少官员数量的同时，还必须要提高公务员工作效率。培养能够同时承担多项任务的官员成为政府的首要目标。总理通伦发布 3 号执行令要求所有政府部门对其业务办理有重合部分的下属单位或分支机构进行合并，并要求所有政府机构进一步合理配置人员，各个部委、各省市要对所辖的所有机构重组和调整做好评估工作。随后，通伦还签署第 177 号总理令，对提高总理府、各部委和省级部门之间的行政效率提出要求，鼓励各部门在职权范围内行使行政权力，加强协调，各司其职，提高办事效率。

为提高公务员整体素质，老挝先后在以下几方面进行了调整：首先，在录用环节，要通过资格考试，整个招募过程要以公开透明的方式进行，减少因裙带关

---

① Vientiane Times. Ministry Pledges Transparent Exam System for New State Employees ［EB/OL］. ［2018 - 02 - 21］. http：//www. vientianetimes. org. la/.

② Vientiane Times. Govt Slashes 2019 Civil Servant Intake by Half ［EB/OL］. ［2018 - 11 - 27］. http：//www. vientianetimes. org. la/freeContent/FreeConten_ Govt278. php.

系而被录用的人员。其次，注重提高公务员的专业知识和创新能力，提高有效工作能力，并将更多的中央官员派往地方，帮助加强地方权力。最后，加强公务员岗位的忠诚度建设，要求党政各级领导干部，必须对自己的职务负责，本着高度负责的态度为百姓做好实事，如果无法尽职尽责解决好工作上的问题或对自己的工作不忠诚，将不被纳入升迁的考虑范围。

第三节　经济

老挝是东南亚较为贫穷的国家，虽然经济增长率高，但人均国内生产总值不高，纵观 2018 年，老挝经济发展稳中略降，着重于旅游业发展、经济特区建设、水电开发、营商环境改善等几方面。

一、经济发展稳中略降，旅游业成发展先锋

2018 年，政府初步估计老挝国内生产总值（GDP）增长率为 6.5%，达到 152.425 亿基普，人均国内生产总值达到 2599 美元，国民收入达到 2209 美元。但在取得这些成就的同时，老挝经济仍面临着一些挑战，这些挑战可能会破坏国家未来发展目标的实现[①]。首先，长期的预算赤字已经造成财政和预算紧张，给严重依赖自然资源的宏观经济管理带来风险。根据国家经济研究所（NERI）的数据，目前公共债务已超过 GDP 的 60%，政府正努力降低这一高水平的债务。通伦表示，自其上任以来，政府一直致力于改善和加强财政和预算系统以缓解预算紧张，并承诺在国家投资方面实行紧缩政策且资金将按照预算能力分配。其次，老挝的商业环境不足以吸引更多投资提振经济，同时缺乏更多的激励措施以更好地促进中小企业的发展。最后，2018 年农业、工业和旅游业的增长都将低于既定目标。预计农业和林业部门的产量将为 2.5%，低于 2.8% 的既定目标。其中，大米产量仅 360 万吨，相当于计划 420 万吨的 86%。与 2017 年相比，牛、禽、鱼的产量都减少了。减产的主要原因是老挝大多数省份（17 个省中有 16 个省和首都万象）都遭遇了自然灾害，尤其是 2018 年还遭遇了特大洪灾。据估计，自然灾害对农业造成的损失将超过 1.26 万亿基普。工业部门预计将增长 7.7%，比计划的 9.1% 下降了 1.4 个百分点。在旅游业方面，2018 年老挝前 9 个月有 300 万外国人访问该国，预计全年访问老挝的外国人将只有 400 万，低于计划的

---

① Vientiane Times. NA Session Opens Debate on Development Challenges, Progress ［EB/OL］. ［2018 - 11 - 21］. http：//www. vientianetimes. org. la/freeContent/FreeConten_ NA. php.

500万①。

在贸易方面，根据计划与投资部11月的报告，2018年，政府预计出口额将达到50亿美元。但报告指出，前9个月，仅出口了39亿美元的商品，只能够实现目标的78%。根据工贸部的预测和数据，主要出口仍来自资源部门，出口增长的第一动力是电力，第二动力是制成品的销售②。2018年，政府禁止出口未加工木材，通过生产成品促进增值，成品木出口增长107%。根据工商部报告，2018年成品木产品的出口量和价值均较2017年大幅增长。出口额超过4033.5万美元（超过3456亿基普），比2017年增长107%。但2018年老挝大米出口额下跌，老挝政府希望2018年大米出口额达到4556万美元，而在2018年前10个月，出口额仅有2380万美元，远远低于预期目标③。老挝主要的进口产品包括燃油（汽油、柴油）、陆路交通工具（不包括拖拉机及摩托车）、各类零配件、机械设备、钢材、设备、电器等。主要的出口产品包括铜、铜矿、木薯、衣服、电器、香蕉、咖啡、白糖、图像记录仪框架等。老挝进口的产品大部分来自于周边接壤的国家和地区，如泰国、中国、越南等。此外，也有部分来自于日本、韩国、印度尼西亚、新加坡、澳大利亚、中国香港等。商品输出的国家和地区包括泰国、越南、中国、日本、德国、印度等④。从贸易额来看，2018年泰国持续成为老挝第一大贸易伙伴。截至2018年10月，老挝对泰国的出口额达16.5亿美元，从泰国进口额达27.5亿美元。对泰出口产品种类达100多种，包括电力、农产品和铜制品，从泰国进口产品多为机械设备、电子产品和燃油等⑤。2018年老挝与越南贸易额达10亿美元，同比增长13%⑥。2019年老挝计划采取多项措施扩大出口，实现55.16亿美元的出口目标。采取的措施主要有：提高农产品质量和数量、提高生产和管理效率、给相关企业进行培训、减少企业申请出口材料审批程

① KPL. Government, Development Partners Prepare to Address Disaster Recovery at This Year's Round Table Meeting [EB/OL]. [2018 - 11 - 21]. http：//kpl. gov. la/En/Detail. aspx? id =40737.

② 老挝资讯网. 压力"山大"！老挝前9个月出口额不容乐观　全年目标难实现 [EB/OL]. [2018 - 12 - 22]. https：//mp. weixin. qq. com/s/C8YSsqJqXLgix3l3yzkJPQ.

③ 中国驻老挝大使馆经商参赞处. 2018年老挝大米出口额下跌 [EB/OL]. [2019 - 01 - 09]. http：//la. mofcom. gov. cn/article/jmxw/201901/20190102824799. shtml.

④ 老挝通. 四张图带你了解老挝的进出口！[EB/OL]. [2018 - 12 - 05]. https：//mp. weixin. qq. com/s/Ung8vqQGuNij9Ch4cQsuxw.

⑤ 中国驻老挝大使馆经商参赞处. 泰国持续成为老挝第一大贸易伙伴 [EB/OL]. [2019 - 01 - 03]. http：//la. mofcom. gov. cn/article/jmxw/201901/20190102823289. shtml.

⑥ 中国驻老挝大使馆经商参赞处. 2018年老挝与越南贸易额增长13% [EB/OL]. [2019 - 01 - 09]. http：//la. mofcom. gov. cn/article/jmxw/201901/20190102824801. shtml.

序和通过电子商务平台促进中小企业发展等①。

旅游业是老挝的主要收入来源之一，2018年是老挝旅游年，政府重点发展旅游业。虽然旅游年访问的旅游人数没有达到预定目标，但2018年访问老挝的人数有410多万，与2017年相比增加了8.2%，大部分来自泰国、越南和中国。其中，来自泰国的游客数量增长了7%，来自中国的游客人数增长了26%，而来自越南的游客数量则下降了3%②。

老挝旅游业不仅在促进经济增长方面发挥了重要作用，而且为当地人民创造了大量的就业机会。联合国世界旅行组织及亚太旅游协会曾公布的报告指出，旅游业直接为老挝创造了11.4万个就业机会。预计到2028年，这一数字将升至12.1万个，约占总就业人数的3%。总的说来，旅游业和有关服务在该国创造了38.5万个就业机会，有助于提高老挝人民，特别是穷人的人均收入。信息、文化和旅游部副部长翁图昂·哈普汉（Ounthuang Khaophanh）最近表示，旅游业是老挝收入最高的五大行业之一，推动了经济增长，并有助于减贫。2017年，旅游业对老挝国内生产总值的贡献约为20亿美元，占老挝国内生产总值的13.7%。预计到2028年，这一数字将增至33亿美元③。不过碍于人才不足、交通配套设施落后等问题，老挝要发展旅游业仍然困难重重。交通网络不完善、内陆航班机票贵、优质住宿有限，以上种种都令老挝旅游业发展步履蹒跚。

二、投资前景广阔，着重发展经济特区建设及水电开发

老挝一直致力于改善该国投资环境，开设"一站式服务"方便投资置业，2018年上半年获批投资和注册企业数量为4118家，从投资领域来说，需要着重发展经济特区建设及水电开发。

自2002年起，老挝全国共建有12个经济特区，过去16年来，私营企业在老挝经济特区投资了近20亿美元。老挝经济特区2018年进出口总额达到6.79亿美元，其中，进口额为4.3亿美元，主要进口商品为原材料、机械、生产设备和基建设备等，出口额为2.49亿美元，主要出口商品为电子器材、眼镜、相机、服装、假发、玩具等。据统计，2018年共有593家老挝国内外公司入驻各经济特区，其中老挝公司89家，外国公司474家，合资公司29家，创造了8100个就

---

① 中国驻老挝大使馆经商参赞处.2019年老挝将采取措施扩大出口［EB/OL］.［2018－11－30］. http：//la. mofcom. gov. cn/article/jmxw/201811/20181102812063. shtml.

② 老挝资讯网.去年访老中国游客人数突破80万大关 较2017年增长26%［EB/OL］.［2019－01－22］. https：//mp. weixin. qq. com/s/fAJnWh617XwEEnuq14_ wiQ.

③ Vientiane Times. Tourism Creating Wealth of Job opportunites for Lao People［EB/OL］.［2018－05－30］. http：//www. vientianetimes. org. la/sub－new/Previous_ 123/FreeContent/FreeConten_ Tourism. php.

业岗位，6800 人为外国员工，1300 人为老挝员工，贡献了 1300 万美元的财政收入[1]。2018 年政府下令采取行动，进一步改善商业环境，并提供额外的激励措施，在邻国竞争日益激烈的情况下，以促进对经济特区（SEZs）的投资。一项调查显示，柬埔寨、缅甸和泰国也建立了经济特区，并提供了更多的激励措施。老挝国家经济研究所（NERI）进行的调查显示，泰国正在建立 10 个经济特区，其中许多特区位于与老挝接壤的边境线上，缅甸和泰国在前 8 年免征利息税，并在接下来的 5 年里将利息税减半。为了增强竞争力，老挝政府委托规划投资部为经济特区的经营提供更好的条件，更加注重有效利用现有的一站式服务机制[2]，为在经济特区开展业务的企业提供特殊的税收优惠，希望促进对这些地区的投资。根据政府网站上发布的法令，可以从税收优惠中受益的企业包括制造业、旅游和医疗保健业，教育、体育、房地产行业以及其他服务行业也将享受税收优惠。获得优惠的特区分为第 1 区和第 2 区两种类型。第 1 区经营的企业将获得 16 年的免税利润，第 2 区经营的企业将获得 8 年的免税利润。免税期满后，企业需要支付 35% 的利润税。除了利润税，政府为生产出口商品的企业提供增值税豁免[3]。

水电是老挝第一外汇来源。2018 年老挝全国 61 个发电站已实现发电，总装机容量 7200 兆瓦，其中水电站 53 个、热电站 1 个、太阳能发电厂 5 个等。上述各发电站满足国内和出口需求，创造可持续的外汇储备来源。2019 年，老挝将集中资源对能源和矿产发展计划进行调整。力争 2019 年完成总装机容量 1950 兆瓦的 12 个水电站项目的建设，其中 80% 的电量将出口泰国，剩余的 384.94 兆瓦将满足国内用电需求；力争完成 3 个输电项目和 3 个变电站建设项目，力争产出 338.74 亿千瓦时（总值近 20 亿美元），其中预计出口 2562.5 万千瓦时[4]。

三、商业运营环境趋差，未来发展有待改善

根据世界银行发布的营商便利指数排名，老挝连续 2 年出现下降，从 2016 年的第 139 位降至 2017 年的第 141 位，2018 年的排名在 190 个国家中排名第 154

---

① 中国驻老挝大使馆经商参赞处.2018 年老挝经济特区进出口总额达 6.79 亿美元［EB/OL］.［2019 - 01 - 23］. http：//la. mofcom. gov. cn/article/jmxw/201901/20190102829394. shtml.

② Vientiane Times. Incentives Needed to Attract Investment in Special Economic Zones［EB/OL］.［2018 - 10 - 31］. http：//www. vientianetimes. org. la/freeContent/FreeConten_ Incentives. php.

③ Vientiane Times. New Tax Incentives Offered in Special Economic Zones［EB/OL］.［2018 - 08 - 18］. http：//www. vientianetimes. org. la/FreeContent/FreeConten_ New_ tax_ 192. php.

④ 越通社.2019 年老挝将完成 12 个水电站建设项目［EB/OL］.［2019 - 01 - 02］. https：//zh. viet-namplus. vn/2019% E5% B9% B4% E8% 80% 81% E6% 8C% 9D% E5% B0% 86% E5% AE% 8C% E6% 88% 9012% E4% B8% AA% E6% B0% B4% E7% 94% B5% E7% AB% 99% E5% BB% BA% E8% AE% BE% E9% A1% B9% E7% 9B% AE/90385. vnp.

位，比上年下降了 13 位。为了改善商业环境，2018 年 2 月 1 日，总理通伦签发第 2 号总理令要求工贸部设立新机制，让国内外投资者可以更加方便地获得营业执照，同时总理要求规划投资部、公共工程与交通部、能源矿产部、自然资源和环境部、财政部、公安部、司法部、老挝央行简化流程，缩短企业办理业务许可的时间。总理特别要求工贸部安装必需的 IT 系统和软件，让企业可以在线完成登记注册。总理令规定到 2019 年底，必须完成在线登记注册设施的安装并投入使用。2018 年 6 月，老挝总理通伦在国会第五次会议开幕式上发表讲话，提出政府将以改善投资环境为首要目标，下半年将在完善"一站式"服务流程、跟踪项目实施进展、为经济特区内的投资者提供更多便利、消除投资壁垒、降低投资成本等方面为投资者提供服务，同时希望能在农业和旅游领域吸引更多投资①。为了按照总理的第 2 号命令改善商业环境，老挝工商部削减了 6 个程序，只留下4 个企业必须完成才能在老挝开展业务的程序。与之前的 174 天相比——这一耗时的过程是老挝在全球营商环境指数（EDB）中表现不佳的原因之一，新公司开业所需的文书工作时间已缩短至不到两个月。通伦总理宣布，老挝政府将在 2020年前对老挝的全球营商环境做出重大改善②。未来老挝政府将采取更多措施持续改善商业环境③。通伦总理已指示负责世界银行评估营商环境的 11 项指标的部委和其他机构采取彻底行动，由此改善其业绩和商业环境。

四、加强证券市场建设

老挝证券交易委员会预计未来 10 年将有更多的公司在老挝股票市场上市交易。证券交易委员会宣布了 2016～2025 年战略发展规划。按照规划，委员会将帮助更多公司登陆老挝股票市场，预计到 2020 年将有 20～35 家上市公司会在证券交易所交易本公司的股票，到 2025 年上市公司数量有望达到 60～80 家。现在老挝的上市公司共有 7 家，老挝水泥厂是其中的新晋成员④。为了促进老挝资本市场的发展，财政部代表老挝政府正式宣布在老挝证券交易所（LSX）进行首次国债交易。这次推出意义重大，这些债券将成为政府进行潜在交易的金融工具，

① 中国驻老挝大使馆经商参赞处. 老挝政府加大力度改善投资环境［EB/OL］.［2018－06－13］. http：//la. mofcom. gov. cn/article/jmxw/201806/20180602755312. shtml.

② Vientiane Times. Business Approval Process Cut to Less Than Two Months［EB/OL］.［2019－02－04］. http：//www. vientianetimes. org. la/sub－new/Previous_029/freeContent/FreeConten_Business_approval_28. php.

③ Vientiane Times. PM Vows to Step up Efforts to Improve Business Climate as Laos' Ranking Slides［EB/OL］.［2018－12－27］. http：//www. vientianetimes. org. la/freeContent/FreeConten_PM. php.

④ 老挝快讯. 预计到 2020 年老挝将有 20～35 家上市公司［EB/OL］.［2018－03－19］. https：//mp. weixin. qq. com/s/Xde1GpfboH4tRZQG7XFw6A.

此前，政府发行债券出售给商业银行和中央银行。①

第四节 安全

2018 年老挝加强安全领域的活动主要体现以下三个方面：

一、加强边境安全，推动解决边界争端和加强边境管理

老挝与中国、缅甸、越南、柬埔寨和泰国接壤，2018 年老挝重点加强推动与柬埔寨解决边界争端，与越南和泰国加强边境管理。尤其与柬埔寨方面，2017 年两国曾因领土争端起过冲突。根据 2017 年老挝总理通伦和柬埔寨首相洪森达成的协议，两国外交部共同努力就两国 535 公里边境线中的 14% 未定边界做好界标，并同意鼓励各自国家边界委员会更频繁地举行会议，寻求解决边界问题的办法。双方还同意在两国外交部建立部级协作机制，以确保老挝和柬埔寨共同边界的和平与安全，从而恢复两国间的正常合作②。2018 年 1 月，老挝公安部与柬埔寨内政部双边合作年度会议在老挝首都万象召开，就两国安全问题进行深入讨论，承诺加强国防合作。双方在会议上相互通报了两部门在维护老柬边境和平稳定中的合作现状及其在毒品管制和调查、打击人口贩运、提供入境便利等方面所做出的努力，并誓言要保持安全、稳定，避免在边境地区发生军事冲突。为妥善处理争端，柬埔寨首相洪森应老挝总理通伦的邀请多次到访老挝首都万象。2018 年 12 月 5～6 日，柬埔寨首相洪森应总理通伦的邀请最后一次对老挝进行正式访问，双方同意共同努力，深化双边关系，解决两国边界争端，并推动在其他领域的合作③。

与越南方面，2018 年，两国边界情况基本稳定，政治安全及社会治安秩序得到保障。为巩固与加强两国传统友谊、特殊团结与全面合作关系，并维护两国边境地区稳定局势，老挝—越南联合边界委员会同意共同努力，提高边境贸易和投资，加强边境管理合作。2018 年 5 月，应越共中央委员、越南人民军总参谋长、国防部副部长潘文江上将的邀请，老挝人民革命党中央委员会委员、老挝人

---

① Vientiane Times. First Government Bonds Listed for Trading on LSX ［EB/OL］. ［2018 - 12 - 26］. http：//www. vientianetimes. org. la/sub - new/Previous_ 302/freeContent/FreeConten_ First. php.

② KPL. Lao, Cambodian Foreign Ministers Meet on Border Issues ［EB/OL］. ［2018 - 05 - 17］. http：//kpl. gov. la/En/Detail. aspx? id = 33789.

③ Vientiane Times. Laos, Cambodia Agree to Deepen Ties, Resolve Border Dispute ［EB/OL］. ［2018 - 12 - 06］. http：//www. vientianetimes. org. la/sub - new/Previous_ 285/freeContent/FreeConten_ Laos285. php.

民军总参谋长、国防部副部长苏旺伦奔米（Suvon Luongbunmi）上将对越南进行正式访问，双方一致同意加强合作，建设稳定与全面发展的越老边界线。2018年12月10日，越老边境工作代表团第28次年度会议在老挝首都万象举行。会上双方评估了边境合作情况，加强落实双边合作协议的配合。双方对2019年边界工作方向与任务达成共识，其中核心任务是配合开展边界管理工作，有效落实有关解决两国边境地区自由移民和非法婚姻问题的协议。会议对试点展开"一门办理、一站式服务"检查模式的结果进行评价。会议结束时，两国代表团签署会议纪要，并同意越老边境工作代表团第29次年度会议于2019年第四季度初在越南举行①。

与泰国方面，两国陆地和水域的边界长度为1835公里，早在1997年5月，两国就着手开始调查准备安装边界标志。2018年1月17~19日两国在泰国曼谷举行联合边界委员会第11次会议，联合边界委员会审查了2015年1月举行的第10次会议记录的执行情况，并评估了过去两年的划界进展情况。会议提及，两国已经在长达676公里的陆地边界上安装了210多个界桩，陆路边界线总长为735公里。此次会议标志着陆地边境90%以上的边界已划定，整个边境37%的勘界工作已经完成。会议还汇报了湄公河水界勘界工作成果，1:25000比例的地图已经绘制。委员会讨论了尚未达成一致意见的边界道路问题，将对存在争议的区域开展国界线勘察工作。委员会要求联合法律工作小组寻找解决办法解决相关争议地区争执。联合委员会计划到2020年完成全部陆地边界线的勘界工作，并争取于2021年完成水域界线的勘界工作。②尽管老泰边界问题的解决尚未达到目标，但双方间的边界合作加强了相互的信任和谅解。

此外，老挝、越南和柬埔寨军队同意进一步加强三方团结合作，同意在三国共同边界打击走私、毒品犯罪、贩卖人口和跨国犯罪。

二、维护边境安全，打击毒品犯罪

毒品问题是老挝经济和教育发展的障碍，由于老挝地处金三角地区，边界相当疏松，毒品进入和通过该国的速度惊人，是运输去氧麻黄碱、海洛因以及前体化学品的过境国。与金三角接壤的老挝西北边境是毒品进入老挝的主要通道，而老挝南部边界地区则是毒品从老挝流入其他国家和地区的常用路线。一方面经由

---

① 越通社. 越南与老挝合作维护稳定与发展的边界线［EB/OL］.［2018－12－11］. https：//zh. vietnamplus. vn/%E8%B6%8A%E5%8D%97%E4%B8%8E%E8%80%81%E6%8C%9D%E5%90%88%E4%BD%9C%E7%BB%B4%E6%8A%A4%E7%A8%B3%E5%AE%9A%E4%B8%8E%E5%8F%91%E5%B1%95%E7%9A%84%E8%BE%B9%E7%95%8C%E7%BA%BF/89513. vnp.

② Vientiane Times. More Than 200 Markers Installed Along Laos－Thailand Border［EB/OL］.［2018－01－22］. http：//www. vientianetimes. org. la/FreeContent/FreeConten_ More. php.

老挝运送的毒品走私日益增多，另一方面毒品问题在老挝城镇和农村地区不断扩大，许多年轻人成为吸毒者，这导致了抢劫甚至谋杀等问题的发生。2018 年 12 月 25～28 日，在万象人民委员会第六届常务会议上，万象公安总部负责人汇报了在处理毒品贸易方面取得的进展，表示安非他命是交易最广泛的毒品，警方处理了 736 起交易、运输和持有案件，逮捕了 1007 人，其中包括 110 名妇女和 17 名外国人。与 2017 年相比，减少了 134 起案例，缴获了 593812 片安非他命片、394.96 千克海洛因、209.61 千克冰毒晶体和其他物品。安非他命和海洛因成为 2018 年老挝警方打击首都毒品交易时最常被没收的物品①。

为遏制地区毒品流动，老挝毒品预防控制部门努力打击毒品贸易，并与邻国合作，共享信息和协调活动，不断加大同地区及国际合作力量共同打击毒品走私。老挝同多个国家（包括中国、古巴、印度、俄罗斯、美国等）签署了打击毒品、精神药物、易制毒化学品走私的双边合作协议。2018 年 10 月 18 日，越南清化、乂安、山罗、奠边四省与老挝华潘、琅勃拉邦、丰沙里、川圹四省第十八届毒品预防与控制合作会议在清化省举行，意在进一步加强双方了解，共同合作渡过困难与挑战，进而加深双方在毒品预防与控制方面的合作。2018 年 12 月 7 日，泰国—老挝边境委员会会议在曼谷举行，双方一致同意加强禁毒合作，促进边境地区的和平与安全，会议商定了维持泰老边境和平的合作框架，包括部署武装部队边界巡逻，努力防止走私违禁品、毒品和人口贩运，以及加强双方安全合作等。此外，两国空军首次同意通过设立边境联合机构，采取措施加强禁毒工作。泰国和老挝多年来一直都在加强打击毒品犯罪，但两国禁毒形势依然严峻，通过边境贩运毒品更是屡禁不绝。2018 年 12 月，老挝和邻国审查了湄公河安全协调中心方案，该方案旨在提供合作和支持，打击金三角地区的非法毒品。同月，越老柬 3 国最高人民法院第五次边境省份法院就有关打击犯罪和解决跨境民事案件的会议于 12 月 15 日发表了联合声明。该会议就多边合作战略、内容和机制达成了一致。3 国法院将继续提升合作效果，加强审理刑事案件和民事案件的经验交流，加大打击毒品犯罪、拐卖人口犯罪、非法贩卖野生动物犯罪等各类犯罪的力度，共同维护地区安全稳定②。

三、洪涝、疾病、未爆炸弹等非传统安全问题尤为凸显

老挝是自然灾害较为频发的国家，2018 年 7 月 23 日晚，老挝南部阿速坡省

① Vientiane Times. Amphetamines Top List of Drugs Seized in Vientiane in 2018 [EB/OL]. [2019 - 01 - 02]. http：//www. vientianetimes. org. la/freeContent/FreeConten_ Amphetamines. php.
② 越通社. 越老柬三国最高人民法院加强合作 [EB/OL]. [2018 - 12 - 15]. https：//zh. vietnamplus. vn/越老柬三国最高人民法院加强合作/89720. vnp.

沙纳赛（Sanamxay）县的桑片—桑南内水电站（Sepien Senamnoi）发生倒塌，大坝释放了50亿立方米的水，是几十年来在老挝发生的最大灾难。大坝坍塌后，附近13个村庄遭到了特别严重的破坏。水坝崩塌事件还波及周边国家，洪水流向位于下游的柬埔寨，近2.5万人被迫疏散。大坝的倒塌一方面是由于施工不规范所造成的，另一方面是由热带风暴"山神"（Son - Tinh）所带来的大雨造成的。洪水共影响了沙纳赛县13个村庄，13067人的家园，造成数十人死亡，7000多人无家可归。自2018年7月24日以来，广大公众成员、国内外组织和国际社会为老挝洪灾救援和重建工作捐款已超过1330亿基普，包括超过520亿基普的现金，超过800亿基普的实物。此外，还为人道主义目的捐赠了710多吨大米①。

传染疾病也是影响老挝非传统安全非常重要的一方面。2018年老挝有超过6000例登革热感染病例，其中造成在首都万象以及阿速坡、沙湾拿吉和占巴塞省的19人死亡。

未爆炸弹是影响老挝民众生命安全和生活最为重要的非传统安全问题之一。老挝50%的农田受到未爆炸弹的影响②，对老挝的农业生产和生活造成影响，阻碍了耕地的耕种和建设急需的基础设施。虽然老挝国内没有内战，政局稳定，但因未爆炸弹的存在，老挝民众每天都生活在没有硝烟却随时都威胁着人们生命和财产安全的战场上。20世纪六七十年代（1964～1973年）越战期间，美国进行秘密战争，在老挝境内投下2.7亿枚集束炸弹，其中1/3的弹药均未爆炸，战争结束后的今天，老挝依然深受未爆炸弹的危害，持续有居民触弹伤亡事件发生，老挝是世界上受美国遗留的未爆炸弹影响最严重的国家。老挝副总理阿桑·劳里曾在会议上说，未爆炸弹一直给老挝人民带来伤亡，它使原本可用于农业、工业、旅游和基础设施建设的土地受到污染，是社会经济发展的障碍③。未爆炸弹曾经每年造成高达300人的死亡数字，时至今日，虽然死亡人数有所下降，但每年也有大约50人因未爆炸装置死亡或致残。未爆炸弹仍在时刻威胁着当地人的生命安全，且越来越多的儿童成为受害者。未爆炸弹威胁着老挝人民的生存安全，影响着人民的生活质量，为此老挝总理在第71届联合国大会上将"生命安全从无爆炸弹开始"作为老挝实现可持续发展目标之一。作为历史上轰炸最严重的国家之一，即便是在战后40年，老挝人民民主共和国仍在努力应对未爆炸武器带来的挑战。

---

① KPL. Relief Items Presented to Flood Affected Families in Attapeu［EB/OL］.［2019 - 02 - 05］. http：//kpl. gov. la/En/Detail. aspx？id = 43277.

② Japan International Cooperation Agency. Lao People's Democratic Republic Study for Poverty Profiles of the Asian Region（Final Report）［J］. August, 2010.

③ Vientiane Times. Government Seeks More Funding for Uxo Clearance［EB/OL］.［2016 - 02 - 15］. http：//www. vientianetimes. org. la/FreeContent/FreeConten_ Government_ seeks. htm.

第五节　外交

2018 年，在外交方面，老挝加强与中国、越南、古巴等社会主义国家间的关系，深化与泰国、新加坡等东盟成员国的关系，提升与日本、美国等发达国家的关系，积极拓展与俄罗斯的外交关系，推动与主要国家间的入境免签证服务。截至 2018 年初，老挝已与全球 140 个国家建立了外交关系，设立了 39 个老挝使馆。2018 年老挝外交基本情况如下：

一、加强与中国、越南、古巴等社会主义国家间的关系

1. 与越南：持续推动特殊团结与全面合作关系

越南和老挝的双边关系自近代老挝争取独立以来就一直处于特殊友好发展状态。越南一直是老挝最重要的邦交国。政治关系以及传统的民间友好推动两国关系持续友好向前发展。2018 年，越老特殊团结与全面合作关系不断向前发展并在各领域取得重要成就。两国高层互访频繁，政治互信不断加深，两党两国领导人达成了许多重要共识，为两国长期合作指明方向。两国防务合作保持良好发展势头，加强防务合作始终是越老两国关系的重要支柱之一，越老国界界碑增密加固提案已全部完成；两国签署了《越老国界界碑和边界线议定书》和《越老边境口岸和边界管理制度协定》；在联合国、东盟、大湄公河次区域等双边和多边事务中保持密切协调与配合。与此同时，两国从中央到地方各级政府部门之间的关系取得实质性进展。人民宣传教育工作得到重视，使两国人民尤其是年青一代更加深刻地了解两国特殊团结与始终如一的关系。在经贸合作领域，越南已成为老挝重要的贸易伙伴，多年来，两国已签署多项贸易协定和合作协议，为促进两国经贸合作关系发展创造法律基础，两国边贸合作也已取得许多进展，两国贸易进出口活动呈现积极的增长态势。多年来，双方密切配合开展有关促进边贸的合作内容，组团对一些口岸进行实地考察，为促进双方贸易发展创造条件。2018 年老挝与越南贸易额达 10 亿美元，同比增长 13%。目前越南在老挝共投资 409 个项目，投资额 41 亿美元，为老挝第三大投资来源国①。老挝已成为越南对外投资的首选目的地，这些都是两国加强特别团结和全面合作的结果。在教育培训领域，两国有效落实了"提高越老人力资源培训领域合作质量与效率"提案

---

① 中国驻老挝大使馆经商参赞处. 2018 年老挝与越南贸易额增长 13%［EB/OL］.［2019 - 01 - 09］. http：//la. mofcom. gov. cn/article/jmxw/201901/20190102824801. shtml.

（2011～2020 年）。每年越南为老挝发放 1000 份助学金。目前在越南的老挝留学生为 1.46 万人，在老挝的越南留学生为数百人。

关于越老合作展望，越南驻老挝特命全权大使阮伯雄表示，在世界局势错综复杂的背景下，两国关系迎来许多机遇，同时也面对来自各个国家及国际环境的不少挑战。但两党两国领导人始终如一重视发展两国关系并承诺维护两国关系，使其万古长青、世代相传①。

2. 与中国：继续保持向前发展，处于史上非同寻常的时期

1988 年中老恢复建交，到 2009 年中老建立全面战略伙伴关系至今，中老关系一直保持向前发展，两国领导人互访频繁，双方都把发展两国关系置于重要地位，致力于推动两国全面战略伙伴关系长期稳定健康发展，打造牢不可破的命运共同体关系。伴随着"一带一路""澜湄合作"以及中老铁路的推进，中老关系进入了历史上非同寻常的时期，中国成为老挝最大的投资国、第二大贸易伙伴和第一大援助来源国。双方在政治、边境安全、经济、文化、贸易、教育、旅游、禁毒等方面进行全面交流与合作，在地区和国际事务中的配合也十分成功。2018年双方围绕"一带一路"和"中老经济走廊"建设，加快发展战略对接，确保中老铁路建设继续顺利推进，加强互联互通，保持在澜湄、中国—东盟等地区合作机制中的良好协作关系。根据 2018 年 5 月本扬·沃拉吉主席访华的会谈，双方一致强调要推动中老命运共同体建设取得新成果，更好地造福两国和两国人民，并同意通过加强战略沟通、深化务实合作、加强安全合作、活跃人文交流以及重视生态保护五方面来推动老中命运共同体的建设，密切在国际和地区事务中的协调配合。

3. 与古巴：深化传统友好关系，重点加强教育领域合作

古巴与老挝于 1974 年 11 月 4 日建交。此后，两国相互帮助、相互支持，为加强两党、两国政府和两国人民之间的合作做出了贡献。2018 年两国关系互动较为紧密，重点加强了在教育领域的合作。2018 年 1 月 14～16 日，中央对外关系委员会负责人桑托纳·萨耶查克（Sounthone Sayachack）女士接受古巴共产党中央对外联络部副部长胡安·卡洛斯·马尔桑·阿奎莱拉（Juan Carlos Marsan Aguilera）和他的代表团访问老挝的礼节性拜访，双方承诺加强现有的合作关系。2018 年 11 月 10 日至 11 日，应老挝国家主席本扬·沃拉吉的邀请，古巴国务委员会和部长理事会主席米格尔·迪亚兹—卡内尔·贝穆德斯及其夫人和一个官方代表团对老挝进行国事访问，双方表示同意深化两国之间的传统友好关系，讨论了未来合作计划，并签署了教育和银行业方面合作的协议。基于两国政府都愿意

① 越通社. 越南驻老挝大使：越老各领域务实合作成果丰硕 ［EB/OL］．［2018－12－15］. https：// zh. vietnamplus. vn/越南驻老挝大使：越老各领域务实合作成果丰硕/89717. vnp.

加强历史友谊，2018 年 5 月，老挝人民革命青年团和古巴共产主义青年团代表两国政府签署新的交流合作协议，以此加强两国青年间的友谊。同时，双方也将继续对儿童、青少年和青年开展教育活动，以促进老挝和古巴传统友谊的不断深化。2018 年古巴政府为 6 名老挝国民提供了新的奖学金，以便他们在 2018～2019 学年到哈瓦那的拉丁美洲医学院学习。多年来，古巴向老挝国民提供了奖学金，约 145 位老挝留学生从古巴大学毕业。他们获得医学、法律、经济、体育、工程、建筑、兽医科学和西班牙语等专业的学位。

二、深化与泰国、新加坡等东盟成员国的关系

在对外关系方面，加强与东盟及其成员国的关系一直是老挝对外交流的重点。除越南外，2018 年老挝还着重加强了与泰国、新加坡、柬埔寨和缅甸等国家的合作。

1. 继续加强与泰国的友好合作关系

泰国作为老挝的周边邻国，老挝一直重视发展与泰国间的友好关系，泰国也一直保持着老挝最大贸易伙伴国的地位。2018 年老泰关系朝着建立促进增长和可持续发展的战略伙伴关系迈进，并把深化两国关系的新高度作为目标。2018 年在万象举行的第三届老泰联合内阁务虚会上，双方就深化关系、加强合作的方向达成了共识，两国总理签署了七项文件，双方确认继续推进电力等有增长潜力行业的经贸投资合作，造福双方，加强东盟建设，双方一致同意到 2021 年贸易额比 2016 年翻一番。

2. 重点加强与新加坡在经贸投资领域的合作

2018 年 5 月，老挝国家主席本扬应新加坡哈莉玛总统邀请，对新加坡展开两天的国事访问，分别与哈莉玛总统和李显龙总理会晤。这是本扬自 2016 年 4 月上任以来首次访问新加坡。自 1974 年老挝和新加坡建交以来，两国在许多领域促进合作，加强社会经济发展。哈莉玛总统表示，老挝是本区域发展最快的经济体之一，过去 10 年的平均经济增长率超过 7%。新加坡公司看好老挝强劲的增长潜力，有意在符合自己的专项以及老挝优先发展领域加强合作。两国的双边投资贸易规模不大。老挝与新加坡 2017 年的双边贸易额为 5310 万新元，在新加坡贸易伙伴中排第 125 名。新加坡则是老挝第 12 大外来投资国，截至 2017 年 12 月的投资额累计约 2.98 亿美元（约 4 亿新元）。新加坡在老挝的投资主要集中在房地产、城市规划和酒店业，不过本地企业也对当地的新兴领域如能源发展感兴趣[1]。

---

[1] KPL. Laos, Singapore Enhance Ties, Cooperation [EB/OL]. [2018 – 05 – 10] . http：//kpl. gov. la/En/Detail. aspx？ id =33587.

3. 着力加强与柬埔寨在维护边境安全领域的合作

2018 年老挝与柬埔寨主要致力于在维护边境安全领域的合作。2018 年 1 月，柬埔寨国防部长狄班（Tea Banh）对老挝进行正式访问，参加柬埔寨、老挝和越南的国防部长会议。会议集中讨论如何保护该地区和打击恐怖主义，以及边界合作问题。此外，两国还加强了在电力、旅游、经贸等领域的合作。

4. 致力推动和深化与缅甸合作关系

2018 年 1 月，老挝总理通伦访问缅甸，深化两国合作关系，这是老挝国家主席本扬·沃拉吉自 2016 年 8 月对缅甸进行访问以来，老挝国家元首对缅甸进行的最近一次访问。访问期间，通伦同缅甸总统吴廷觉就加强双边友好合作关系、地区和平与安全、东盟各国合作、经济合作和社会发展等方面展开讨论。与缅甸国家顾问昂山素季就推动双边关系，推动贸易与投资、旅游、交通、教育、电力、能源等领域的合作以及打击人口贩卖和两国边境地区毒品走私等问题展开讨论。此外，双方签署涉及电力、科技和反腐败等领域 3 项双边合作备忘录，并同意共同管理好老挝、缅甸两国间第一座跨湄公河友谊大桥。该座桥梁于 2015 年 5 月竣工，并成为缅甸与老挝合作关系的亮点。2018 年 7 月，老挝外交部长沙伦塞率团访问缅甸，双方表示高度重视两国友好关系和长期以来密切合作的传统，并认为这种关系一直在加强。双方讨论了未来在外交、国防、公共安全、边境问题、交通、贸易和投资等各个领域的合作。双方同意继续执行双方签署的协议和谅解备忘录。双方还就共同关心的地区和国际形势交换了意见。这是沙伦塞被任命为外交部长以来首次访问缅甸①。

三、提升与日本、美国等发达国家间的关系

老挝开展与其他国家的关系主要是为了获得发展援助。

提升与日本关系。老挝是湄公河次区域国家之一，长久以来，湄公河沿岸的缅甸、柬埔寨、越南、老挝等国均是日本重要的援助对象国，日本也是这些国家的最大援助来源国。从地缘上看，老挝位于湄公河的中心位置，与柬埔寨、中国、缅甸、泰国和越南五国相邻，老挝的安全与繁荣被广泛认为是湄公河次区域甚至是整个东盟安全与繁荣的前提②。老挝虽然不是日本在该区域援助力度最大的国家，但老挝自身是对外援依赖最严重的国家，且长期以来，日本居于老挝外援的首要地位。2018 年 4 月 7～8 日，日本外务大臣河野太郎首次访问老挝，在

---

① Vientiane Times. Laos, Myanmar Enhance Cooperation ［EB/OL］. ［2018 - 07 - 26］. http：// www. vientianetimes. org. la/sub - new/Previous_ 172/FreeContent/FreeConten_ LaosMyanmar. php.

② Age of Choice：Lao People's Democratic Republic in the New Development Finance Landscape ［EB/OL］. ［2019 - 01 - 26］. http：//www. odi. org.

与老挝国外长沙伦塞举行会谈时表示"将继续提供援助，为老挝社会和经济发展做出贡献"。日本向老挝提供的官方发展援助（ODA）每年约为 9000 万美元至 1 亿美元。主要用于基础设施、人力资源、卫生和农业领域的发展。在改善老挝区域连通性方面，日本援助支持了万象—河内高速公路的可行性研究和万象瓦岱国际机场的扩建。在政府能力建设方面，日本在宏观经济管理领域为老挝提供援助以改善海关征收管理系统和公共债务管理体系。自 1965 年以来，日本共提供了 4500 多名专家和 978 名志愿者，帮助培养老挝官员在各个领域的专业能力。在经贸领域，日本企业在老挝投资了 101 个项目，价值 1.58 亿美元，日本在 52 个老挝投资的国家中排名第 14 位，越来越多的日本公司对在老挝从事农业、工业、手工艺和服务领域的业务感兴趣[1]。日本驻老挝大使馆代表在新闻发布会上表示，河野太郎希望通过首次访问老挝，进一步推进两国战略伙伴关系。河野太郎表示，日本将继续支持老挝在城市发展、电力系统维护、人力资源开发和区域互联互通等各个领域的发展，从而使老挝能够实现陆锁国变陆联国的目标。

老挝与日本于 1955 年建立外交关系，2016 年成为战略伙伴关系，双方都重视两国友好合作关系，在许多领域都取得了卓有成效的成绩。在政治方面，双方保持经常性接触和高层互访，除日本外务大臣河野太郎首次访问老挝，2018 年 10 月，老挝总理通伦访问日本，参加第十届日本—湄公河峰会，通伦总理积极评价 2015 年东京战略框架实施进展情况，对落实成果表示满意。

发展与美国关系。2016 年，随着美国在任总统首次访问老挝，两国宣布建立全面伙伴关系，美老关系取得突破性进展。2018 年两国关系再度得到发展。2018 年 2 月 21～25 日，为促进两国友好合作，美国国会两大代表团访问老挝。第一个代表团来自众议院拨款委员会，众议院拨款委员会被广泛认为是国会中最重要的委员会之一，因为它在决定美国政府预算（包括外国援助）方面发挥了重要作用。而由众议院司法委员会 7 名成员组成的第二个代表团也于 2 月 23 日抵达。众议院司法委员会负责监督联邦法院和联邦执法机构的司法工作。美国驻老挝大使 Rena Bitter 说："这两个非常有影响力的代表团的访问，强调了美国对老美全面伙伴关系的支持，以及我们致力于加强两国人民之间的联系的承诺。"[2] 2018 年 5 月，美国太平洋司令部（U. S. Pacific Command）副司令布莱恩·芬顿（Bryan P. Fenton）中将率领高级军事代表团访问老挝政府，以强调两国之间日益增强的防务关系，并重申美国对印度—太平洋地区的承诺。本次是布莱恩·芬顿

① Vientiane Times. Laos, Japan Enhance Strategic Partnership［EB/OL］.［2018－04－09］. http：//www. vientianetimes. org. la/sub－new/Previous_ 084/FreeContent/FreeConten_ Laos_ 84. php.

② Vientiane Times. Us Congress Delegations Visit Laos to Deepen Cooperation［EB/OL］.［2018－02－27］. http：//www. vientianetimes. org. la/sub－new/Previous_ 049/FreeContent/FreeConten_ US. php.

中将 2017 年就任美国太平洋司令部职务以来的首次访问。布莱恩·芬顿中将强调，美国太平洋司令部致力于与老挝政府合作，继续改善双边关系，并为增进国内和地区和平与稳定的能力做出贡献。美国驻老挝大使蕾娜·比特尔（Rena Bitter）表示美国太平洋司令部副司令的访问证明了美国对美国和老挝之间全面伙伴关系的承诺①。2018 年 10 月，美国东亚和太平洋事务局副助理部长道格拉斯（Walter Douglas）访问老挝，考察双边关系的持续进展，并与老挝政府就印度—太平洋战略举行会谈。访问期间，双方讨论了继续扩大美国在老挝经济中的高价值投资的途径。道格拉斯在会上说："随着老挝继续改善其商业环境，它将越来越多地吸引高质量的投资，包括来自美国的投资。这将推动可持续和包容性的经济增长，同时为美国企业提供机会。"道格拉斯重申美国对东盟的支持，并感谢老挝作为东盟国家协调员发挥的重要作用。他还强调，美国有兴趣促进基于规则的经济增长，以及高价值的贸易和投资②。

四、积极拓展与俄罗斯的外交关系

为博弈东南亚，俄罗斯积极加紧扩大对该地区的影响力。2018 年俄罗斯外长拉夫罗夫在出席东盟与俄罗斯外长会议时说，俄罗斯未来将更多加强同该地区国家在所有领域，特别是安全和反恐方面的合作③。老挝和俄罗斯一直有密切的防务关系，跨多个领域，包括军事教育、执法合作、购买军事装备，两国关系也一直在上升。2018 年老挝与俄罗斯的合作也主要体现在安全领域。1 月，应老挝国防部部长占沙蒙·占雅拉（Chansamone Chanyalath）的邀请，由国防部长谢尔盖·库茹盖托维奇·绍伊古（Shoygu Sergey Kuzhugetovich）大将率领的俄罗斯联邦国防部高级代表团访问老挝，双方回顾了过去两国和两军的合作情况，讨论了两国军队的现状，分享了防务方面的经验，指出双方防务合作近期不断加强和发展，其充分体现在双边各级军事代表团频繁互访，安全和人道主义领域的合作不断加强。此外，双方共同签署了俄罗斯国防部向老挝国防部提供军事装备援助的协议以扩大双方防务合作。俄罗斯国防部表示会继续在人力资源和军事技术等领域向老挝国防部提供支持。3 月，更有俄罗斯国防部计划在老挝开设办事处，派遣专家向老挝提供援助，帮助老挝使用俄罗斯制造的军事装备以及在老挝开设新

① KPL. U. S. Pacific Command Deputy Commander Visits Lao P. D. R.［EB/OL］.［2018 - 05 - 14］. http：//kpl. gov. la/En/Detail. aspx? id = 33678.

② KPL. Senior U. S. Official Meets with Lao Government on Indo - Pacific Strategy［EB/OL］.［2018 - 10 - 17］. http：//kpl. gov. la/En/Detail. aspx? id = 39868.

③ VOA. Russia - Continues - To - Enlarge - Influence - In - Southeast - Asia［EB/OL］.［2018 - 08 - 04］. https：//www. voachinese. com/a/Russia - Continues - To - Enlarge - Influence - In - Southeast - Asia - 20180804/4513709. html.

的俄罗斯防御设施的报道①。7 月，俄罗斯向老挝交接 4 架维修好的直升机。12 月，老挝以给俄罗斯采矿和开发项目的特许权作为交换，俄罗斯转交给老挝数量不详的战斗机和高达 30 辆的军用坦克、飞机和坦克的总成本达到数百万美元。②

追溯老挝与俄罗斯军事合作历史，在"冷战"时期和中苏交恶期间，苏联曾与老挝等国保持过密切关系。过去老挝军队的武器供应除了来自苏联外，很多老挝中上层军官都曾在苏联受训。目前，一些老挝领导人都拥有留苏经历。老挝外交部长 2017 年访问莫斯科时，特别提到了当年在苏联的留学生活。两国军方交流，以及军事技术合作是双边关系的重要组成部分。老挝领导人称赞两军之间拥有兄弟情谊，双方合作是在延续过去传统。目前许多老挝军官在俄罗斯学习深造，俄罗斯未来计划为老挝培训更多军事人才③。

五、推动与主要国家间的入境免签证服务

2018 年老挝推动与主要国家间的入境免签证服务主要为促进 2018 老挝旅游年的发展。截至 2018 年 9 月，老挝为 19 个国家的普通公民提供了免签服务。其中，11 个国家与老挝签署了双边免签协议。这 11 个国家包括 9 个东盟成员国，即文莱、柬埔寨、印度尼西亚、马来西亚、缅甸、菲律宾、新加坡、泰国和越南，另外两个是蒙古国和俄罗斯。还有 8 个国家的公民也从老挝单方面的签证豁免中获益，分别是日本、韩国、瑞士、卢森堡、丹麦、芬兰、挪威和瑞典的国民。

第六节 区域合作

受限于自身的实力和条件，一直以来老挝没有多少能在国际舞台上展现自己的机会，但 2018 年老挝通过参与湄公河次区域活动、东盟共同体建设、澜湄合作、"一带一路"建设以及国际事务等提升了自己在国际和区域的影响力和存在感，具体如下：

---

① The Diplomat. What's Behind the New Russia – Laos Military Facility Hype?［EB/OL］. ［2018 – 03 – 27］. https：//thediplomat. com/2018/03/whats – behind – the – new – russia – laos – military – facility – hype/.

② Investvine. Laos to Buy Fighter Jets, Tanks from Russia［EB/OL］. ［2018 – 12 – 29］. http：//invest-vine. com/laos – to – buy – fighter – jets – tanks – from – russia/.

③ VOA. Russia Is Activing in Southeastern Asia and Limits Chinese Influence［EB/OL］. ［2018 – 02 – 02］. https：//www. voachinese. com/a/news – russia – is – activing – in – southeastern – asia – and – limits – chi-nese – influence – 20180201/4234719. html.

一、参与湄公河次区域活动

大湄公河次区域（GMS）国家曾经饱受贫穷之苦，为使大湄公河次区域尽快成为地区快速发展且繁荣昌盛之地，1992 年由亚洲开发银行发起成立了大湄公河次区域经济合作机制。如今，该区域已成为经济发展的成功典范。但大湄公河次区域仍面临着不少挑战。进一步减少贫困、适应和减缓气候变化、提高能源效率、确保粮食安全以及可持续城市化仍然是大湄公河次区域计划的重点。此区域内各国也面临着新的挑战，包括日益加剧的不平等、跨境移民水平的上升以及第四次工业革命对就业的潜在影响。2018 年 4 月在越南河内举行的第六届大湄公河次区域峰会上，总理通伦呼吁大湄公河次区域（GMS）成员国加强合作，增加和推进区域互联互通网络，推动该地区的发展。为了使老挝的战略位置最大化，总理强调需要各国互相帮助，共同投资开发和升级更多的互联互通基础设施①。同月，通伦带领老挝代表团访问柬埔寨，参加湄公河委员会第三次峰会，参与讨论湄公河流域面临的机遇和挑战，包括气候变化、水资源的可持续发展与管理、水电、灌溉、航运、洪涝灾害以及环境保护等相关问题。6 月，总理通伦出席第八届伊洛瓦底江、湄南河及湄公河经济合作战略组织峰会（ACMECS）和第九届柬老缅越峰会（CLMV）。伊洛瓦底江、湄南河及湄公河经济合作战略组织峰会（ACMECS）始于 2003 年 4 月，是柬埔寨、老挝、缅甸、泰国和越南之间的合作框架，旨在利用成员国的不同优势，促进次区域的平衡发展。柬老缅越峰会（CLMV）第一次峰会在 2004 年举行。

二、参与推动东盟共同体建设

老挝总理通伦在 2018 年 4 月第 32 届东盟峰会上强调，为了东盟共同体的加强和现代化，加强东盟成员国建设至关重要。通伦呼吁东盟国家互相帮助，特别是在技术转让方面，以缩小发展差距，并给予新兴的东盟经济体更多的优先发展为方向②。同年 9 月，通伦在越南举行的 2018 年世界经济论坛东盟峰会上呼吁东盟成员国应共同努力推进东盟建设，指出东盟成员国需要集体向前推进以克服地区挑战。通伦表示，未来几十年，世界将在科技革命和产业创新的推动下快速增长，这将为许多国家推进社会经济发展提供基础，但是也可能会出现一些挑战。为了开放经济并走向国际一体化，老挝会集中全力改进和调整自己。通伦表示

---

① Vientiane Times. PM Pushes for Greater Regional Connectivity at GMS Summit［EB/OL］.［2018 - 04 - 01］. http：//www. vientianetimes. org. la/sub - new/Previous_ 078/FreeContent/FreeConten_ PM. php.

② Vientiane Times. Asean Seek to Enhance the Bloc's Resilience and Innovation［EB/OL］.［2018 - 04 - 30］. http：//www. vientianetimes. org. la/sub - new/Previous_ 098/FreeContent/FreeConten_ Asean_ 98. php.

"在第四次工业革命中，整个东盟共同坐在一艘船上"，所以东盟要在新竞争条件下携手把东盟航船成功驶向彼岸。①

三、积极参与澜湄合作与"一带一路"建设

澜湄合作是澜沧江—湄公河沿岸中国、柬埔寨、泰国、老挝、缅甸、越南 6 国共同创建的新型次区域合作机制。2016 年 3 月，澜湄合作首次领导人会议在中国海南三亚成功举行，宣告澜湄合作机制诞生。对于中国提出的"一带一路"倡议和澜湄合作，老挝国家领导人都给予高度认可并表示坚定支持。2018 年 1 月 2 日，老挝外交部副部长坎葆与中国驻老挝大使王文天代表两国政府在老挝首都万象签署了澜湄合作专项基金老方项目协议。中老专项基金项目是澜湄合作框架的一项合作协议，该协议是按照澜湄合作首次领导人会议的结果展开，有助于展开老挝公共工程和运输部，工贸部，自然资源与环境部，邮政、电信和信息部和内务部五个部门的 13 个项目，涉及水文监测、工业制造、信息通信、人才培训等多个领域。老方已通过澜湄合作在人力资源开发、基础设施建设、公共卫生和减贫脱贫等领域收获诸多的实际利益，中方批准老方申报的 13 个澜湄合作专项基金项目，将有力地推动老挝社会经济发展，进一步拉近老中两国在澜湄大家庭中的关系②。2018 年 6 月，老挝总理通伦·西苏里在日本名为"亚洲未来"的区域会议上发言称，老中铁路是中国"一带一路"倡议的组成部分，建成后将有助于加快老挝的工业化和现代化进程，极大地促进老挝经济和社会全面发展，帮助老挝从"陆锁国"变为"陆联国"，并尽早走出"世界最不发达国家"的行列。③

四、参与国际事务，融入国际社会

受限于自身实力和条件，老挝没有多少能在国际舞台上展现自己的机会，但老挝积极争取在国际事务尤其是在涉亚太事务中发声，融入国际社会。2018 年 3 月，针对朝鲜半岛当时的局势，老挝外交部发言人评论称老挝有密切观察朝鲜半

① 越通社. 在第四次工业革命中续写成功故事［EB/OL］.［2018 – 09 – 15］. https：//zh. vietnam-plus. vn/% E5% 9C% A8% E7% AC% AC% E5% 9B% 9B% E6% AC% A1% E5% B7% A5% E4% B8% 9A% E9% 9D% A9% E5% 91% BD% E4% B8% AD% E7% BB% AD% E5% 86% 99% E6% 88% 90% E5% 8A% 9F% E6% 95% 85% E4% BA% 8B/85744. vnp.

② 越通社. 老挝与中国签署澜湄合作专项基金项目协议［EB/OL］.［2018 – 01 – 03］. https：//zh. vietnamplus. vn/% E8% 80% 81% E6% 8C% 9D% E4% B8% 8E% E4% B8% AD% E5% 9B% BD% E7% AD% BE% E7% BD% B2% E6% BE% 9C% E6% B9% 84% E5% 90% 88% E4% BD% 9C% E4% B8% 93% E9% A1% B9% E5% 9F% BA% E9% 87% 91% E9% A1% B9% E7% 9B% AE% E5% 8D% 8F% E8% AE% AE/74950. vnp.

③ 中国驻琅勃拉邦总领事馆. 老挝总理通伦表示老中铁路有助于促进老挝经济社会全面发展［EB/OL］.［2018 – 06 – 10］. http：//prabang. china – consulate. org/chn/lqxw/t1568493. htm.

岛的局势并高兴地注意到，朝鲜半岛的局势已朝建设性的方向积极改进，这是一个维护国家和地区以及朝鲜半岛和平与稳定的好迹象①。4月，老挝外交部长沙伦塞就南北韩首脑会议的成果表示欢迎，沙伦塞认为这次首脑会议的成果将有助于大大加强朝韩关系，维护半岛和世界的和平与稳定，促进半岛无核化，老挝也欢迎朝鲜半岛的积极和建设性发展，并呼吁有关各方继续共同努力，进一步加强这一积极态势②。6月，总理通伦参加由日本经济新闻社主办的第24届《亚洲未来》国际大会，发表了主题演讲，敦促亚洲继续扩大与世界其他地区的合作，维护亚洲、地区和世界的和平、稳定与繁荣③。10月，外交部长沙伦塞率老挝代表团出席亚欧首脑会议。同月外交部长沙伦塞在联合国大会第三届会议上发表讲话，表示各国政府和国际社会需要共同努力，以实现联合国可持续发展目标，指出区域和全球团结合作对于完成联合国2030年议程不可或缺。在日益严峻和极端的气候条件下，沙伦塞呼吁全球各国共同努力，采取行动应对气候变化。此外，沙伦塞强调有必要共同努力打击跨国犯罪，老挝仍然高度致力于与国际社会密切合作，打击非法毒品、非法野生动物贸易和人口贩运④。

此外，作为东盟成员国，老挝借助东盟平台给予其向国际社会展示和宣传自己的良机。例如2018年1月，总理通伦·西苏里出席东盟—印度纪念峰会，庆祝东盟—印度建立对话关系25周年和印度共和国成立69周年。3月，总理通伦率老挝代表团前往澳大利亚参加"东盟—澳大利亚特别峰会"，访问期间，通伦与澳大利亚总理举行双边会谈，并出席老挝—澳大利亚商业论坛。借助峰会提供的条件，老挝向国际社会传达了自己的心声，介绍了老挝的投资政策以及老挝的旅游资源等，通过该机会，老挝可以表达自己的看法，也可以吸引更多企业到老挝投资、更多游客到老挝旅游，还通过科技输入帮助老挝发展各项事业等。

① KPL. Statement of Spokesperson of the Ministry of Foreign Affairs of the Lao PDR on the Current Situation in Korean Peninsula［EB/OL］．［2018 - 03 - 27］．http：//kpl. gov. la/En/Detail. aspx？id = 32798.

② KPL. Laos Welcomes Inter - Korean Summit Outcome［EB/OL］．［2018 - 04 - 30］．http：//kpl. gov. la/En/Detail. aspx？id = 33398.

③ KPL. PM Completes Participating in 24th International Conference on the Future of Asia［EB/OL］．［2018 - 06 - 13］．http：//kpl. gov. la/En/Detail. aspx？id = 35386.

④ Vientiane Times. Regional，Global Cooperation Indispensable for Sustainable Development，Laos Tells UN［EB/OL］．［2018 - 10 - 02］．http：//www. vientianetimes. org. la/sub - new/Previous_ 230/freeContent/Free-Conten_ Regional. php.

第七节 社会文化

2018 年，老挝在社会文化发展方面着重于农村发展与减贫、重视妇女儿童权益的改善以及优质教育和医疗卫生事务的投入，具体表现如下：

一、积极拓展外援渠道，改善农村社会生活

农村发展、清洁用水和卫生健康问题是老挝社会经济发展规划中确定的优先发展问题，也都是推动减贫的重点。老挝农业人口居多，70% 以上的人口都从事农业，农村发展一直是老挝政府发展战略的核心，老挝减贫的首要对象是农村人口。政府一直支持通过促进粮食安全和农村发展来消除贫困和饥饿。老挝联合各非政府组织一直推动加强农村经济发展，特别是粮食安全，改善农村地区社区的生活水平，以此减轻贫困和饥饿。

二、重视妇女儿童权益，提高粮食安全和营养

过去数年，妇女事务委员会与政府及私营机构合作，推行多项计划，协助提高妇女地位。2018 年老挝在促进就业、实现男女平等方面取得不小的成就。2018 年，老挝有 2 万多名妇女参加了农业、林业、工业和服务业的培训课程或进入就业市场。在 2018 年开始工作的 53822 人中，女性 28344 人，占总就业岗位的一半以上。2018 年参加职业培训课程的 53678 人中，女性 22465 人。服务业仍然是妇女的最大雇主。在服务部门雇用的 34328 人中，有 20645 人是妇女。在总共 8686 名妇女中，约有 3626 名在农业和林业部门工作，在 10808 名工业部门找到工作的人中，有 3191 名妇女[①]。

另外，老挝还制定了保护和消除对妇女的暴力行为的国家政策和立法框架，详细说明妇女的权利，例如《2014～2020 年预防和消除对妇女和儿童的暴力行为行动计划》和《性别平等第八个五年国家行动计划》等。

三、促进农村发展和减贫，寻求发展伙伴建议

贫困问题是制约老挝经济和社会发展的重大问题。减贫一直是老挝历届政府努力的目标和方向，也是老挝实施各项政策的优先事项。为摆脱最不发达国家地

---

① Vientiane Times. More Women Benefit from Training, Access to Jobs［EB/OL］. ［2019 - 01 - 21］. http：//www. vientianetimes. org. la/freeContent/FreeConten_ More_ women_ 17. php.

位，老挝承诺将经济和社会政策重点放在减贫方面，并制定了一系列脱贫政策，对减贫目标做了中长期规划，也审议通过了关于未来发展的一系列文件。2018年以来，老挝政府多次出台政策推动减贫目标的实现。

截至2018年7月，老挝全国贫困家庭6459万户，相当于全国家庭总数的5.34%，贫困村庄数量1536个①。就各省情况来看，由于各省贫富差距大，存在发展不平衡现象。到2018年，川圹省有769户家庭被列为贫困户，占全省家庭总数的1.98%。华潘省有6836户贫困家庭，占全省家庭总数的13.44%②。沙湾拿吉大约有8000户贫困家庭，占该省总家庭数的4.8%③。博胶省贫困人口占该省人口的14%④。而甘蒙省表示全省脱贫已接近100%。

虽然早在2001年老挝党和国家就制定了到2020年正式摆脱贫困地位的目标，但根据联合国在2018年的最新评估结果，老挝最快也要到2024年才可实现这一战略目标。

世界银行、联合国、国际非政府组织等反贫困组织自20世纪70年代便开始关注老挝贫困问题⑤。老挝政府也寻求与非政府组织建立更富有成效的合作，通过与非政府组织的合作来实现可持续发展目标，减少贫困。自2015年以来，老挝共批准了313个项目与44个政府和国际非政府组织之间的项目，总价值为3.76亿美元。其中33%落在劳动和社会福利部门，涉及农村发展、未爆弹药清除、残疾人和紧急援助，25%在教育和体育部门，24%在健康领域，17%在农业领域。目前在老挝有159个国际非政府组织⑥。

老挝的减贫事业同时受到了世界各个国家和地区的注目与支持，中国、韩国、日本、卢森堡和瑞士等多个国家也给老挝带来了极大的帮助。韩国合作署等在老挝开展了试点乡村发展项目，德国协助老挝实现可持续发展，重点关注自然

---

① KPL. PM Urges Agro Ministry to Continue to Attach Importance to Rural Development ［EB/OL］. ［2018 - 07 - 18］. http：//kpl. gov. la/En/Detail. aspx？ id = 36228.

② Vientiane Times. Huaphan Told to Speed Up Development, Address Corruption ［EB/OL］. ［2018 - 05 - 24］. http：//www. vientianetimes. org. la/FreeContent/FreeConten_ Huanphan_ 118. php.

③ Vientiane Times. PM Assesses Development in Savannakhet Province ［EB/OL］. ［2018 - 04 - 12］. http：//www. vientianetimes. org. la/sub - new/Previous_ 087/FreeContent/FreeConten_ PM_ 87. php.

④ KPL. Malnutrition Remains a Challenge in Bokeo ［EB/OL］. ［2017 - 10 - 03］. http：//kpl. gov. la/En/Detail. aspx？ id = 28509.

⑤ 张恩迅. 老挝乡村贫困的省思——以琅勃拉邦省南巴县N村为例 ［J］. 东南亚研究，2018（1）：29 - 47.

⑥ Vientiane Times. Govt, Ingos Look to More Productive Cooperation ［EB/OL］. ［2018 - 03 - 01］. http：//www. vientianetimes. org. la/sub - new/Previous_ 051/FreeContent/FreeConten_ Commission. php.

资源和人力资源管理，合作主要集中在土地管理、基础设施建设和环境保护等方面①。日本的援助就更为广泛，从基础设施到减轻营养不良、援建学校、提供培训、农村发展等方面都有参与。据初步统计，2017 年各个国家在老挝开展的扶贫项目达到 1000 多个②。

老挝政府高度重视偏远地区人民生活的改善和减贫工作，努力解决城乡差距，加大资源投入，加快农村发展和扶贫工作。为了实现农村减贫目标，老挝通过创建示范农户来鼓励商业作物生产，并鼓励实施"一县一品"（ODOP）倡议，来推动当地中小企业发展从而改善当地居民生活，把乡村商品推进市场；同时，还鼓励人们种植更多经济作物进行市场销售，甚至在道路边上设立小企业，以增加收入，还计划分配技术官员来帮助农民提高作物产量和销售其产品③。2016 年和 2017 年两年，老挝向农村发展和减贫事业注入了巨额资金，仅农村发展和消除贫困部门就获得了超过 26740 亿基普的预算，用于资助 1600 多个项目。该预算包括来自外国发展伙伴的 2960 亿基普的财政支持。26740 亿基普预算用于发展基础设施④。2018 年，老挝政府计划投入约 7000 亿基普，用于发展农村事业，全国范围内 91 个村庄、145 个居民点将因此而受益，政府计划发展农产品加工，促进商品化农业发展，推动先进示范性农村建设，从而消除贫困。

此外，老挝还就"社会保护和可持续生计项目"（SPSL）开展了试点扶贫，让当地百姓得到实惠。"社会保护和可持续生计项目"（SPSL）属于劳动和社会福利部开展并实施的"扶贫减贫试点项目"的一部分，资金来源于澳大利亚政府提供的无偿援助。项目的实施目标是推广农业战略及政策建议，为小农经济发展提供有益建议，为农民提供农业资源和市场渠道，帮助小企业发展价值链，提供粮食安全评估和政策建议⑤。

四、加强优质教育投入

老挝教育水平仍然很低，尤其是在农村地区，文盲和高辍学率仍属普遍现

---

① Vientiane Times. Germany Commits to Further Development Support in Laos ［EB/OL］. ［2017 - 10 - 03］. http：//www. vientianetimes. org. la/FreeContent/FreeConten_ Germany. htm.

② 老挝政府计划投入 7000 亿基普用于农产品深加工［EB/OL］. ［2018 - 06 - 16］. https：// mp. weixin. qq. com/s/dsoS8ucnudT9ubLmme6ebg.

③ Vientiane Times. Govt Prioritises Rural Development for Poverty Reduction ［EB/OL］. ［2017 - 11 - 02］. http：//www. vientianetimes. org. la/sub - new/Previous_ 256/FreeContent/FreeConten_ Govt256. html.

④ Vientiane Times. Thousands of Families Settled with Better Living Conditions, Legislators Told ［EB/OL］. ［2018 - 06 - 25］. http：//www. vientianetimes. org. la/sub - new/Previous _ 145/FreeContent/FreeConten _ Thousand_ 145. php.

⑤ 可持续生计项目让贫困农村获益匪浅［EB/OL］. ［2018 - 06 - 04］. https：//mp. weixin. qq. com/ s/NXqozEaFNpad7Af2oQ_ DcA.

象。联合国的一项研究显示，在老挝，每20名少女中就有1人从未上过学，每5名少女中就有1人辍学。15～19岁的女孩中有近1/5已婚，15～19岁的女孩中有超过1/10已开始生育①。在南部的沙拿湾省，初中和高中学生的入学比例分别为66%和31.1%，远远低于全国平均水平，分别为82.9%和51.4%，其他省份，如川圹、阿速坡、赛宋本、华潘、琅南塔和乌多姆塞的学校入学率也和沙拿湾一样低，在这些地区，有清洁水、厕所和其他设施的人口比例也远低于全国平均水平，许多村民缺乏基本的公共服务②。除了上学率不高，老挝还出现教师短缺现象，2018年老挝全国各地的学校都要求增加2979名教师，而政府只向教育部和体育部提供了1850名公务员的名额。由于政府配额减少，教师短缺现象仍在继续③。

读写能力是人类通向自由的第一步，也是个人和集体发展的先决条件之一。获得读写能力可以帮助人们摆脱贫困和社会不平等待遇，严重的文盲现象导致没有受过教育的人群被排除在社会之外，进而引发了又一轮的社会不平等和性别不平等社会现实问题。消除文盲是实现《老挝2030愿景》的重要举措之一，老挝政府力争到2030年实现每个老挝公民都接受过高中水平教育的战略目标。老挝正在努力实现到2020年15～35岁的全部人群完成初中教育这一扫盲目标，力争提高小学和初中入学率，抬高中小学教育标准，尤其是提高农村地区的教育质量。根据老挝教育部和体育部关于2019年的规划，计划增加幼儿入学率，到2020年，5岁儿童的入学率将超过60%。小学毕业率预计至少达到95%，而每年辍学率不应超过6%。高中女生入学率将上升到70%以上。非正规教育部门将扩大到全国农村地区，将改进15～30岁人群的学习和教学计划，以实现终身学习发展战略。教育部正与国际组织密切合作，支持开展非正规教育和终身学习计划④。在接下来的5年里，教育部将通过鼓励儿童在上小学前合理地精通老挝语来应对学前教育的挑战，从而减少因语言问题而辍学的可能性。教育部将加强与区域和海外组织在教育和人力资源开发方面的伙伴关系。特别是希望吸引更多的海外奖学金，让更多的老挝学生参加国际比赛。总的来说，教育部将致力于提高教育水平的能力建设以及全国教育管理，首要目标是根据可持续发展目标，提供

---

① KPL. More Than 1 in 20 Adolescent Girls Never Attend School［EB/OL］.［2018 - 06 - 06］. http：// kpl. gov. la/En/Detail. aspx？id = 34235.

② Vientiane Times. Rural Poverty Depriving People of Basic Needs，Services［EB/OL］.［2017 - 11 - 10］. http：//www. vientianetimes. org. la/FreeContent/FreeConten_ Rura. html.

③ Vientiane Times. Teacher Shortage Continues as Govt Quota Declines［EB/OL］.［2018 - 06 - 11］. ht-tp：//www. vientianetimes. org. la/sub - new/Previous_ 133/FreeContent/FreeConten_ Teacher_ 133. php.

④ Vientiane Times. Govt Outlines Plans for Education Development in 2019［EB/OL］.［2019 - 01 - 03］. http：//www. vientianetimes. org. la/freeContent/FreeConten_ Govt. php.

更好的教育成果，解决农村地区的扫盲问题，使更多的社区能够摆脱贫困。

五、加强医疗卫生事务整治与管理

营养不良对个人及社会健康、教育与社会经济前景产生终生的负面影响。老挝长期营养不良率高达 36%，特别是农村和偏远地区的儿童在获得营养方面面临许多困难。以博胶省为例，人们发现很难获得与营养相关的医疗服务，尤其是那些生活在农村和偏远地区的人，在 3094 名接受卫生检查的儿童中，有 972 名儿童常规发育不良，264 名中度发育不良，105 名急性发育不良。与此同时，187 人患有严重的慢性消瘦，410 例中度消瘦，2497 例常规消瘦，126 例体重不足，320 例中度不足。消除营养不良是可持续发展的关键，而老挝的医疗水平落后，越来越多的人选择去邻国看病。同时，由于国内医疗条件不完善，老挝卫生部已发现有外国和老挝人违反老挝卫生条例开设私人诊所。

针对老挝健康与营养状况以及落后的医疗条件，2018 年初，老挝国家主席本扬提出要高度重视医疗卫生改进工作，呼吁升级本国医疗卫生服务[1]。老挝政府也计划在健康促进方面投入更多资金，加大力度、鼓励卫生处理系统和社会福利部门将服务提高到国际水平，为当地人民创造更多的信心。同时加强对医疗市场的监督和管理。2018 年 12 月，共有 248 家私人诊所因违反规定被勒令关闭禁止营业，预计只有 802 家私人诊所能继续运营[2]。这一年，卫生部也成功实施了一些项目，如为母亲和儿童增加获得更优质卫生服务的机会，改进使用地区卫生信息软件报告的能力，将医疗保险基金扩大到目标社区等。根据卫生部的一份报告，2018 年，老挝的孕妇死亡率下降，从 2017 年的 151 例下降到 129 例[3]。

第八节　发展展望

综合老挝整体发展，2019 年，老挝在政治、经济、安全、外交和社会文化方面将依然保持稳定发展状态。在政治方面，老挝将继续加大反腐力度，完善各项法律法规并加强公务员队伍建设和管理。在经济方面，老挝将着重推动改善营

---

① 中国驻老挝大使馆经商参赞处. 老挝主席本扬要求升级医疗服务 [EB/OL]. [2018 - 02 - 08]. http：//la. mofcom. gov. cn/article/jmxw/201802/20180202710076. shtml.

② Vientiane Times. Ministry Orders 248 Private Clinics to Close [EB/OL]. [2018 - 12 - 29]. http：//www. vientianetimes. org. la/freeContent/FreeConten_ Ministry_ 305. php.

③ KPL. Lower Mother Mortality Rate Recorded Last Year [EB/OL]. [2019 - 02 - 26]. http：//kpl. gov. la/En/Detail. aspx? id =43776.

商环境以吸引更多外资。同时大力发展旅游业，尤其是依托中老旅游年推动入境旅游人口的增长。另外加快基础设施建设，促进中老铁路以及各类水电项目的顺利推进也将是经济发展中的重中之重。在安全方面，重点加强打击涉毒、贩毒以及贩卖人口等犯罪，未爆炸弹、洪涝、传染疾病等非传统安全问题依然突出明显。在外交方面，老挝将不断扩大与世界各国的外交联系，立足东盟积极参与区域和全球事务，重点发展与越南、中国等国家间关系。在社会文化方面，老挝将继续加强与发展伙伴关系，拓展外援推动减贫，同时重视妇女儿童权益以及营养状况的改善。

第五章 2017～2018年马来西亚国情报告[*]

第一节 引言

本章分别从政治、经济、安全、外交、区域合作和社会文化等方面对马来西亚2018年国情状况进行整理、归纳和分析。在政治方面，马来西亚完成政治格局大洗牌；在经济方面，国内经济保持增长态势，但是增速放缓；在安全方面，恐怖主义、族群矛盾等安全问题依旧棘手；在外交方面，马来西亚秉持其中立立场，但是与中国、新加坡关系出现波折；在区域合作方面，马来西亚仍旧积极参与并推动区域合作；在社会文化方面，国家政策向女性群体倾斜，注重发展职业教育，舆论则聚焦童婚和LGBT议题。

第二节 政治

"变"字当选为2018年马来西亚年度汉字，既反映了大选政局之变，又体现了政治格局、政治观念之变。[①]诚然，2018年对于马来西亚政治来说是具有历史意义的一年。2018年5月被认为是马来西亚国内政治局势的分水岭。5月之前，

---

  * 本章由李希瑞负责撰写。李希瑞，广西大学国际学院（中国—东盟信息港大数据研究院）马来西亚舆情助理。

① 新华网. 一字述年：2018年，这几个字"C位"出道［EB/OL］. ［2018 – 12 – 14］. http：//www. xinhuanet. com/world/2018 – 12/14/c_ 1210015059. htm.

马来西亚各政党围绕着选举进行博弈。随着执政 60 余年的巫统在 5 月 9 日举行的第 14 届大选中败给马哈蒂尔率领的希望联盟，马来西亚完成独立以来的首次政党轮替。马哈蒂尔组建了新内阁，并逐步落实各项竞选承诺。

一、第 14 届大选：国家独立以来首次政党轮替

2018 年 5 月 9 日举行的马来西亚第 14 届全国大选被各大媒体和评论人士形容为马来西亚人民海啸。这场人民所发动的"政治海啸"所产生最为直接的影响就是马来西亚出现了自 1957 年建国以来的首次政党轮替。在大选中从未输过的国民阵线（Barisan Nasional，简称"国阵"或"BN"）在这场选战中败给了刚刚成立不久的希望联盟（Pakatan Harapan，简称"希盟"或"PH"）。随着国阵的失败，执掌马来西亚 60 余年的马来民族同一机构（United Malays National Organisation，简称"巫统"或"UMNO"）也首次成为反对党。而有趣的是，代表希盟成为第 7 任政府总理的是曾经代表巫统执掌政府内阁长达 22 年之久的 93 岁高龄的马哈蒂尔。

1. 选举概况介绍

2018 年 4 月 6 日，时任总理纳吉布宣布解散国会，并在 3 天后宣布将 5 月 9 日确定为第 14 届大选投票日，候选人提名日为 4 月 28 日①。这场选战因其候选人数量之多、竞争之激烈，被认为是马来西亚历史上最为激烈的一次选举：共有 2333 名候选人参与竞争 222 个国会议席以及 505 个州议席②。其中，在 222 个国会议席中，193 个议席都陷入多角战，州议席方面则有 464 个③。

本次选举围绕两大阵营进行，谋求连任的是纳吉布率领的国阵，由 13 个政党组成，包括巫统、马来西亚华人公会（Malaysian Chinese Association，简称"马华"或"MCA"）、马来西亚印度国民大会党（Malaysian Indian Congress，简称"国大党"）、人民进步党（People's Progressive Party）、沙巴四党④和砂拉越 4

---

① Edge Markets. 选委会宣布 5 月 9 日为大选投票日 [EB/OL]. [2018 - 04 - 10]. https：//www. theedgemarkets. com/article/% E9% 80% 89% E5% A7% 94% E4% BC% 9A% E5% AE% A3% E5% B8% 83 - 5% E6% 9C% 889% E6% 97% A5% E4% B8% BA% E5% A4% A7% E9% 80% 89% E6% 8A% 95% E7% A5% A8% E6% 97% A5.

②③ 联合早报. 马国大选多角战　参选人数破纪录 [EB/OL]. [2018 - 04 - 29]. https：//www. zaobao. com. sg/special/report/others/malaysia - ge2018/election - updates/story20180429 - 854645.

④ 沙巴四党为：沙巴团结党（Parti Bersatu Sabah）、沙巴自由民主党（Parti Liberal Demokratik，简称"自民党"）、沙巴人民团结党（United Sabah People's Party，简称"PBRS"）、卡达山杜顺姆鲁族统一机构（Pertubuhan Pasokmomogun Kadazandusun Murut Bersatu，简称"沙民统"或"UPKO"）。

党①。前总理马哈蒂尔率领的希望联盟在选战中扮演着挑战者的角色，由四大党组成，即人民公正党（Parti Keadilan Rakyat，简称公正党或"PKR"）、民主行动党（Parti Tindakan Demokratik，简称"行动党"或"DAP"）、土著团结党（Parti Pribumi Bersatu Malaysia，简称"土团党"或"Bersatu"）以及国家诚信党（Parti Amanah Negara，简称"诚信党"或"Amanah"）。在希盟中，除了前总理马哈蒂尔以外，在选战时仍旧在狱中的公正党创始人、前副总理安华也颇为引人注目。

大选进行前，有诸多机构进行了民意调查。尽管调查结果显示国阵的支持率有所下滑②，但民调机构仍旧普遍认为守擂的国阵很可能重新取得国会 2/3 的议席③。然而，希盟的最终胜选让包括竞选人马哈蒂尔在内的各界人士都深感意外（选举结果见表 5-1）。马来西亚选举体制采用与英国一样的议会制，因此，希盟主席马哈蒂尔被推举成为新一届政府总理。他不仅是全世界最为年长的政府领导人，也是首位二度任相的马来西亚政治家。但是，根据希望联盟合作伙伴的协议，马哈蒂尔将在两年后将总理一职交给公正党主席安华④。

表 5-1 2018 年马来西亚第 14 届大选结果

		国会议席	州议席
国民阵线（BN）	国民阵线（总—占比）	79—35.6%	166—32.9%
	巫统	54	149
	马华	1	2
	民政党	0	0
	国大党	2	3
	沙巴团结党	1	6
	沙巴人民团结党	1	1
	沙巴自民党	0	0

① 砂拉越四党为：土著保守党（Parti Pesaka Bumiputera Bersatu，简称"土保党"或"PBB"）、人民联合党（Parti Rakyat Bersatu Sarawak，简称"人联党"）、人民党（Parti Rakyat Sarawak，简称"PRS"）、民主进步党（Parti Demokratik Progresif，简称"民进党"或"PDP"）。
② 例如马来西亚智库 INVOKE 的民调，请参阅：联合早报.民调：国阵马来选民支持率下滑［EB/OL］.［2018-03-10］. https：//www. zaobao. com. sg/realtime/world/story20180310-841650.
③ 例如 Merdeka Centre 的民调，请参阅：Star Online. Merdeka Centre Survey：Barisan will Prevail in GE14［EB/OL］.［2018-04-27］. https：//www. thestar. com. my/news/nation/2018/04/27/survey-barisan-nasional-will-prevail-in-ge14.
④ 当今大马.马哈蒂尔承诺遵守协议，两年后交棒安华［EB/OL］.［2018-09-02］. https：//www. malaysiakini. com/news/441419.

		国会议席	州议席
国民阵线 （BN）	沙民统	1	5
	砂拉越土保党	13	0
	砂拉越人联党	1	0
	砂拉越人民党	3	0
	砂拉越民进党	2	0
	人民进步党	0	0
希望联盟 （PH）	希望联盟（总—占比）	113—50.9%	226—44.8%
	行动党	42	101
	土团党	13	25
	公正党	47	67
	诚信党	11	33
其他①	（总—占比）	30—13.5%	113—22.4%

资料来源：中国报 . 2018 大选成绩［EB/OL］.［2018 – 05 – 11］. http：//ge14. chinapress. com. my/result/.

2. 国阵 VS 希盟

国阵和希盟分别于 2018 年 4 月 7 日和 3 月 8 日发表了各自的竞选宣言，两份竞选宣言阐述了两大阵营的执政理念和施政优先事项。国阵的竞选宣言主题为"给力国阵，共创强盛大马"（Bersama Brisan Nasional，Hebatkan Negaraku），从人民经济等 14 个方面阐述了未来 5 年的执政目标。希盟的竞选宣言主题为"拥抱希望，重建家园"（Membina Negara，Memenuhi Harapan），列出了上任 100 日内要完成的十大新政以及 5 年任期内要实现的 60 项承诺。虽然互为竞争对手，但是朝野两个竞选联盟都强调要有条件地承认统考、减轻民众生活负担、重振国民经济、赋权女性群体、为青年创造更美好的未来、发展教育、优惠税务、推进可负担房屋计划和提升垦殖民福利及提高土著族群地位②，甚至在具体措施上也有一定的相似性，例如，国阵和希盟都承诺将在未来 5 年内将最低工资标准提高至 1500 林吉特。

相比之下，在福利方面，国阵提出的将一马援助金增至 2000 林吉特等福利

---

① 其中，伊斯兰党（Parti Islam Se Malaysia，简称"伊党"或"PAS"）夺得 18 个国会议席，占国会议席总数的 8.1%，还赢得了 90 个州议席，占比 17.8%。

② 大马在线 . 谁更胜一筹？国阵希盟宣言大比拼［EB/OL］.［2018 – 04 – 09］. https：//www. facebook. com/themalaysiaonline/posts/287299055139422/.

政策大多是一次性的，而希盟提出的如锁定目标群燃油补贴等政策则是从制度改革入手①。在经济方面，国阵在宣言中使用了极多的篇幅来阐述以新手段来发展经济，例如建造更多的基础设施等，而希盟则着重修正现有的政府政策，例如消除消费税和大道收费等。在行政方面，希盟提出要民主革新，其中包括限制总理、州务大臣和首席部长的任期不得超过两届等，而国阵则要加强总理和政府的权力，包括在总理署下增设非伊斯兰教特别事务单位、非政府组织特别事务单位等机构。

3. 希盟胜选的原因

在这场选战中，希盟击败国阵的原因主要有如下几点：

一是以纳吉布为首的国阵陷入贪污腐败等丑闻当中，极大地打击了民众对其执政的信心。早在 2015 年，马来西亚媒体就开始揭发关于一个马来西亚发展有限公司（1 Malaysia Development Berhad，简称"一马公司"或"1MDB"）的金融丑闻，其中包括一马公司约 7 亿美元辗转流入纳吉布个人的银行账户，从而引发一系列关于纳吉布等国阵领导人的贪污腐败指控。同时，前政府关于一马公司金融丑闻的调查行动不仅不公开，还被列为政府官方机密，甚至还查禁了披露相关丑闻的媒体，并撤换了谈论此事件的政府内阁高官。如此种种行为导致马来西亚民众对国阵产生厌恶情绪，对执政当局不再抱有信心，希望寻求新的执政者。

二是马哈蒂尔个人的政治魅力是希盟胜选不可忽视的因素。马哈蒂尔曾经于 1981～2003 年担任马来西亚政府总理，在其执政期间，马来西亚经济实现了腾飞，GDP 由 250 亿美元增长至 1102 亿美元，年增长率曾连续维持在 9% 以上。即便是 1997～1998 年遭遇了亚洲金融危机，马来西亚在 1999 年也很快将 GDP 增长率恢复到 6% 的水平②。另外，马哈蒂尔在外交和诸多国际事务上展现了强硬姿态，例如，马哈蒂尔曾在联合国大会上批评西方强国欺压小国，公开提倡"亚洲价值"，反对国际货币基金组织在亚洲金融危机中所开出的救助措施。这些既让马哈蒂尔执政下的马来西亚成为了第三世界的代言人、提高了国际声望，也为马哈蒂尔在国内赢得了极高的民众支持率。在对前政府极度失望的背景下，马哈蒂尔的再度出征无疑为灰暗的马来西亚政坛带来一丝曙光，民众期待重返政坛的马哈蒂尔能够为国家带来改变。

三是希盟各领导人能够摒弃前嫌，团结一致。世界银行前行长、美国前国防部副部长保罗·沃尔福威茨（Paul Wolfowitz）将马哈蒂尔与安华的和解比作南非

---

①　Pocketimes. 国阵 VS 希盟谁最棒？三大重点福利、经济、行政剖析［EB/OL］.［2018 - 04 - 08］. https：//pocketimes. sinchew. com. my/% E5% 9B% BD% E9% 98% B5vs% E5% B8% 8C% E7% 9B% 9F% E8% B0% 81% E6% 9C% 80% E6% A3% 92% EF% BC% 9F/.

②　相关 GDP 数据都来自世界银行。

德克勒克和曼德拉的和解，认为这为国家民主铺平了道路①。尽管关于 2018 年大选是否标志着马来西亚民主进入新的篇章还有待于日后观察，但是马哈蒂尔与安华的和解和联合让希盟胜选是不争的事实。在马哈蒂尔长达 23 年（1981～2003年）的首次总理任期中，安华在内阁中一路晋升，并于 1993 年起同时担任副总理和财政部长。

4. 政党轮替的影响

此番政党轮替是历史性的，为马来西亚所带来的影响将涉及如下几方面：

首先，政党轮替直接造成国内政治格局发生了变化。国阵的败选导致许多成员党纷纷退出联盟，甚至转而加入希盟。巫统内部也出现了退党和内斗愈演愈烈的迹象，巫统不仅大势已去，还面临着生死存亡之挑战。

其次，随着希盟的上台，马来西亚的政治生态也开始逐渐发生变化，机构改革和反贪成为施政的主旋律。2018 年 5 月 15 日，国家元老理事会宣布成立马来西亚体制改革委员会，该委员会于 7 月 16 日呈交了《体制改革委员会报告》，详细探讨了国会、选举、司法机构、法律人员及法律服务、反贪污、警方及入境处、通信、媒体及咨询和人权机构及法律等各方面的改革。6 月 1 日，总理署发布文告宣布成立施政、廉政和反贪中心（GIACC），协调和监督国内所有相关事务，将规划、拟定策略和评估政策，确保所有政府事务都会在良好施政、廉政和不会对贪污妥协的情况下进行②。紧接着，包括前总理纳吉布③等在内的众多前高官陆陆续续被反贪委员会（MACC）逮捕并接受审查。这些措施是希盟履行竞选承诺，力图整治和肃清国内贪腐成风的政治生态的重要体现。

最后，马哈蒂尔再度"任相"让马来西亚政治政策开始呈现一定程度的复现性。尽管这是马来西亚脱离殖民统治以来进行的首次政党轮替，但是马哈蒂尔却是政坛"老人"，他的回归标志着许多国内和外交政策将从其 20 年前的执政生涯中找寻到踪迹。例如，取消 2015 年才开始实施的消费税（GST）税制，重新回归销售与服务税（SST）税制④；截止到 2018 年 12 月，马哈蒂尔三度访问日本，这毫无疑问是要重启他于 20 世纪 80 年代提出的以日本为学习榜样的"向东

---

① Yaroslav Trofimov. Malaysia's Big Win for Democracy ［EB/OL］. The Wall Street Journal. ［2018 - 05 - 11］. https：//www. wsj. com/articles/malaysias - big - win - for - democracy - 1526063319.

② 东方日报. 设施政、廉政和反贪中心进行监督 ［EB/OL］. ［2018 - 06 - 01］. https：// www. orientaldaily. com. my/index. php/s/245634.

③ Star Online. Najib Arrested by MACC for RM2. 6bil in His Account，to be Charged Tomorrow（Sept. 20）［EB/OL］. ［2018 - 09 - 19］. https：//www. thestar. com. my/news/nation/2018/09/19/najib - arrested - by - macc - to - be - charged - sept20/.

④ Businessinsider. The Sales and Services Tax（SST）is Now in Effect - here are Five Things You Need to Know About It ［EB/OL］. ［2018 - 09 - 03］. https：//www. businessinsider. my/sales - and - services - tax - sst - malaysia/.

看”政策（Look East Policy）；马哈蒂尔也希望重新启动马新第三桥的建设①等。

二、希盟新政府组建：仍旧处于磨合期

1. 内阁名单介绍

在大选获胜后两个月，新政府完整内阁的名单于 7 月 2 日出炉，包括 27 个部门的正副部长职位。表 5－2 整理了包括正副总理和 27 个政府部门部长在内的共 28 人的名单（副总理旺阿兹莎兼任妇女、家庭及社会发展部长）。

表 5－2 希盟内阁完整名单（2018 年）

姓名	内阁职位	所属政党/组织
马哈蒂尔	总理	土团党
旺阿兹莎（女）	副总理兼妇女、家庭及社会发展部长	公正党
瓦达姆迪	总理署部长（国家团结及社会和谐事务）	兴都权益行动委员会②
慕加希尤索夫	总理署部长（宗教事务）	伊斯兰党
刘伟强（华裔）	总理署部长（法律事务）	沙巴民族复兴党③
林冠英（华裔）	财政部长	行动党
马智礼	教育部长	土团党
莫哈末沙布	国防部长	诚信党
陆兆福（华裔）	交通部长	行动党
慕尤丁	内政部长	土团党
祖基菲里	卫生部长	诚信党
阿兹敏	经济事务部长	公正党
哥宾星（印度裔）	通信及多媒体部长	行动党
古拉（印度裔）	人力资源部长	行动党

---

① 南洋商报．马哈蒂尔：工程可随时展开“建弯桥不需狮城同意”［EB/OL］．［2018－10－18］．ht-tps：//www.enanyang.my/news/20181018/%E9%A9%AC%E5%93%88%E8%BF%AA%E5%B0%A5%E7%A8%8B%E5%8F%AF%E9%9A%8F%E6%97%B6%E5%B1%95%E5%BC%80－%E5%BB%BA%E5%BC%AF%E6%A1%A5%E4%B8%8D%E9%9C%80%E7%8B%AE%E5%9F%8E%E5%90%8C%E6%84%8F/.

② 兴都权益行动委员会（Hindu Rights Action Force），简称“兴权会”或者“HINDRAF”，是由 30 个兴都教非政府组织联合组成的团体，其目标是维护马来西亚兴都教印度裔的权益与传统。

③ 沙巴民族复兴党（Parti Warisan Sabah，简称“WARISAN”或“民兴党”），是沙巴州的执政党，也是希盟的合作政党。

续表

姓名	内阁职位	所属政党/组织
丽娜哈仑（女）	乡区发展部长	土团党
祖莱达（女）	房屋及地方政府部长	公正党
沙拉胡丁	农业及农基工业部长	诚信党
西维尔再也古马	水源、土地及天然资源部长	公正党
莫哈末礼端	企业家发展部长	土团党
赛沙迪	青年及体育部长	土团党
赛富丁阿都拉	外交部长	公正党
郭素沁（女）（华裔）	原产业部长	行动党
巴鲁比安	工程部长	公正党
赛弗丁纳苏申	国内贸易及消费人事务部长	公正党
卡立阿都沙末	直辖区部长	诚信党
莫哈末哥达比	旅游、艺术及文化部长	沙巴民族复兴党
达勒雷京	国际贸易及工业部长	沙巴民族复兴党
杨美盈（女）（华裔）	能源、工艺、科学、气候变化及环境部长	行动党

资料来源：根据南洋商报．完整内阁名单出炉［EB/OL］．［2018-07-02］．https：//www.enan-yang.my/news/20180702/%E5%AE%8C%E6%95%B4%E5%86%85%E9%98%81%E5%90%8D%E5%8D%95%E5%87%BA%E7%82%89/.

与前纳吉布内阁相比，本届内阁有所精简，由32个政府部门减少至27个政府部门，是马哈蒂尔"治理国家不需要一个大内阁①"和希盟机构改革、民主革新的初步体现。在这份28人名单中，女性部长有5人，所占比例虽然仍未达到30%的预期，但是较以往有较大的提高，反映了希盟对实现赋权女性竞选承诺的重视；华裔部长为5人，印度裔为2人，其中，财政部是时隔44年再有华裔部长，而通信及多媒体部长哥宾星是马来西亚历史上第一位来自于印度锡克族的部长，这在一定程度上体现了希盟对民族平等的重视。另外，1992年出生的赛沙迪被任命为青年及体育部长，是马来西亚史上最为年轻的正部长，展现了新政府对青年人的重视，与此同时，内阁中不乏独立人士和非希盟成员的部长，反映了希盟开放和包容的姿态。但是值得注意的是，本届内阁中有多人是首次当选国会

---

① Free Malaysia Today. No Need Huge Cabinet to Govern Country, Says Mahathir［EB/OL］．［2018-02-07］．https：//www.freemalaysiatoday.com/category/nation/2018/02/07/no-need-huge-cabinet-to-govern-country-says-mahathir/.

议员，例如教育部长马智礼和乡区发展部长丽娜哈仑，因此希盟内阁在执政经验上会稍显不足。

2. 5 月上任以来的主要政策及相关分析

截至 2018 年 12 月 31 日，希盟执政已经半年有余，以其竞选宣言、内阁官员发布的官方文告或以官员身份发表的讲话、政府出版物以及政府保证过的政绩为标准，希盟共向民众做出了 553 项承诺（见图 5-1），尚未开始兑现的承诺为 410 项，正在进行中的承诺有 110 项，已经兑现了的承诺有 22 项，还有 11 项承诺已经宣告失败[①]。

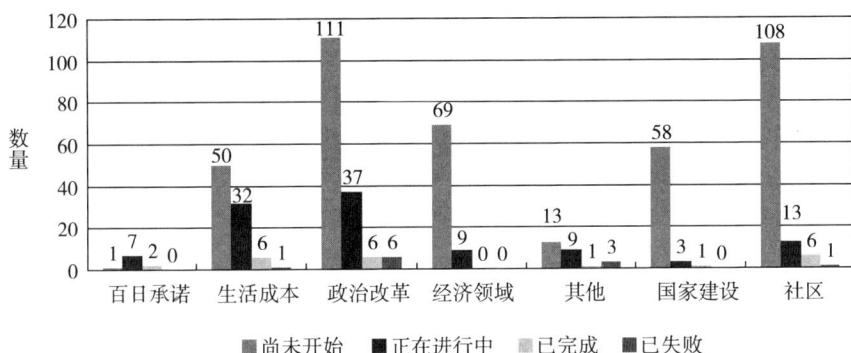

图 5-1 希盟 553 项承诺的兑现情况（截至 2018 年 12 月 31 日）

资料来源：根据 The Harapan Tracker 数据绘制。

即便是上任已远超过百日，但是在希盟承诺的十大百日新政中（见表 5-3），仅有 2 项完全落实，即废除消费税制和稳定油价，7 项政策处于部分落实当中，另有 1 项新政尚未启动。

表 5-3 希盟百日新政完成情况

序号	百日新政	完成状态	进展[②]
1	废除消费税，并推出各项惠民福利以减轻人民的生活负担	√	6 月 1 日起废除商品及服务税（Goods and Services Tax，简称"GST"）税制，9 月 1 日正式实施销售和服务税（Sales and Service Tax，简称"SST"）税制

① 评判标准和数据来自 The Harapan Tracker，这是一家专门跟踪、监测和研究希盟政府表现的网站。

② 根据东方日报、中国报、Malay Mail、New Straits Times 等马来西亚国内新闻媒体的报道整理。

序号	百日新政	完成状态	进展
2	稳定油价，推行援助特定目标群体的汽油津贴机制	√※	2019年1月1日起恢复每周调整油价机制
3	废除所有施加于联邦土地发展局（FELDA）垦殖民的不合理债务	×	尚未见有任何减少债务或缓解棕油价格暴跌的具体措施
4	为家庭主妇缴交公积金	—	第一阶段家庭主妇公积金计划已于8月15日启动
5	统一全国各地的最低工资，并且渐进提高最低工资	—	2019年1月1日起统一全国最低工资为1050林吉特
6	收入未达4000林吉特的高等教育基金（PTPTN）借贷者暂缓偿还，并且废除黑名单措施	—※	PTPTN新还款机制被迫中止，高等教育基金局宣布2019年无法实现4000林吉特以下贷款者无须还款
7	成立皇家调查委员会，彻查一马发展公司、联邦土地发展局、玛拉人民信托局和朝圣基金局的金融丑闻，并且重组这些机构的领导结构	—	没有成立皇家调查委员会，各案件已处于彻查状态，未有定论
8	成立内阁特别委员会，立即检讨和落实《1963年马来西亚协议》	—	已成立委员会，并于2018年12月召开指导委员会第一次会议
9	推行健康关怀计划，为低收入群体（B40）提供500林吉特的基本医疗津贴，并在所有注册的诊所都能够获得治疗	—	2019年1月1日起推出B40国家健康保险计划
10	详细谨慎地检讨各项颁布的大型计划	—	隆新高铁已决定延展两年，其他计划还处于审查各计划阶段，未有定论

注："√"表示已完成，"—"表示还在落实当中，"×"表示尚未开始；"※"表示希盟政府在此政策上出现反复。

在已经实施的新政中，有许多是推翻了国阵执政时期的相关政策和制度的，名列新政首位且对社会和民众生活造成较大影响的是废除国阵于2015年4月才开始实施的GST税制，改而重新实施SST税制，这让马来西亚成为世界上首个从GST国家变为SST的国家。然而，这项改革的实际意义还有待于进一步观察。就征收范围而言，GST的涵盖范围比SST大，政府能够征收到的税款也更高；就操作层面而言，GST比SST繁复，但是却比SST更为透明；就企业层面而言，SST会在特定产业增加企业成本，但是将有利于中小型企业的运营；就民生而言，SST和GST对民众生活成本造成的影响基本相同，马来西亚消费者指数增幅与往年同期持平；就国家经济层面而言，目前尚无证据表明税制改革、通货膨胀率波动和GDP增长之间的直接关系，因此SST比GST能让国家经济更为健康，或有更快增长的结论还有待证实。

尽管希盟希望在政策和制度上与国阵形成对比，因而力求修正乃至推翻许多国阵的做法，但是也不乏在采用了新政策后又重回旧政策的例子，如将固定油价重新改为每周价格浮动机制①。甚至，教育部在PTPTN偿还机制上直接宣布竞选宣言无法兑现②。这些都暴露了刚刚执政的希盟缺乏对国家基本财政状况的了解，在许多国家政策上也缺乏周详的考虑，其竞选宣言存在一定的理想主义色彩。同时，显示出一些内阁成员在治理国家上缺乏经验和专业性，也反映出其他内阁成员没有尽好相互监督的职责，内阁有待于进一步地磨合。

第三节 经济

一、国民生产总值呈现增长态势，但是增速放缓

马来西亚经济在2018年仍旧保持增长，但是增速较预期和往年同期而言，有所放缓。如图5-2所示，2018年全年马来西亚GDP为1.23万亿林吉特（按固定价格计），年增速为4.7%，较2017年的5.9%有所下降。世界银行东亚和太平洋地区首席经济师Sudhir Shetty认为增速放缓主要由两个因素造成：一是两项大型基础设施计划的取消，二是暗淡的贸易和输出前景③。

---

① 东方日报. 政府1月1日起下调油价 恢复每周调整价格机制［EB/OL］.［2018-12-24］. https：//www. orientaldaily. com. my/news/nation/2018/12/24/272691.

② Malaysian Insight. 无法履行PTPTN承诺 旺赛夫公开道歉［EB/OL］.［2018-11-10］. https：//www. themalaysianinsight. com/chinese/s/110400.

③ New Straits Times. Malaysia's Economy to Grow Slower Than Expected-World Bank［EB/OL］.［2018-10-04］. https：//www. nst. com. my/business/2018/10/417844/malaysias-economy-grow-slower-expected-world-bank.

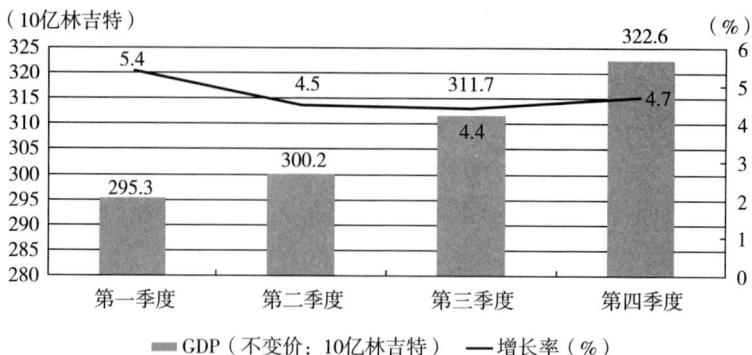

图 5 - 2　2018 年马来西亚 GDP 及其增长率

资料来源：根据马来西亚统计局网站数据自行绘制。

1. 农业和采矿业

如图 5 - 3 所示，马来西亚的农业和采矿业在 2018 年呈现负增长态势，尤其是采矿及采石业，原油、凝析油和天然气的生产都有所下降。此外，虽然马来西亚是若干农产品的主要生产国，但是以棕榈油为主的农产品生产及附加产业面临市场的冲击较大，产值有所下降，出口前景也面临不确定性。

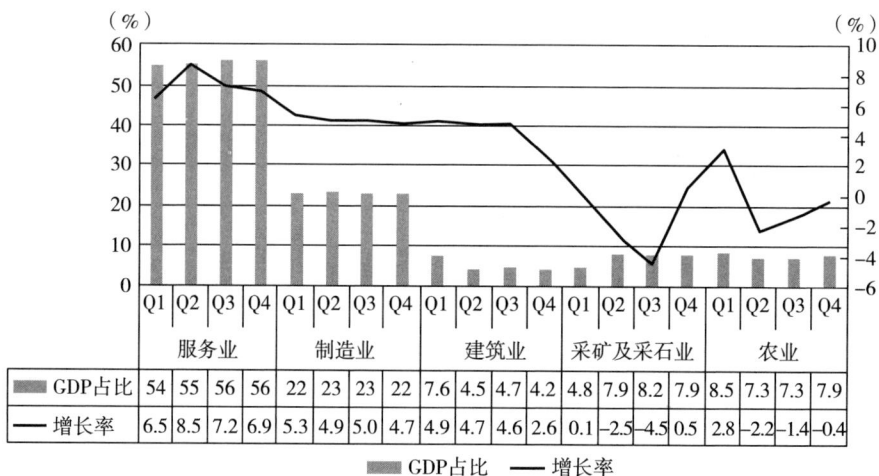

	服务业				制造业				建筑业				采矿及采石业				农业			
	Q1	Q2	Q3	Q4	Q1	Q2	Q3	Q4	Q1	Q2	Q3	Q4	Q1	Q2	Q3	Q4	Q1	Q2	Q3	Q4
GDP占比	54	55	56	56	22	23	23	22	7.6	4.5	4.7	4.2	4.8	7.9	8.2	7.9	8.5	7.3	7.3	7.9
增长率	6.5	8.5	7.2	6.9	5.3	4.9	5.0	4.7	4.9	4.7	4.6	2.6	0.1	-2.5	-4.5	0.5	2.8	-2.2	-1.4	-0.4

图 5 - 3　2018 年马来西亚五产业 GDP 各季度占比及增长率

资料来源：根据马来西亚统计局网站数据自行绘制。

2. 制造业和建筑业

如图 5 - 3 所示，制造业在 2018 年增速为 5%，较 2017 年同期下降了 1 个百分点。制造业的增长主要由电气、电子和光学产品创造，石油、化工、橡胶和塑料制品也有重要贡献。值得注意的是，交通设备以及其他制造与维修的增长也促进了制造业的整体增长。建筑业的增长主要由民用工程创造，尤其以非住宅性建筑的建造为主。

3. 服务业

如图 5 - 3 所示，2018 年马来西亚的经济结构仍旧是以第三产业为主，且第三产业的 GDP 增长率居三大产业之首，其增长动力主要来自于批发和零售业、信息与通信业以及金融和保险业。

二、贸易增长放缓且波动较大[①]

在贸易方面，马来西亚 2018 年贸易进出口总值为 18757.5 亿林吉特，年增长率为 5.9%，较上年 19.2% 的增长率明显放缓。在 1～12 月，马来西亚进出口波动较大，甚至呈现环比负增长态势（见图 5 - 4 和图 5 - 5）。

在进出口贸易中，2018 年全年出口总值为 9980.1 亿林吉特，较 2017 年增长 6.7%，进口总值为 8777.4 亿林吉特，同比增长 4.9%。其中，出口最多的产品

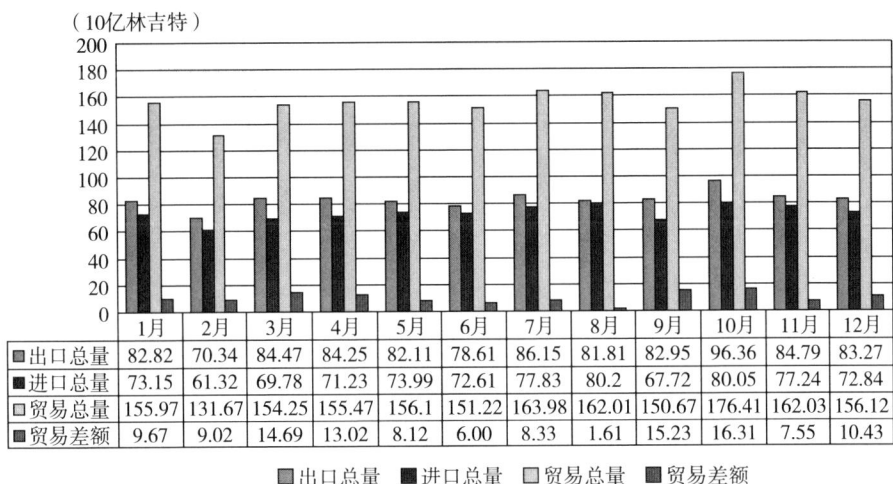

（10亿林吉特）

	1月	2月	3月	4月	5月	6月	7月	8月	9月	10月	11月	12月
出口总量	82.82	70.34	84.47	84.25	82.11	78.61	86.15	81.81	82.95	96.36	84.79	83.27
进口总量	73.15	61.32	69.78	71.23	73.99	72.61	77.83	80.2	67.72	80.05	77.24	72.84
贸易总量	155.97	131.67	154.25	155.47	156.1	151.22	163.98	162.01	150.67	176.41	162.03	156.12
贸易差额	9.67	9.02	14.69	13.02	8.12	6.00	8.33	1.61	15.23	16.31	7.55	10.43

■出口总量 ■进口总量 □贸易总量 ■贸易差额

图 5 - 4 马来西亚 2018 年 1～12 月贸易数据

① 如无特别说明，此部分的贸易数据均直接来自马来西亚外贸发展局（MATRADE）或者根据该局数据计算得出。

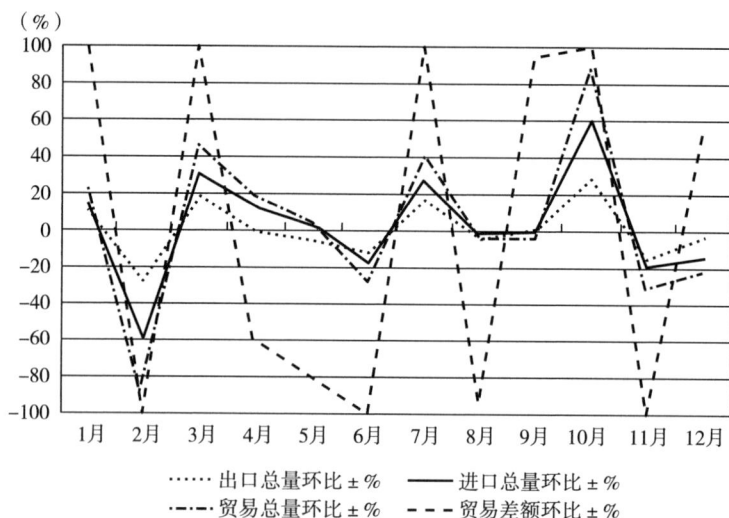

图5-5 马来西亚2018年1~12月贸易数据环比变化

为电子和电气产品，出口总值为3808.1亿林吉特，占出口总额的38.2%，接下来依次是原油产品（763.9亿林吉特，7.7%）、化学和化工产品（577.2亿林吉特，5.8%）等（见图5-6）；马来西亚进口最多的产品为电子和电气产品，进口总值为2616.5亿林吉特，占进口总额的29.8%，接下来依次为原油产品（862.0亿林吉特，9.8%）、化学和化工产品（827.3亿林吉特，9.4%）等（见图5-7）。

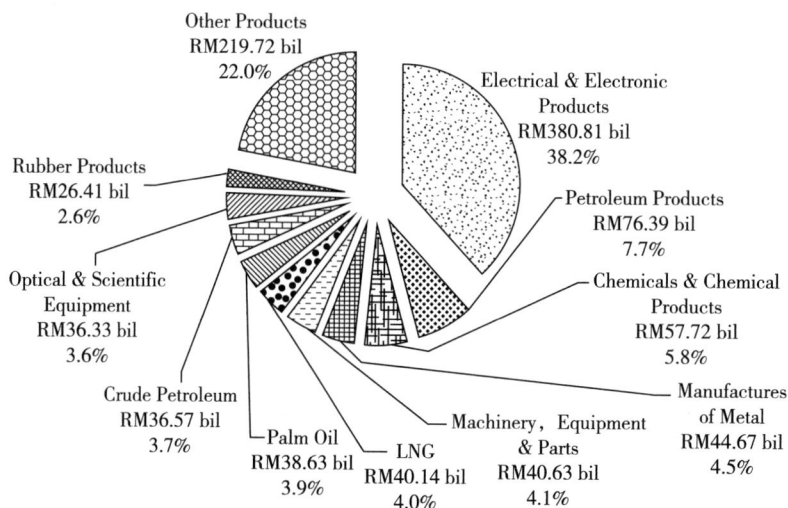

图5-6 2018年马来西亚各产品出口产值及占比

Other Products
RM186.42 bil
21.2%

Electrical & Electronic
Products
RM261.65 bil
29.8%

Processed Food
RM19.95 bil
2.3%

Petroleum Products
RM86.20 bil
9.8%

Crude Petroleum
RM21.65 bil
2.5%

Chemicals & Chemical
Products
RM82.73 bil
9.4%

Optical & Scientific
Equipment
RM23.28 bil
2.7%

Iron & Steel Products
RM30.98 bil
3.5%

Manufactures
of Metal
RM46.11 bil
5.3%

Machinery，Equipment
& Parts
RM73.62 bil
8.4%

Transport Equipment
RM45.16 bil
5.1%

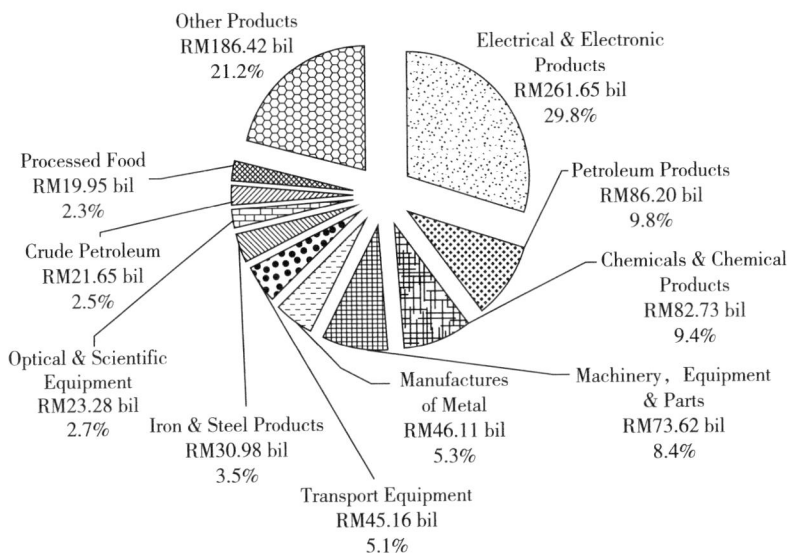

图 5 - 7　2018 年马来西亚各产品进口产值及占比

新加坡（1391.2 亿林吉特，占出口总额 13.9%）、中国（1388.8 亿林吉特，占比 13.9%）和美国（907.3 亿林吉特，占比 9.1%）是马来西亚出口产品最多的国家（见图 5 - 8），同时，马来西亚自中国（1749.3 亿林吉特，占进口总额

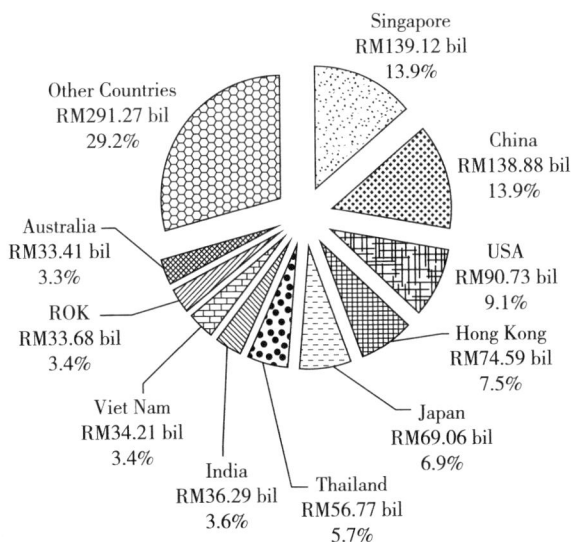

Other Countries
RM291.27 bil
29.2%

Singapore
RM139.12 bil
13.9%

China
RM138.88 bil
13.9%

Australia
RM33.41 bil
3.3%

USA
RM90.73 bil
9.1%

ROK
RM33.68 bil
3.4%

Hong Kong
RM74.59 bil
7.5%

Viet Nam
RM34.21 bil
3.4%

Japan
RM69.06 bil
6.9%

India
RM36.29 bil
3.6%

Thailand
RM56.77 bil
5.7%

图 5 - 8　2018 年马来西亚出口至各目的地产值及占比

19.9%）、新加坡（1028.7 亿林吉特，占比 11.7%）和美国（649.4 亿林吉特，占比 7.4%）进口产品最多（见图 5 - 9）。

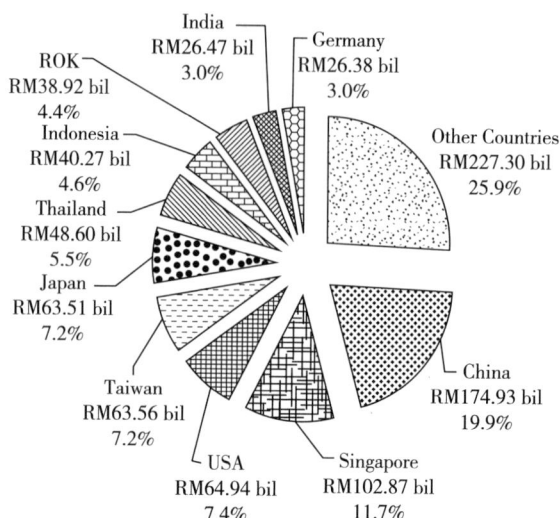

图 5 - 9　2018 年马来西亚进口来源地产值及占比

同比 2017 年，2018 年农产品出口增长率下降最为明显，矿产品出口波动最大，而制造业产品增长率相对较为稳定（见图 5 - 10）。就 2018 年 1～12 月环比而言，农产品、矿产品和制造品的出口增长都呈现较大的波动，但是较 2017 年 1～12 月有所缓和，尤其是矿产品出口（见图 5 - 11）。

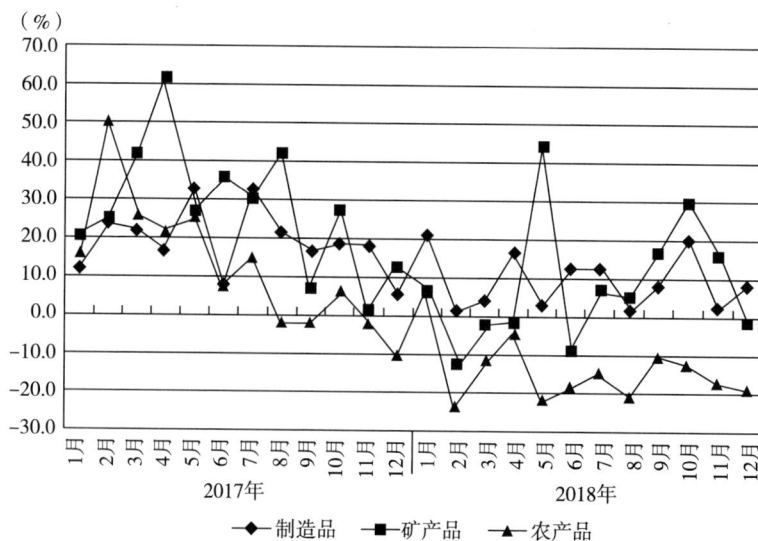

图 5 - 10　2018 年马来西亚农产品、制造品和矿产品出口同比变化

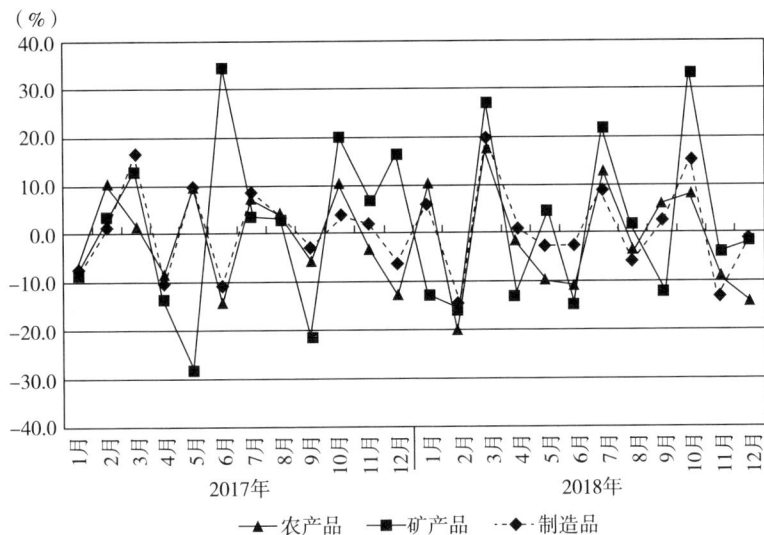

图 5 - 11 2018 年 1～12 月马来西亚农产品、矿产品和制造品环比变化

三、投资呈现较大增长

与贸易不同,马来西亚的投资呈现较大的增长,尤其是外国直接投资。根据马来西亚投资发展局(MIDA)发布的文告①,2018 年,马来西亚共吸引到 2017 亿林吉特的投资,较上年同期增长 0.55%。其中,国内直接投资为 1212 亿林吉特,占全部投资额的 60.1%,外国直接投资占比 39.9%,为 805 亿林吉特。外国直接投资与 2017 年相比,增长了 48%,显示出外国投资者对马来西亚经济前景的信心。按照产业分类来说,制造业投资额为 874 亿林吉特,增长了 37.2%;服务业和原产业的投资额也分别达到 1034 亿林吉特和 109 亿林吉特。

1. 制造业

即便全球经济受到下行的压力,但是马来西亚制造业依然吸引了大量外资。2018 年制造业吸引外资总额超过 2017 年的两倍,达到 580 亿林吉特,占制造业投资总额的 66.4%,表明马来西亚在高附加值和知识密集型产业中所制定的发展策略是成功的。中国、印度尼西亚、荷兰、日本和美国是马来西亚制造业外资的五大来源国,贡献了该产业全部外资的 76.4%。值得指出的是,大部分制造业外资都用于成立新的项目,占比达到 69.5%(即 403 亿林吉特),另外 30.5%(即

---

① MIDA. Approved Investments in the Manufacturing [Z]. Services and Primary Sectors Chart Rm201.7 Billion in 2018,14 March 2018.

177 亿林吉特）则用于原有项目的扩张或多元化，这显示越来越多的国际投资者优先选择马来西亚成为投资地。

2. 服务业

服务业投资依旧占比最高，达到 1034 亿林吉特，共有 4103 个项目。其中，国内投资贡献 84.1%，外国投资为 165 亿林吉特，外国投资集中于经销行业（48 亿林吉特）或其全球机构分部门（44 亿林吉特）。

3. 第一产业

与制造业和服务业的增长不同，2018 年第一产业产值较 2017 年有所下降，投资下降了 12.2%，为 124 亿林吉特，其主要原因来自油气开发活动投资的减少。

四、主要经济政策：颁布工业 4.0 政策，重视制造业，促进中小型企业的发展

除了上文已提及的将 GST 税制改为 SST 税制以外，希盟也出台了许多帮扶中小型企业的经济政策。中小型企业在 2017 年贡献了全马来西亚 GDP 的 37%①，也是希盟竞选宣言中发展经济和提升土著及各族人民经济能力的重点。在上任后一个月，希盟政府就宣布将继续推行由国阵建立且有利于中小型企业发展的电子自由贸易区（Digital Free Trade Zone，简称"DFTZ"）②。此外，希盟在执政后也陆续推出了许多其他措施来支持国内中小型企业的发展。10 月中旬发布的第 11 个马来西亚计划中期检讨报告明确了希望中小企业在 2020 年时为国家经济增长贡献 41% 的目标③。10 月 31 日，马哈蒂尔宣布启动国家工业 4.0 政策，强调对制造业尤其是中小企业的重视。马哈蒂尔在该政策的推介礼上说："国家工业 4.0 政策的制定是为了推动中小企业的发展，使其具有敏捷性和适应性，以应对工业 4.0 带来的挑战。"④ 接着，在 11 月发布的希盟首份《2019 年财政预算案》中，多项拨款用于帮助中小企业的发展，例如创业集团商业基金（TEKUN）将获得 1 亿林吉特，5 亿林吉特将提供给中小型企业银行，另外政府还将为中小企

---

① Edge Markets. SME Contribution to Malaysia's Economy Rose to 37% in 2017 ［EB/OL］. ［2018 - 08 - 03］. https：//www. theedgemarkets. com/article/sme - contribution - malaysias - economy - rose - 37 - 2017.

② Star Online. DFTZ will Go on to Boost E - commerce ［EB/OL］. ［2018 - 07 - 27］. https：// www. thestar. com. my/news/nation/2018/07/27/dftz - will - go - on - to - boost - ecommerce/.

③ Malaysian Insight. 政府检讨社会经济目标　马哈蒂尔：改革现有政策 ［EB/OL］. ［2018 - 10 - 18］. https：//www. themalaysianinsight. com/chinese/s/104701.

④ Bernama. 推介国家工业 4.0 政策　首相：推动经济发展 ［EB/OL］. ［2018 - 10 - 31］. http：// www. bernama. com/man/news. php? id = 1659843.

业提供政府担保和补贴利率的融资计划①。

五、整体经济发展受外部环境影响较大

马来西亚经济高度依赖国际环境，体现在以下两个方面：对外贸易和国际油价。随着世界两大经济体——中国和美国在 2018 年爆发贸易冲突和国际油价大幅度波动，2018 年马来西亚的经济受国际环境的影响较大。

中美贸易冲突对于外向型经济的马来西亚而言，机遇与挑战并存。马来西亚有可能成为中美贸易冲突的赢家，除了更多投资者将会把资金和生产线带到马来西亚等东南亚国家外②，马来西亚还可以替代中国出口更多的产品到美国，如化学品等③。但是马来西亚也面临着更大的挑战，因为中美贸易战将导致全球贸易锐减，而这将对马来西亚未来两年的经济造成影响。11 月，马来西亚财政部发布了 2019 年经济报告。该报告指出，如果贸易战升级，到 2020 年全球输出若下降 0.4 个百分点，那么相应地，马来西亚经济将会下降 0.7%④。

除了中美贸易战以外，值得注意的是，作为世界第二大棕榈油生产国，马来西亚的经济与棕榈油出口息息相关。但是，2018 年 5 月，欧盟宣布将从 2030 年起停止在运输燃料中使用棕榈油，给马来西亚的对外贸易增加了不确定性和风险。包括马哈蒂尔在内的希盟诸多领导人公开表达了对欧盟这一棕榈油禁令的不满⑤。

2018 年布伦特原油下降了 19.5%，油价跌至 2015 年来最低⑥。马来西亚既是产油大国，也是原油出口大国，国际油价的暴跌对于马来西亚经济也造成了负

---

① 东方日报 . "2019 财案"多项拨款助中小企业发展［EB/OL］.［2018 - 11 - 02］. https：// www. orientaldaily. com. my/s/266169.

② Malay Mail. EIU Report：Malaysia a Winner in US - China Trade War［EB/OL］.［2018 - 11 - 01］. https：//www. malaymail. com/s/1688893/eiu - report - malaysia - a - winner - in - us - china - trade - war.

③ Business Times. Singapore，Malaysia Could be Most Exposed to US - China Trade War：OCBC［EB/OL］. ［2018 - 07 - 11］. https：//www. businesstimes. com. sg/asean - business/singapore - malaysia - could - be - most - exposed - to - us - china - trade - war - ocbc - 0.

④ Star Online. Economic Report 2019：Impact of US - China Trade War.［EB/OL］.［2018 - 11 - 02］. https：//www. thestar. com. my/business/business - news/2018/11/02/economic - report - 2019 - impact - of - us - china - trade - war.

⑤ 星洲网 . 反击打压大马棕油——赛沙迪吁杯葛欧盟［EB/OL］.［2018 - 12 - 29］. https：// www. sinchew. com. my/content/2018 - 12/29/content_ 1826023. html.

⑥ CNBC. Oil Prices Just Had Their Worst Year Since 2015—Here's What Went Wrong［EB/OL］.［2018 - 12 - 31］. https：//www. cnbc. com/2018/12/31/oil - prices - are - set - for - their - worst - year - since - 2015. html.

面影响，包括林吉特贬值①和马股下跌②。此外，国际油价持续下跌还可能导致马来西亚财政赤字目标无法实现③。希盟政府预计，油价每桶下跌1美元，政府就将损失3亿林吉特的收入④。

第四节　安全

马来西亚所面临的安全形势主要由两部分组成：一是国际恐怖主义所带来的国家安全威胁；二是族群矛盾所导致的社会安全威胁。

一、反恐形势仍旧严峻

马来西亚一直以来都面临着恐怖主义和宗教极端主义所带来的安全威胁，2018年也不例外。美国国务院在2018年马来西亚犯罪和安全报告中，认为马来西亚面临中度恐怖主义活动的威胁⑤。这些恐怖主义威胁主要来自于东南亚地区。马来西亚于2018年7月逮捕了包括三名印度尼西亚国籍在内的7名涉恐人员⑥。这些都显示马来西亚是地区恐怖主义活动的频发之地。与此同时，国际恐怖组织对马来西亚造成的威胁也不可忽视，如伊斯兰国（Islam State）等组织。马来西亚在2018年多次逮捕多名与该组织有关的人员，如7月，7名与伊斯兰国（ISIS）有关的人员在马来西亚被警方逮捕。

二、族群矛盾等社会安全问题日益突出

马来西亚是一个多族裔共同居住的社会，马来裔、华裔和印度裔是人口最多的三大族群，分别占马来西亚总人口的60%、23%和7%。自独立以来，马来西

---

① 星洲网.油价跌7个月新低·马币一度挫至4.1890［EB/OL］.［2018－11－12］.http：//www.sinchew.com.my/content/2018－11/12/content_ 1811870.html.

② 东方日报.油价暴跌　油气股纷纷飘坠［EB/OL］.［2018－05－28］.https：//www.orientaldaily.com.my/news/business/2018/05/28/245027.

③ 财经时报.国际油价持续下跌　或将影响马来西亚财政赤字目标无法实现［EB/OL］.［2018－11－16］.https：//www.businesstimes.cn/articles－126034－20181116－w1125e1083t9394.htm.

④ 东方日报.50亿额外税收　缓冲油价跌冲击［EB/OL］.［2018－11－07］.https：//www.orientaldaily.com.my/news/business/2018/11/07/266722.

⑤ U. S. Department of State, Malaysia 2018 Crime & Safety Report, 28 March 2018.

⑥ Straits Times. Malaysian Police Arrest 7 Suspected ISIS Militants, Including Man Who Threatened to Kill King, PM Mahathir ［EB/OL］.［2018－07－19］.https：//www.straitstimes.com/asia/se－asia/malaysian－who－threatened－to－kill－king－among－seven－suspected－militants－arrested－in－four.

亚政府致力于使国内各族群和谐共处，但是族群矛盾甚至冲突从未停止。2018 年，三大族群都在为自己的权益进行斗争，给马来西亚民族团结和社会安全带来挑战。

第五节　外交

1957 年独立至今，马来西亚外交战略大致经历了三个阶段：第一阶段为拉赫曼执政时期的亲英美战略；第二阶段为拉扎克与侯赛因执政时期的不结盟战略；第三阶段为马哈蒂尔执政并延续至今的全方位发展战略。① 就 2018 年而言，纳吉布和马哈蒂尔都积极与世界各国发展友好关系，但是随着希盟政府的上台，马来西亚与中国和新加坡的双边关系因个别议题受到影响。

一、秉持中立外交，重视邻邦和伊斯兰国家，积极参与地区和国际事务

由于第 14 届大选于 5 月举行，因此在 2018 年上半年，马来西亚主要以内政为主，外交不是政府的重点。希盟政府上台后，到访马来西亚的外国领导人人数和马来西亚的领导人外访的次数显著增多（见表 5 - 4 和表 5 - 5），显示马来西亚政府逐渐将更多的执政精力放在对外交往上。

表 5 - 4　2018 年外国领导人到访马来西亚汇总

时间	访问马来西亚的领导人（不包括部长级领导人）
5 月 19 日	新加坡总理李显龙
5 月 31 日	印度总理莫迪
7 月 16 日	菲律宾总统杜特尔特，观赏在武吉加里尔举办的"世界拳王之战"（WBA）
8 月 3 日	美国国务卿蓬佩奥
9 月 4～9 日	新加坡副总理张志贤
11 月 21 日	巴基斯坦总理伊姆兰·汗
12 月 6 日	卡塔尔埃米尔

资料来源：根据 Bernama、东方日报等马来西亚新闻报道和马来西亚外交部文告综合整理。

---

① 骆永昆. 浅析马来西亚外交战略的发展及其特点 [J]. 和平与发展, 2013 (5)：100 - 107.

表5-5　2018年马来西亚领导人海外访问汇总

时间	马来西亚出访领导人（不包括部长级领导人）	访问地点
1 月	时任总理纳吉布	沙特阿拉伯
1 月	时任总理纳吉布	新加坡
1 月	时任总理纳吉布	印度新德里：参加东盟—印度纪念峰会
3 月	时任总理纳吉布	澳大利亚悉尼：出席东盟特别峰会
6 月 11 日	马哈蒂尔	日本：出席第24届亚洲未来国际大会，发表"保持亚洲开放——如何取得繁荣和稳定"为题的演讲
6 月 28～29 日	马哈蒂尔	印度尼西亚雅加达：会见印度尼西亚佐科总统，就共同建造"东盟车"、划分两国海洋和陆地边界等议题进行探讨，会见马来西亚—印度尼西亚商会等
7 月	旺阿兹莎	蒙古国：出席亚洲减少灾害风险部长级会议（AMCDRR）
8 月	马哈蒂尔	日本福冈和大分：参观九州旅客铁路公司以及当地高中和大学
8 月 17～21 日	马哈蒂尔	中国：会晤国家主席习近平、总理李克强等，参访吉利、阿里巴巴等企业，签署冷冻榴莲出口等协议和备忘录
9 月 2～3 日	马哈蒂尔	文莱：会晤文莱苏丹，讨论泛婆罗洲高速路建造和南海离岸石油区块共同商业开发、农业合作等议题
9 月 21～25 日/9 月 29 日至 10 月 1 日	马哈蒂尔	英国：与英国展开其脱欧后的贸易对话；参加莲花汽车集团未来计划的闭门简报会；会见英国和欧洲的投资者（如戴森创办人）等
9 月 25～29 日	马哈蒂尔	美国纽约：出席第73届联合国大会
10 月 24 日	马哈蒂尔	泰国：会见泰国总理巴育，讨论泰南动乱的解决，将两国经济合作上升至"加强的战略经济伙伴"地位
10 月	旺阿兹莎	印度尼西亚雅加达：会晤印度尼西亚总统佐科、副总统卡拉，以及印度尼西亚妇女赋权及儿童保护部长约哈娜、印度尼西亚工商领袖等
10 月	马哈蒂尔	印度尼西亚巴厘岛：出席东盟领导人集会（ALG）
10 月	旺阿兹莎	比利时布鲁塞尔：出席第12届亚欧会议（ASEM）
10 月 24～26 日	旺阿兹莎	越南：出席第三次东盟关于妇女的部长级会议；会晤越南总理阮春福、国会主席阮氏金银等，促进两国间贸易和投资
11 月 5～7 日	马哈蒂尔	日本

续表

时间	马来西亚出访领导人 （不包括部长级领导人）	访问地点
11 月 12 日	马哈蒂尔	新加坡：出席 2018 东盟领导人峰会
11 月 17 日	马哈蒂尔	巴布亚新几内亚：参加第 26 届亚太经合组织领导人峰会
11 月 24～26 日	旺阿兹莎	卡塔尔多哈
12 月 8 日	旺阿兹莎	英国
12 月 15～16 日	马哈蒂尔	泰国：兰实大学（Rangsit University）授予马哈蒂尔荣誉博士学位

资料来源：根据 Bernama、东方日报等马来西亚新闻报道和马来西亚外交部文告综合整理。

　　2018 年，共有 6 个国家的领导人（不包括部长级领导人）以私人或工作名义到访马来西亚。马来西亚领导人（不包括部长级领导人）共出访 16 个国家，其中，12 个国家地处亚太区域，4 个国家同为东盟成员国，这显示了马来西亚充分重视与邻邦的交往，也是贯彻马哈蒂尔 9 月在联合国大会演讲时强调的 "繁荣邻邦"（Prosper – Thy – Neighbour）外交思想的体现。此外，马来西亚领导人在上任伊始，就访问了东盟地区穆斯林占大多数的国家（印度尼西亚和文莱），还积极与沙特阿拉伯和巴基斯坦等伊斯兰国家往来。同时，值得注意的是，马来西亚在 2018 年多次出席地区和国际性的会议，并且在相关演讲中积极地在相关议题上发声。

二、与中国、新加坡关系起波澜

　　随着马哈蒂尔的回归和希盟政府的上台，马来西亚与中国和新加坡的双边关系出现起伏。就马中关系而言，双方关系受经济议题的影响较大；而马新关系不仅在经济议题上出现不确定性，在领土主权方面也有争执。

　　早在竞选之初，马哈蒂尔就屡次声称一旦胜选，就要重新审议承包给中国公司进行建造的几项大型基础设施建设计划。不出所料，宣誓就任之后，希盟政府就暂停了正在进行中的东铁计划、马六甲多产品输送管和泛沙巴煤气输送管计划[1]。马哈蒂尔 8 月访华，期间，与中方签署了两项协议和三份备忘录[2]，这给

---

　　① 中国报 . 林冠英证实输送管计划　东铁喊停［EB/OL］.［2018 – 07 – 05］. http：// www. chi-napress. com. my/20180705/% E6％9E％97% E5％86％A0% E8％8B％B1% E8％AD％89% E5％AF％A6 – % E8％BC％B8% E9％80％81% E7％AE％A1% E8％A8％88% E5％8A％83 – % E6％9D％B1% E9％90％B5 – % E5％96％8A% E5％81％9C/.

　　② Malaysian Insight. 马中签署 2 协议 3 备忘录［EB/OL］.［2018 – 08 – 20］. https：// www. themal-aysianinsight. com/chinese/s/89496.

中马关系平稳过渡带来了极大的希望，但是在访华行程的最后一天，他却宣布正式取消这三项基建计划①。尽管后来内阁宣布东铁计划并未取消，政府仍在与中国政府讨论降低该计划的造价问题②，但是无论如何，希盟政府在该问题上的反复，无疑给本就因马来西亚政局更替而存在诸多变数的中马关系又蒙上了一层阴影。

2018年9月，经过马来西亚与新加坡两国政府的协商和谈判，两国已经同意将吉隆坡—新加坡高铁计划工程延期至2020年，马来西亚因此赔偿4500万林吉特给新方③。尽管双方在这一问题上达成共识，但是这并不代表马新双边关系不受马方政府换届的影响。马哈蒂尔多次表达对1962年签署的供水协议的不满，认为新方所支付给马方的生水价格是"荒谬的"，要求与新加坡重新商议相关协定④。与此同时，新加坡不仅不打算答应重新协商的请求，还敦促马哈蒂尔要尊重该协定⑤。此外，马来西亚和新加坡先后在10月和12月单方面宣布扩大新山港和大士港界，新山—大士附近的海域主权纠纷一触即发⑥。马来西亚在12月宣布启动回收柔佛州南部领空的制空权以反对新加坡在实里达机场安装仪表着陆系统，这让马新两国的主权争端扩展至领空，双边关系更添挑战。

第六节　区域合作

协调东盟与东南亚其他邻国的关系及共同应对来自外部的威胁是马来西亚在

① 诗华日报．"首相访华"敦马宣布取消东铁计划［EB/OL］．［2018-08-21］．http：// news. seehua. com/？p＝385854.

② 星洲网．"东铁没取消" 内阁仍与中方商降低造价［EB/OL］．［2018-08-29］．https：// www. sinchew. com. my/pad/con/2018-08/30/content_ 1788889. html.

③ 光华日报．展延隆新高铁计划 我国赔4500万元［EB/OL］．［2018-09-05］．http：//www. kwongwah. com. my/20180905/% E5% B1% 95% E5% BB% B6% E9% 9A% 86% E6% 96% B0% E9% AB% 98% E9% 93% 81% E8% AE% A1% E5% 88% 92－% E6% 88% 91% E5% 9B% BD% E8% B5% 944500% E4% B8% 87% E5% 85% 83/.

④ 新闻及时事节目．马哈蒂尔：卖生水价格"荒谬"将要求新加坡重新协商水供协定［EB/OL］．［2018-06-25］．https：//www. channel8news. sg/news8/world/20180625－wld－mahathir/4060788. html.

⑤ The Straits Times. Parliament：S'pore will Honour 1962 Water Agreement and Expects Malaysia to do the Same，Says Vivian Balakrishnan［EB/OL］．［2018-07-09］．https：//www. straitstimes. com/politics/parliament－spore－will－honour－1962－water－agreement－expects－malaysia－to－do－the－same－vivian.

⑥ Malay Mail. Information on the Malaysia－Singapore Maritime Dispute so Far．［EB/OL］．［2018-12-16］．https：//www. facebook. com/malaymaildotcom/posts/information－on－the－malaysia－singapore－maritime－dispute－so－far/1074622949376372/.

区域合作中两个最为重要的诉求。① 因此，马来西亚历来十分注重区域议题的讨论和合作，2018 年也不例外。

一、东盟仍旧是马来西亚参与区域合作的基础

"东盟仍旧是马来西亚外交政策的基础。2015 年东盟共同体的成立极大地提升了马来西亚在地区的参与度。"

——马来西亚外交政策②

马来西亚作为东盟创始五国之一，一直是推动东盟地区合作的主要力量。正是在马来西亚于 2015 年担任东盟轮值主席国期间，东盟正式通过并启动了以政治安全、经济和社会文化为三大支柱的东盟共同体（ASEAN Community）。尽管大选过后，希盟修改甚至取消了国阵时期的诸多政策，但是却早早表态新政府将坚定履行对于东盟的承诺，马来西亚对东盟的外交政策没有变动，打造一个更强的东盟仍旧是马来西亚的优先议程，马来西亚将继续积极推动东盟共同体的建设③。重返政坛的马哈蒂尔个人也对东盟的潜力有着十足的信心。他于 10 月前往印度尼西亚巴厘岛出席东盟领导人集会（ALG），会议期间，他表示东盟作为一个拥有着大量资源和将近 7 亿人口的经济发动机（Economic Powerhouse）还没有完全释放自身的能量④。11 月，马哈蒂尔在出席第 33 届东盟峰会期间，为东盟商业与投资峰会（Asean Business and Investment Summit）致辞。在演讲中，他认为东盟应该更为积极地为 10 个成员国制定有利于地区融合的经济政策，同时呼吁东盟提高东盟内部贸易和投资往来的水平，深化地区经济一体化。这样一来，既能增强成员国在面对国际贸易保护主义抬头下的经济韧性，还能为中小型企业提供更多的发展机遇⑤。12 月，马哈蒂尔重申了他对于东盟的肯定和赞赏，"东盟作为唯一的区域组织是可持续且具有无限潜力的"⑥。这些表态不仅代表了马哈蒂尔个人，更是代表了马来西亚新政府对于东盟潜力的信心和推动东盟发展的

① 葛红亮. 马来西亚与东盟的区域一体化发展［J］. 学术探索，2017（11）：41-50.

② 摘自马来西亚外交部网站对于马来西亚外交政策（Malaysia's Foreign Policy）的总体描述。

③ Malaysiakini. Wisma Putra Reiterates Commitment to Asean［EB/OL］.［2018-08-08］. https：//www. malaysiakini. com/news/438037.

④ Free Malaysia Today. Mahathir：Asean not Fully Tapping Its Potential［EB/OL］.［2018-10-12］. https：//www. freemalaysiatoday. com/category/nation/2018/10/12/mahathir-asean-not-fully-tapping-its-potential/.

⑤ Mahathir. Keynote Address at the Asean Business and Investment Summit（ABIS）2018［EB/OL］.［2018-11-13］. https：//www. pmo. gov. my/2018/11/keynote-address-at-the-asean-business-and-investment-summit-abis-2018/.

⑥ Bernama. ASEAN yet to Get Due Credit，Says Dr Mahathir［EB/OL］.［2018-12-16］. http：//www. bernama. com/en/news. php? id=1676081.

承诺。

二、马来西亚在 RCEP 和 CPTPP 上悬而未决

希盟内阁尚未就《区域全面经济伙伴关系协定》（*Regional Comprehensive Economic Partnership*，RCEP）和《跨太平洋伙伴关系全面进步协定》（*Comprehensive and Progressive Agreement for Trans - Pacific Partnership*，CPTPP）做出最终表态。有分析认为马来西亚在自由贸易协定上的举棋不定是受到地区乃至国际贸易保护主义抬头、民族主义以及内向政策的影响。

在纳吉布时期，马来西亚是 12 个签署《跨太平洋伙伴关系协定》（Trans - Pacific Partnership，TPP）的国家之一。尽管前总理纳吉布曾表示对美国退出的 TPP 抱有信心，但是随着他在第 14 届大选中的失利，马来西亚对于是否签署瘦身版的 CPTPP 成为一个问号。值得注意的是，政治老手、二度任相的总理马哈蒂尔在是否签署 CPTPP 上出现多次反复，既显示了马来西亚政府在该问题上的犹豫不决，也是对其他成员国的试探。马哈蒂尔曾在接受专访时指出："前（马来西亚）政府已经签署成为成员，我们不能以丢失信用为代价而退出，所以我们将继续 CPTPP①。"但是，马哈蒂尔稍后却强调 CPTPP 必须对马来西亚有利②，该贸易协定是不公平的，强调政府仍旧在对该贸易协定进行利弊研究③，也曾透露马来西亚不排除在获得豁免的情况下签署 CPTPP 的可能④。11 月底，国际贸易和产业部长达勒雷京表示对于马来西亚批准 CPTPP 不设截止日期⑤。此番表态说明希盟政府将不会在短期内做出关于是否继续 CPTPP 的决定。

与 CPTPP 一样，马来西亚在 RCEP 上的态度也历经几番变更，目前尚未明朗。截至 2018 年，关于 RCEP 的谈判已经持续了 6 年。前纳吉布政府在大选前

① Straits Times. Malaysia to Go Ahead with Asia - Pacific Trade Pact CPTPP, says PM Mahathir［EB/OL］.［2018 - 08 - 27］. https：//www. straitstimes. com/asia/se - asia/malaysia - to - go - ahead - with - trans - pacific - trade - pact - cptpp - says - pm - mahathir.

② New Straits Times. CPTPP Must Benefit Malaysia as Well［EB/OL］.［2018 - 09 - 01］. https：//www. nst. com. my/news/nation/2018/09/407115/cptpp - must - benefit - malaysia - well - pm.

③ Star Online. Dr M：Malaysia Still Looking at Pros and Cons of CPTPP［EB/OL］.［2018 - 09 - 27］. https：//www. thestar. com. my/business/business - news/2018/09/27/dr - m - malaysia - still - looking - at - pros - and - cons - of - cptpp/.

④ Free Malaysia Today. Malaysia May Ratify Trade Pact But Will Seek Exemptions, Says Mahathir［EB/OL］.［2018 - 11 - 07］. https：//www. freemalaysiatoday. com/category/nation/2018/11/07/malaysia - may - ratify - trade - pact - but - will - seek - exemptions - says - mahathir/.

⑤ New Straits Times. No Deadline Set for Malaysia to Ratify CPTPP［EB/OL］.［2018 - 11 - 28］. https：//www. nst. com. my/news/government - public - policy/2018/11/435449/no - deadline - set - malaysia - ratify - cptpp.

曾表示马来西亚现今的重点是 RCEP，马来西亚将修改相关法律以完成批准程序以及尽快付诸实践①。即便是新政上台后，10 月，国际贸易和产业部副秘书长若拉兹曼（Norazman Ayob）也表示 RCEP 所有成员国希望在 2018 年底达成最终的贸易协定②。但是，在于 11 月召开的东盟领导人峰会上，马来西亚拒绝了这份"不平衡的贸易协议③"。马哈蒂尔也重申："我们不会接受听起来有利于某些国家但是可能对我们的国民不利的东西④。"因此，马来西亚在 RCEP 上的态度仍旧有待于日后持续跟踪和观察。

第七节　社会文化

据 2018 年《社会进步指数（SPI）报告》显示，马来西亚在 146 个国家中排名第 50 位，整体上属于中上水平。在满足民众基本需求方面，马来西亚得分比较高，这些不足在 2018 年的国家社会政策以及舆论焦点都有所体现。

截至 2018 年第四季度，马来西亚人口总数达到 3257 万，较 2017 年同期增长了 1.1%。其中男性人数为 1682 万，占比 51.7%，较 2017 年同期增长 1.1%，女性人数为 1575 万，占比 48.4%，较 2017 年同期增长 1.2%。⑤ 世界经济论坛发布的《2018 年全球性别差距报告》（简称"差距报告"）中显示，马来西亚在 149 个国家中排名第 101 位，男女不平等在马来西亚社会中依旧严重。其中，在经济参与和机会、教育程度、健康以及政治赋权四大评比指标中，马来西亚在男女政治赋权方面的差距尤为巨大。⑥

---

①　Free Malaysia Today. After TPP, Malaysia's Focus is Now on RCEP, Says Mustapa［EB/OL］.［2018 - 03 - 09］. https：//www. freemalaysiatoday. com/category/nation/2018/03/09/after - tpp - malaysias - focus - is - now - on - rcep - says - mustapa/.

②　New Straits Times. RCEP to be Finalised Year - End, Says Miti［EB/OL］.［2018 - 10 - 11］. https：//www. nst. com. my/business/2018/10/420236/rcep - be - finalised - year - end - says - miti.

③　Malay Mail. Minister：In RCEP Summit, Malaysia Objected Lopsided Trade Deals［EB/OL］.［2018 - 11 - 14］. https：//www. malaymail. com/s/1693440/minister - in - rcep - summit - malaysia - to - object - to - lopsided - trade - deals.

④　New Straits Times. RCEP no Go If Deal not Right for People：Mahathir［EB/OL］.［2018 - 11 - 15］. https：//www. nst. com. my/business/2018/11/431502/rcep - no - go - if - deal - not - right - people - mahathir.

⑤　Department of Statistics Malaysia. Demographic Statistics Fourth Quarter（Q4）2018, Malaysia［EB/OL］.［2019 - 02 - 12］. https：//www. dosm. gov. my/v1/index. php？r = column/cthemeByCat&cat = 430&bul_ id = VTJDdStOakJJd2EwcEVVTm4yRDZSQT09&menu_ id = L0pheU43NWJwRWVSZklWdzQ4TlhUUT09.

⑥　World Economic Forum. The Global Gender Gap Report 2018［Z］. 2018.

在女性人口几乎过半的情况下，女性的劳动力参与度仅为54.7%，远低于男性的80.1%，① 为了缩小性别不平等、改善女性经济和社会地位，进一步释放社会劳动力潜能，在竞选期间，国阵和希盟都承诺将在胜选后推行一系列赋权女性的社会政策，但是重点关注的人群不一样。国阵政府将2018年定为女性赋权年，并将提高女性权利和地位视为国家构建的重要组成部分②。此外，国阵还承诺将在新的一年给予女性企业家特别重视，包括计划成立由总理担任主席的女性经济委员会（Women's Economic Council）等一系列具体措施来推动女性经济议程。接掌国阵成立新政府的希盟同样强调重视妇女权益和提高女性社会地位，这首先体现在多名女性政治家成为内阁成员，即希盟对女性治理国家能力的认可，"差距报告"还注意到国会中有更多的女性议员，在一定程度上缩小了男女在政治上的不平等。不同于国阵执政时期对于女性企业家的重视，希盟更强调对家庭主妇的关怀。希盟于8月15日启动提升家庭主妇社会和收入保障的家庭主妇公积金计划（简称"SURI"）③，这也是希盟在竞选时承诺的百日十大新政之一。

除了女性群体以外，教育也是马来西亚重视的社会政策。前国阵政府于2017年9月就发布了数项推动改造职业技术教育的新倡议，旨在为国家工业4.0提供支持，其中包括计划于2018年10月发布的职业技术教育全面总规划、5000万林吉特用于发展战略性职业技术教育项目的资金池等④。2018年1月，时任人力资源部长里察烈（Richard Riot）宣布职业技术教育委员会即将成立并由时任总理纳吉布担任主席⑤，进一步彰显了当局对职业技术教育的重视程度。

5月政府换届后，新政府也继续重视相关发展。在希盟的竞选宣言中，希盟明确了职业技术教育的重要性，将改善职业技术教育视为经济结构重组和革新、确保生产力的重要手段。希盟延续了设立职业技术教育委员会的做法。该委员会由槟城峇东埔国会议员努鲁依莎（Nurul Izzah）负责，制定准备加强和升级职业技术教育标准的报告。虽然该委员会隶属于教育部，但是仍旧延续了国阵时期多

---

① Department of Statistics Malaysia. Statistics on Women Empowerment in Selected Domains，Malaysia，2018［EB/OL］.［2018 – 11 – 15］. https：//www. dosm. gov. my/v1/index. php？r = column/pdfPrev&id = SGMz-VDh0cVUwK0t6SGN6UzhwN1dmdz09.

② Star Online. Najib：Govt will Continue to Empower Women［EB/OL］.［2018 – 01 – 17］. https：//www. thestar. com. my/news/nation/2018/01/17/najib – govt – will – continue – to – empower – women/.

③ 当今大马. 主妇公积金815分阶落实，政府先月付40元［EB/OL］.［2018 – 08 – 08］. https：//www. malaysiakini. com/news/437937.

④ New Straits Times. Comprehensive TVET Masterplan on the Cards：Najib［EB/OL］.［2018 – 09 – 27］. https：//www. nst. com. my/news/nation/2017/09/284774/comprehensive – tvet – masterplan – cards – najib.

⑤ Malay Mai. TVET Council to be Established and Chaired by PM，Minister Says［EB/OL］.［2018 – 01 – 16］. https：//www. malaymail. com/news/malaysia/2018/01/16/tvet – council – to – be – established – and – chaired – by – pm – minister – says/1555333.

部门协调、共同参与的特点。希盟的第一份财政预算案也体现了其对于发展职业技术教育的重视，财长林冠英宣布将投入 3000 万林吉特，设置一个职业技术教育基金，用以创造一个更具竞争力的国内环境，满足工业上对于技术培训的需求①。

第八节 发展展望

以上对 2018 年马来西亚的政治、外交、安全、经济和文化几方面进行了概括和分析。总的来说，2018 年对于马来西亚而言是极其具有转折意义的一年。2019 年，希盟政府将进入执政的第二年，无论是政治、经济和社会都将面临更大的挑战。在政治方面，希盟的挑战来自于三方面：一是如何团结执政联盟内部，甚至是内阁内部；二是如何应对巫统和伊斯兰党等反对党更大的冲击；三是如何实现竞选承诺、满足人民的期望。在经济方面，2019 年全球经济仍旧面临着严重的下行压力，马来西亚如何抵御中美贸易战等外部冲击、实现内部经济改革值得关注。马来西亚是多民族、多宗教的多元化社会，这意味着如何实现不同民族背景、宗教背景的人和谐共处始终是社会的核心议题，如何进行社会资源分配、缩小各阶层和各民族之间的差距，这些都将继续获得各方的高度关注。

---

① New Straits Times. Boost to TVET ［EB/OL］．［2018 - 11 - 21］．https：//www.nst.com.my/education/2018/11/433155/boost - tvet.

第六章　2017～2018年缅甸国情报告[*]

第一节　引言

2018年，缅甸民盟政府继续推进民主化进程，在法制、税收以及金融等方面，大胆改革并取得了一定的成效。2016年底爆发的缅甸北部难民危机持续发酵，缅甸政府在面对西方世界的指责甚至制裁浪潮时，与缅甸军方积极协作，稳步推进和平进程，在2017年促成多家民地武签署全国停火协议的基础上，实现了当前缅军宣布全面停火、各民地武同意协商和谈的良好局面。2018年也是中缅双边经济合作取得重大进展的黄金时期，在中缅政府的积极协商与努力下，民盟政府成立了以国家顾问昂山素季为主席的"一带一路"委员会，有力地推动了中缅经济走廊建设迈上一个新台阶。

第二节　政治

民盟政府自2015年上台以来，在缅甸民众的热切期待下，积极推进民主转型并取得了不俗的成绩。2018年，全民盟在年底举行的议会中期补选中赢得了大部分议席，继续坐稳其国内第一大政党的位子。除此之外，民盟政府还顺应缅甸经济发展的需求推行了一系列改革政治体制和改善民生的措施，有效地改善了

* 本章由陈艳阳负责撰写。陈艳阳，广西大学国际学院（中国—东盟信息港大数据研究院）缅甸舆情助理。

缅甸的营商环境。

一、议会中期补选落幕，民盟仍是主要赢家

2018 年 11 月，联邦议会中期补选结束，全民盟与 23 个其他政党共 69 名候选人参选。此次补选的 13 个席位原本都是由民盟成员担任，最终民盟成员赢得其中的 9 个席位，其余 4 个席位中有 3 个席位由最大的反对党巩发党获得。虽然民盟仍旧是此次中期补选的最大赢家，证明了民盟仍然深得缅甸民众信任，但是巩发党在选举中表现出来的强大攻势不容小觑。11 月 11 日，全民盟中央执委会会议在内比都举行，全民盟第二副主席卓敏孟称，鉴于全民盟在本次第二次议会补选中的表现差强人意，全民盟党内将需要进行改革。由于缅甸人民党并没有如大众期待得那样发展壮大，成为足以与民盟和巩发党势均力敌的第三股势力，2020 年缅甸大选仍将主要是全民盟与巩发党之间的角逐。

二、民盟践行修宪承诺，但阻碍重重进展甚微

全民盟早在其 2015 年的选举声明中将修宪列为全党的长期目标之一：修订一部能够保障缅甸人民享有和平与安全的宪法。2016 年，昂山素季在《全国停火协议》一周年纪念大会上公布了民盟为实现全国停火与国内和平的七步走策略：审议并复查政治对话框架；继续举行 21 世纪彬龙会议并签署和平协议；修改 2008 年宪法；依据新宪法的相关条例举行多党民主选举。民盟在 2018 年提出修宪正是在 2020 年缅甸大选这一时间节点前的重要一步。2018 年 1 月 4 日，时任缅甸总统的吴廷觉发表独立日讲话，倡议修订由军方制定的现行宪法。3 月 30 日，刚刚走马上任的总统吴温敏在议会发表讲话时承诺会推行法治，追求民族和解，并修改现行宪法。虽然民盟加紧了向联邦议会提起修改宪法的节奏，但是截止到 2018 年底，联邦议会还没有就此议题召开会议并投票通过，修宪一事仍止步于设想阶段。

三、行政改革与完善法制并行，营商便利度有所改善

缅甸政府在 2018 年继续完善其现有的行政体制结构，继 2017 年增设联邦政府办公室和国际合作部后，于 2018 年 11 月 20 日，在保留缅甸投资委员会的基础上，增设了投资与对外经济关系部，并将联邦政府办公室部长吴当吞调任为投资与对外经济关系部部长。民盟政府对新成立的部门寄予厚望，希望投资与对外经济关系部能够同相关政府部门合作管理缅甸使用国际发展贷款实施的发展项目。至此，缅甸联邦政府目前共有 25 个部门。

在缅甸政府不断完善行政体制的同时，缅甸反腐委员会继续整治缅甸各级各

部门的官员腐败乱象，联邦议会拟通过设立税收管理法案来遏制腐败，践行其关于完善缅甸投资及营商环境的承诺。2017 年颁布的缅甸新公司法于 2018 年 8 月 1 日正式生效。根据新公司法的规定，截至 2019 年 1 月 31 日，缅甸所有公司都要完成在线注册。该法令还向外国投资者开放了进出口行业、保险业和证券交易市场。新公司法的施行将使得缅甸政府对在缅甸公司的管理更加规范和高效，同时也为吸引更多的外资进入缅甸提供了便利。

缅甸政府通过体制改革和相应政策的出台，为逐步开放当前比较封闭的经济不断创造有利条件。2017 年，缅甸副总统吴敏瑞曾表示缅甸政府将在 3 年内将缅甸的营商便利度排名提高到世界前 100 位。据世界银行发布的 2019 年营商环境报告显示，缅甸营商便利度排名第 171 位，与上年排名持平，但在开办企业（第 171 位）、办理施工许可证（第 152 位）、获得电力（第 144 位）以及登记财产（第 136 位）四个评分单项的得分相比上年有所提升。

第三节　经济

缅甸 2018 年经济增速虽然相比 2017 年略有下降，但是仍旧维持了良好的增长势头，在经历了舆论浪潮、经济制裁、国内安全局势变化、货币贬值和官员腐败等国内外冲击的情况下仍保持了比较稳定的增长态势。这与民盟政府积极调整政策制度，开放贸易口岸，兴建经济合作区，为吸引外资开拓道路的举措不无关系。此外中缅贸易走廊建设的持续推进与中缅边境频繁的贸易往来也为缅甸经济的持续发展注入了活力。

一、外商直接投资成推动 GDP 增长主力

据亚洲开发银行缅甸办事处的统计数据，缅甸 2017～2018 财年（2017 年 4 月 1 日至 2018 年 3 月 31 日）GDP 增长率达到 6.6%。其中工业与服务业产值相比上一财年提高了 8 个百分点。[①] 缅甸经济持续增长的一个重要因素是源源不断的外商直接投资，而外商直接投资又带动了缅甸制造业的飞速发展。2017～2018 财年，缅甸共获得外国直接投资 57 亿美元。[②] 缅甸相对低廉的劳动力成本备受外

---

① 缅甸国际新光报 . ADB Forecasts GDP Growth of 7. 2 Per Cent Within Two Years ［2018 - 04 - 11］. http：//www. globalnewlightofmyanmar. com/adb - forecasts - gdp - growth - 7 - 2 - per - cent - within - two - years/.

② 中华人民共和国驻缅甸联邦共和国大使馆经济商务参赞处 . 缅甸公布历年吸引外资总额 ［EB/OL］. ［2018 - 10 - 30］. http：//mm. mofcom. gov. cn/article/jmxw/201810/20181002801036. shtml.

资企业的青睐，吸引了来自中国、韩国和日本等国家的企业赴缅设厂。外商直接投资不仅将有力推动缅甸向劳动密集型产品出口国转型，也将在未来一个财年里成为支持缅甸经济持续增长的重要动力之一。在外商投资的例如交通、通信和旅游等诸多行业中，制造业以 17.6 亿美元的投资额成为吸引外资最多的领域①，其中又以成衣制造行业吸引投资额最多。另据缅甸成衣加工协会的消息，缅甸成衣出口创汇已成为继天然气出口之后的第二大出口创汇项目。②

同时，2017～2018 财年缅甸经济结构继续得到优化。由于政府加大了在电力基础设施、医疗保健、教育及社会保障方面的支出，并欠下 100 多亿美元的外债，2017～2018 财年缅甸财政赤字约占该财年 GDP 的 3.5%。

二、中缅木姐边境贸易继续领跑缅甸边境贸易

据缅甸商务部公布的数据，2017～2018 财年缅甸进出口贸易总额达 335.3 亿美元，边境贸易进出口总额达到 85.1 亿美元。其中，位于中缅边境的木姐口岸进出口贸易总额达到 58.4 亿美元，同比上一财年增长 7.9%，在缅甸 17 个边境口岸中继续稳居第一。其次是妙瓦底口岸（9.4 亿美元）、清水河口岸（5.7 亿美元）、丹老口岸（2.5 亿美元）、卢伊杰口岸（2.3 亿美元）、高当口岸（2 亿美元）、提基口岸（1.2 亿美元）、甘拜地口岸（1.1 亿美元）和大其力口岸（0.9 亿美元）等（见图 6-1）。缅甸木姐口岸紧邻云南省瑞丽口岸，是缅甸所有对外口岸中贸易往来最频繁、贸易额最高的口岸之一，承担了缅甸约 68% 贸易总额的边境贸易活动，是缅甸翡翠、木材、白糖、水果和活牛等出口中国，也是中国的建材与消费品进口缅甸的主要门户之一。

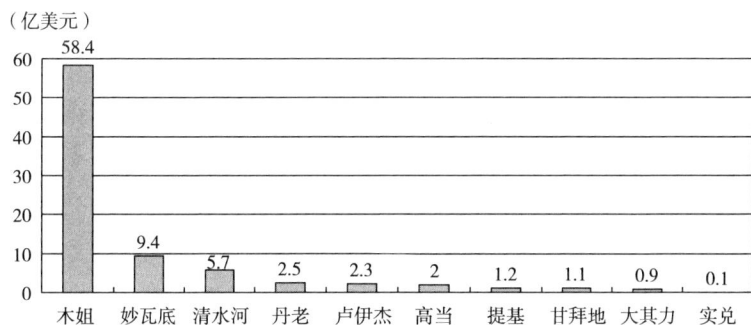

图 6-1　2017～2018 财年缅甸进出口贸易额排名前十位口岸贸易额

① 缅甸商务部 . Yearly Approved Amount of Foreign Investment by Sector［2018 - 12 - 30］. https：//www. dica. gov. mm/sites/dica. gov. mm/files/document - files/permit. pdf.

② 国际在线 . 缅甸多举措推动 GDP 持续增长［2018 - 05 - 23］. http：//news. cri. cn/2018 - 05 - 23/d1e03ceb - daf6 - d6e1 - cdfb - 93f1758eaa47. html.

相比缅甸与中国、泰国之间频繁的边境交易，缅甸与邻国印度之间的边境贸易相对较少且主要以农产品为主。2018 年 8 月，缅甸政府正式开放了两个新增的印缅国际边境口岸，并计划在 2019 年向中国和印度这两大黄金消费国出口 20 吨黄金。

三、中缅皎漂经济特区建设重新起航

2018 年，中信集团与缅甸政府就中缅皎漂经济特区的建设进行了协商并取得了阶段性的进展。2018 年 11 月 8 日，在中国驻缅大使洪亮和缅甸商务部部长吴丹敏的见证下，中信集团与缅甸皎漂特别经济区管理委员会在内比都签署了皎漂特别经济区深水港项目框架协议。至此，2015 年因融资细节方面未达成一致而搁浅 3 年的皎漂特别经济区项目，将以中方持股70% 、中缅合作建设的形式重新起航。中缅皎漂经济特区的顺利建成将有力拉动缅甸当地港口经济的繁荣发展，规避石油运输经过马六甲海峡时可能会面临供货中断的威胁，进一步加强中国与缅甸的贸易往来，加速缅甸东北西南经济走廊与中缅经济走廊两条重要经济通道的联通。

第四节　安全

2018 年缅甸军事冲突不断，局势动荡不安。虽然缅甸国防军在 2018 年 12 月发布了停火声明，向民地武表达了和谈的诚意与实现缅甸国内永久和平的决心，但是要在短期内解决缅甸由来已久的武装冲突问题困难重重。回顾 2018 年，缅甸军方与民地武的武装冲突依旧频繁，边境毒品犯罪案件频发，缅甸国内安全形势依旧严峻。

一、缅甸军方发布停火声明，和平进程有望加速

2018 年缅甸国内武装冲突依旧频繁，但是缅甸军方做出短暂停火的决定将有可能使得缅甸当前尖锐的武装冲突问题在 2019 年得到改善。2018 年 12 月 22 日，缅甸军方发布停火声明并许诺即日起至 2019 年 4 月 30 日期间，停止一切军事活动，践行缅军总司令敏昂莱要在 2020 年实现永久和平的誓言。缅甸军方同时呼吁缅甸各支地方武装积极参与到停火和谈中来，尤其是停火区域所涉及的地方武装组织。军方的停火声明为在全国停火协议框架下实现缅甸永久和平创造了有利的安全形势和积极的舆论氛围，被长期以来饱受战争冲突折磨的缅甸民众看

作是"和平的曙光"。但是缅军当日炮轰了缅北地方武装若开军的据点，双方战事愈演愈烈，在较短的时间内还不会有减弱或平息的可能。

二、缅甸边境禁毒态势依旧严峻

2018 年缅甸当局不仅加强了严查边境毒品走私的工作，而且对目前缅甸国内现有的罂粟种植区进行了清理。由于掸邦当地许多烟农一直以来依赖种植罂粟维持生计，这使得政府部门执行罂粟种植禁令时遇到不少困难。尽管如此，缅甸政府在禁毒工作方面仍旧表现出了极大的决心。2018 年 10 月，掸邦警方着手铲除了当地 41 亩罂粟田。2018 年，国家顾问昂山素季建立的杜钦季基金会捐赠资金在克钦邦设立毒品康复中心。与此同时，为帮助失去罂粟田的烟农种植其他的经济作物，中缅两国大力开展边境农业合作。为推动缅甸鸦片替代种植业的发展，自 2014 年起，根据中缅两国的协定，缅甸每年有向中国出口 10 万吨大米的指标。一些中国企业借助替代种植项目在缅甸进行农业开发，得到了当地政府的支持与帮助，缅甸北部的罂粟种植面积在逐渐缩小。

2018 年缅甸政府加大禁毒力度，扩大了搜查的范围，也与中国警方进行了联合缉毒行动，严查跨国毒品与枪支走私犯罪，取得了不错的成效。2018 年 8 月，仰光警方在仰光国际机场内一位前往马来西亚的游客身上搜出大量毒品。9 月，缅军军事安全局和野战旅在掸邦北部皎梅检查站截获运毒车辆。为防止毒品、枪支等非法商品流入缅甸，缅甸政府为妙瓦底等贸易通道配备了 X 射线安检仪。缅甸总统府专门成立了毒品信息特别举报处。据 11 月 12 日缅甸总统府发布的消息，针对毒品案件的举报部门成立以来，在近 6 个月的时间里，缅甸警方依据举报线索已破获了毒品案件近 400 起。

第五节　外交

2018 年缅甸继续奉行"先睦邻、后大国"的外交原则，斡旋于其东盟邻国和其他国家之间。在国际社会纷纷指责缅甸当局甚至国家顾问昂山素季的不利形势下，中国、日本和印度纷纷向缅甸伸出了援助之手，使得缅甸与这些国家的双边关系迅速升温。

缅甸 2018 年主要外交接见及出访情况如表 6 - 1 所示。

表 6-1　缅甸 2018 年主要外交接见及出访情况

时间	国家	事件
2018 年 1 月 11 日	日本	日本陆上自卫队幕僚长及日本外交大臣访问缅甸
2018 年 1 月 11~13 日	日本	日本外相河野太郎访问缅甸
2018 年 1 月 12 日	中国	缅甸海军司令丁昂山访问中国
2018 年 1 月 25~26 日	印度	昂山素季参加东盟—印度建立对话关系 25 周年纪念峰会以及印度 69 周年共和国纪念活动
2018 年 3 月 21 日	澳大利亚	昂山素季访问澳大利亚
2018 年 4 月 25 日	中国	国家前总统吴登盛访问中国
2018 年 4 月 30 日	联合国	联合国安理会代表团应缅甸政府邀请访问缅甸
2018 年 8 月 6 日	日本	日本外相河野太郎访问缅甸
2018 年 8 月 19 日	新加坡	昂山素季访问新加坡
2018 年 8 月 21 日	俄罗斯	缅军总司令敏昂莱访问俄罗斯
2018 年 8 月 30 日	尼泊尔	吴温敏参加环孟加拉湾多领域经济技术合作倡议第四届峰会
2018 年 9 月 12 日	越南	昂山素季赴越南参加世界经济论坛东盟峰会
2018 年 9 月 21 日	印度	缅军副总司令梭温率团出访印度
2018 年 10 月 8~9 日	日本	昂山素季赴新加坡出席第 10 届日本与湄公河区域国家的领导人峰会
2018 年 11 月 6 日	印度	缅甸国家安全顾问吴当吞赴雅加达参加次区域反恐会议
2018 年 11 月 8 日	中国	中国外交部亚洲事务特使孙国祥访问缅甸
2018 年 11 月 11~15 日	新加坡	昂山素季赴新加坡出席第 33 届东盟峰会
2018 年 12 月 11 日	印度	印度总统拉姆·纳特·科温德及夫人对缅甸进行正式友好访问

一、政治互信继续深化，缅中关系持续升温

2018 年缅中领导人继续保持频繁的高层互访传统，双方政治互信不断深化，双边关系持续走高。在双方领导人的积极推动与正确指导下，"一带一路"倡议下的中缅经济走廊建设工作得到进一步贯彻与落实：3 月 17 日，中国云南能投联合外经股份有限公司与缅甸合资建设的仰光达吉达天然气联合循环电厂竣工；10 月 23 日，缅甸铁道局与中国中铁二院工程集团有限责任公司签署木姐—曼德勒铁路项目可行性研究备忘录；11 月 9 日，缅甸政府和中国公司签署在若开邦发展皎漂经济特区的框架协议。根据国家信息中心发布的"一带一路"国别合

作度报告显示，缅甸 2018 年"一带一路"国别合作度指数在"一带一路"沿线国家中排名第 16 位，合作度指数远高于平均水平。

除了继续保持政治互信与经济贸易方面的密切往来之外，缅甸与中国在其他领域交流与合作方面也不断走向深入。中国政府和中国企业多次向缅甸提供援助，协助缅甸政府应对自然灾害、地区稳定、难民安置等问题。此外，中缅边境民间交流密切，在例如医疗、教育、技术等各个领域开展了深入的合作与交流。

二、缅甸与日本高层互访不断，经济合作领域不断拓展

2018 年是缅日建交 64 周年，缅日两国继续保持了频繁的高层互访，在许多国际会议场合也互动不断。2018 年 10 月 9 日，应日本首相安倍晋三的邀请，昂山素季在日本东京出席了第 10 届"日本与湄公河流域国家峰会"。这是在 2016 年民盟政府上台后，时任国家顾问兼外交部长的昂山素季第二次出访日本。峰会结束后，昂山素季还对福岛县进行了访问。结束了福岛之行，昂山素季还与日本首相一同会见湄公河流域国家足球联盟会长及球员。一时间关于缅甸代表团在日本的各种访问活动纷纷见诸报端，缅日关系再次成为媒体广泛关注的焦点。

自 20 世纪 70 年代以来，缅日关系在政府政要、商业领袖和技术专家的交流互访中越发频繁。与其他在缅甸投资的国家相比，日本对缅甸的经济支援形式从战争赔款发展到现在的官方发展援助，支援领域从最初的基础设施建设拓展到农林业技术合作、证券市场、紧急救灾、电力与能源领域以及人力资源发展等领域。截至 2018 年 8 月中旬，来自新加坡、中国、日本等国家和地区在缅甸投资的 65 个项目中，日本投资项目共 4 个，投资总额达 1.27 亿美元，投资总额仅次于新加坡与中国。日本民间企业还参与了仰光国际机场基础设施建设及运营。未来中国、泰国、日本和其他有意在缅甸投资的国家将继续在缅甸通信、交通、电力等基础设施建设领域展开激烈竞争。

三、缅甸与印度军事互动增加，经贸往来密切

2018 年缅甸与印度继续保持了密切的高层互访。2018 年 9 月 21 日，缅军副总司令梭温继 2017 年 7 月访问印度后再次率团出访印度。9 月 2 日，正在尼泊尔加德满都市出席第四届环孟加拉湾多领域经济技术合作倡议峰会的缅甸总统吴温敏和印度总理莫迪会面，并就印缅两国的合作事宜进行了讨论。12 月 10～14 日，印度总统拉姆·纳特·科温德对缅甸进行了为期 5 天的友好访问。印缅双方就两国在各领域的合作事宜进行了讨论。印度方面还表示将为在孟加拉国的罗兴亚穆斯林难民遣返提供帮助，并向缅甸赠送了 6 架训练机。12 月，印度政府向缅甸监督停火联合委员会捐赠了 10 辆越野车，供其协调缅军与缅甸民族地方武装之

间的矛盾等事宜时使用。在此之前，印度曾携手日本，共同向缅甸政府捐赠了100亿缅元，用于协助和平解决若开邦问题。

2018年，印度与缅甸也频频在军事和经济领域进行了合作与友好往来。2018年10月，印度阿萨姆步枪队在印缅边境曼尼普尔邦莫伊市向缅甸军方移交了15匹优质战马。10月30日至11月3日，印度海军的两艘军舰对仰光进行了友好访问。印缅两国之间的农产品贸易在2018年形势大好。由于印度方面对豆类产品的需求不断增加，缅甸国内的黑麦豆和木豆价格在2018年底上涨至历史新高。印度也是颇受缅甸政府青睐的潜在投资者，2018年11月，若开首席部长专程前往印度邀请印方赴若开投资。

第六节　区域合作

2018年缅甸继续在经济走廊建设、次区域合作和区域合作三个层面积极与周边国家展开双边、多边经济合作。缅甸所处的湄公河流域涉及的各类合作机制繁多，2018年缅甸政府在响应"一带一路"倡议与参与大湄公河次区域经济合作方面取得的进展尤为突出。缅甸政府在不断推行对外开放政策的同时，将缅甸2011～2030年国家发展计划框架中规划建设的经济走廊与区域合作所带来的机遇相融合并付诸实践，切实加快了参与这些区域合作框架的进程。特别是"一带一路"倡议在缅甸政府层面得到了强有力的支持，经过中缅双方的积极磋商，缅甸"一带一路"委员会顺利组建。

一、缅甸拥抱"一带一路"倡议，中缅经济走廊建设取得新进展

在许多东盟邻国纷纷因害怕陷入债务危机而对加入"一带一路"倡议瞻前顾后、左右迟疑时，缅甸政府采取了积极而有力的行动，稳步推进"一带一路"倡议框架下的中缅经济走廊的建设。

继2017年中国外交部长王毅在会见缅甸国家顾问昂山素季时提出的"人"字形中缅经济走廊设想后，2018年8月，缅甸商务部部长丹敏接受采访时透露中缅两国已经达成共识，双方将携手在"一带一路"倡议框架下的中缅经济走廊计划中建设中缅边境经济合作区。2018年11月27日，中国国家发展改革委副主任宁吉喆与昂山素季会谈，督促缅甸政府尽快出台中缅经济走廊的实施计划，为启动中缅经济走廊建设做好做足准备。3天后，缅甸政府正式宣布国家顾问昂山素季将亲自领衔担任"一带一路"实施领导委员会主席。在随后举行的维桑缅

甸投资展会上，缅甸投资与企业管理司司长昂乃吴预测道：2019 年缅甸引进外商投资额将会增长，中缅经济走廊建设将开始落实。

二、缅甸积极参与湄公河流域国家经济沟通与合作

在多种机制交叉并存的湄公河流域，缅甸以其在东南亚地区重要的地理位置和丰富的自然资源储备而颇受投资者的青睐。2018 年，缅甸在由日本主导的日湄合作中收益颇丰。继 2017 年日本不断地为缅甸提供投资援助试图抗衡中国对缅甸的影响后，缅甸在 2018 年继续与日本保持频繁的高层往来与经贸合作。2018 年 10 月，国家顾问昂山素季赴日本参加第 10 届日本与湄公河流域国家峰会，与其他参会的湄公河流域国家领导人共同商讨如何联动各产业改善湄公河区域基础设施的现状。此次会议通过了新的合作方针，并确定了日本与湄公河流域国家今后合作的核心将涵盖支援基础设施建设和人才培养以及环保等领域。

第七节　社会文化

缅甸以其独特社会、文化与自然风光吸引了众多海内外游客，2018 年，源源不断的亚洲游客赴缅甸旅游观光，为缅甸旅游业带来了希望。与此同时，中国游客赴缅甸旅游的热潮也产生了对汉语服务的迫切需求。除了频繁的游客往来之外，缅甸对边境邻国的劳务输出在 2018 年也持续增长，且再创新高。2018 年，缅甸因新闻自由问题再度受到国际社会的广泛关注。

一、亚洲游客掀起赴缅旅游热潮

缅甸旅游业在 2018 年继续平稳发展，接待外籍游客达到 355 万人次，相比上年同期增长了 3.15%（见图 6－2）。为了吸引更多的游客到缅甸旅游，缅甸政府向中国、日本、韩国和印度等国家的游客开放了落地签，组织了一系列旅游宣传活动，开发了许多新的旅游景点与项目并改善了相关的基础设施、治安管理和服务等。虽然 2018 年前往缅甸旅游的欧洲和北美国家的游客人数减少，但是来自中国、韩国、泰国以及其他东南亚国家的游客人数有所增长。其中中国赴缅甸旅游的游客数量最多，达到了 29.74 万人次，其次是泰国（29.12 万人次）、日本（10.43 万人次）、美国（6.50 万人次）、韩国（6.39 万人次）、新加坡（5.86 万人次）、越南（5.33 万人次）、马来西亚（4.76 万人次）、英国（4.66 万人次）、印度（4.32 万人次）和法国（4.32 万人次）。接待游客最多的省邦和

地区是仰光、曼德勒和掸邦。

（百万人）

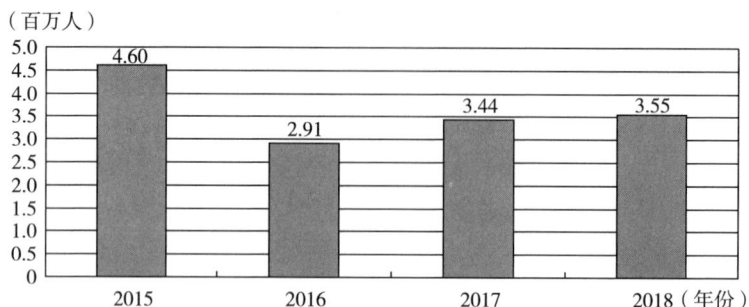

图 6-2　2015～2018 财年缅甸入境旅游人数

二、中国游客赴缅甸旅游催生"汉语热"

2018 年 10 月起缅甸正式对中国游客实行落地签，吸引了大量中国游客纷至沓来，赴缅甸旅游，这也催生了缅甸国内对中文导游的大量需求。对此，缅甸国家酒店与旅游管理部副司长钦茂瑞表示，为了更好地服务中国游客，政府正在与缅甸国内的华文学校进行合作，准备培养大量的中文导游。借着中缅经贸与旅游往来频繁的良好契机，缅甸华文教育的兴起将对缅甸华人传统文化的传承、华文教育的良好可持续发展和缅中文化的交流产生积极的促进作用。

缅中双方在缅甸华文教育方面有着良好的合作传统。2017 年，由民间和政府主办的各类华文教育培训班和赴华留学奖学金项目为缅甸华文教育的恢复与发展做出了贡献。2018 年，中方持续为缅甸华文学校培养师资及奖励助学提供技术和资金上的支持。9 月，昆明市盘龙区明通小学成功地承办了"2018 年缅甸华校华文教师培训班"活动。华文教育也得到了缅甸当地政府的支持与鼓励。11 月，在缅北华文教育协会第三次工作会议上，缅北曼邦教育局央朝天局长当选缅北华文教育协会副会长，曼邦教育局正式参与该协会组织的各项推广事务。

三、缅甸对外输出劳动力人数再创新高

2018 年缅甸对外输出劳动力人数再创新高。据缅甸劳工司统计数据显示，2018 年 11 月缅甸新增的境外就业人数达到 25000 人左右，相比 10 月增加了 5000 人，创下了 2018 年新纪录。缅甸劳动力输出的两个主要目的地是中国和泰国。2018 年，到泰国工作的缅甸劳动力人数每月逾上万人，且数量还在不断攀升。除了缅甸劳动力自愿自发前往务工之外，泰国渔业部门也在劳动力紧缺时通过政

府间的协议向缅甸"借用"紧缺劳动力。2018 年 8 月，泰国渔业聘请了 6 万名缅甸渔民，以填补其渔牧业的岗位空缺。

为有效保障劳动力的合法权益，2018 年 11 月 30 日缅甸联邦议院议员提出，由劳动、移民和人口部牵头成立仲裁委员会，针对性地解决雇主和雇员之间的纠纷，依法保障双方的合法权益，规范缅甸劳工市场。

第八节 发展展望

展望 2019 年，缅甸当局政府还需继续在完善基础设施建设、筹备 2020 年大选、维护地区稳定、争取修订宪法和推进和平进程等方面做出积极尝试。2019 年，缅甸将积极投身于"一带一路"倡议下中缅经济走廊的建设，继续推进中缅皎漂深水港项目取得新进展，推动中缅关系继续健康稳定向前发展。修宪进程将是 2019 年缅甸政坛、社会各界甚至西方国家对缅甸最为关注的话题之一。虽然修宪进程必定会遭遇来自既得利益方的极力反对，但民盟政府能否力排众议，成功修改现行宪法是十分值得期待的。

第七章　2017～2018 年菲律宾国情报告[*]

第一节　引言

2018 年作为杜特尔特总统执政的第二年，菲律宾在政治、经济、安全、外交、区域合作以及社会文化等方面呈现出了新的动态。在政治方面，继续延续 2017 年的作风，铁腕执法与坚决反腐双管齐下，尽管执政满意度始终保持着良好状态，但同时也面临着诸多争议。在经济方面，经济发展仍保持增长势头，但增速已放缓，外国投资激增，基础设施建设的推进带动了相关产业的发展。在安全方面，积极开展军事合作与演习，坚决反恐，寻求合作的多元化。在外交方面，访问韩国并历史性访问以色列、约旦，积极开展多边外交。习近平主席访问菲律宾，使中菲关系提升到一个新高度。在区域合作方面，积极参与东盟经济合作与"一带一路"建设，同时注重加强双边与多边合作，保障海外劳工的合法权益，实现跨境经济发展。在社会文化方面，人口红利增加，贫困人口所占比重加大，高失业问题仍然存在，台风、地震等自然灾害使社会损失惨重。

第二节　政治

作为一个颇具风格的总统，2018 年杜特尔特依旧延续了 2017 年的执政风格。

---

　　* 本章由范新婧负责撰写。范新婧，广西大学国际学院（中国—东盟信息港大数据研究院）菲律宾舆情助理。

现年 73 岁的杜特尔特曾在菲律宾南部棉兰老岛的最大城市达沃任市长 25 年，当地曾经帮派横行、极端武装势力猖獗，但在杜特尔特铁腕治理下治安状况得到了明显改善，并以强硬手腕打击犯罪著称，被称为"铁拳"市长。在总统竞选中杜特尔特承诺当选后将严厉打击犯罪和腐败，甚至承诺，要在当选后 3~6 个月铲除犯罪和腐败。并表示自己如果当选总统，前半年就要处死 10 万犯罪分子等。尽管目前来看，杜特尔特当年竞选时的诺言并未实现，但大刀阔斧地进行反腐、反恐以及扫毒的信念从未动摇。自 2017 年以来尽管采取的一系列政治、经济改革，尤其是积极推进"大建特建"计划等取得了显著成效，但作为一个颇具风格的总统也引来了不少争议。

一、铁腕执法，坚决反腐

杜特尔特为表明坚决执法反腐之心，一度将反腐作为"第一要务"。作为总统竞选时的承诺之一，杜特尔特对国家机关官员的贪污腐败现象深恶痛绝，并表示在反腐行动中不会偏袒任何人，绝不心慈手软，同时也下定决心无论如何要在任期结束之前结束政府内部的腐败问题。2018 年 6 月在飞往韩国进行正式访问之前，杜特尔特在马尼拉国际机场表示："对于贪污指控，我们不会否认，那是事实，但我们不会不负责任地置身事外。"根据《马尼拉时报》报道，因涉嫌与下属卷入一宗 150 亿比索的交易，杜特尔特再次开除两名高级官员—武装部队高级官员埃德温准将和安东尼奥上校。除了这两名高级官员外，还有菲律宾军方的财务管理办公室和物流办公室也遭到杜特尔特的废除，理由是涉嫌购买异常设备。另外还有 20 名军官受到进一步调查，这起腐败案件让杜特尔特非常痛心，因为涉案的是菲律宾非常重要的武装部队。[1] 自 2017 年以来，杜特尔特下令解除了多名政府级高官职务，如毒品委员会主席仙爹戈、城市贫民委员会主席里顿和菲律宾发展学院院长古律示[2]，海事管理局局长[3]等，这些官员被撤职大多是因贪污、与毒枭有不法利益勾结或者是"公款出国豪华旅游"等。

为了保证反腐工作的顺利进行，杜特尔特政府还采取了一系列政治措施予以制度保障。2017 年 10 月，菲律宾政府根据杜特尔特签署的行政令，在总统办公室下设立了反腐败委员会。声明中明确表示，这一委员会有权调查行政部门中总统任命官员所涉贪腐指控，还可以调查行政部门的作风问题。如今菲律宾政府内

① 马尼拉时报. Military Hospital Execs Facing Court - martial［EB/OL］.［2018 - 08 - 14］. https：//www. manilatimes. net/military - hospital - execs - facing - court - martial/430005/.

② 菲律宾商报. 总统要取缔贪官和公费旅行者［EB/OL］.［2018 - 01 - 03］. http：//www. shang-bao. com. ph/fgyw/2018/01 - 03/69216. shtml.

③ 菲律宾商报. 总统开除海事管理局局长［EB/OL］.［2019 - 01 - 05］. http：//www. shang-bao. com. ph/fgyw/2018/01 - 05/69274. shtml.

还设有名为"调查官办公室"的反腐机构，负责处理与政府部门官员相关的各项投诉和指控①。

2018年12月28日菲律宾民意调查机构社会气象站（SWS）公布的数据显示，杜特尔特的社会满意度在2018年第四季度上升了6个百分点，有74%的成年菲律宾人对杜特尔特的表现感到满意，比2017年9月的70%提高4个百分点。政治分析师拉蒙·卡西普莱认为，杜特尔特执政满意度的提高与其兑现反腐承诺不无关系。

二、杜特尔特执政净满意度依旧保持良好状态

杜特尔特总统自执政以来，一直保持着良好的执政净满意度，2018年也不例外，依旧赢得了民众较高的满意度。根据菲律宾民意调查机构社会气象站关于2018年第一季度至第四季度杜特尔特总统的执政净满意度统计，分别有70%、59%、65%和74%的民众对杜特尔特总统的表现感到满意。

尽管2018年第一季度的净满意度较2017年第四季度下降了1个百分点，但仍有70%的受访者表示对杜特尔特总统的执政感到满意，这表明杜特尔特总统的执政处于"优秀"水平（按照社会气象站的划分标准，净满意度在70%以上为"优秀"，50%~69%为"非常好"，30%~49%为"良好"）。第二季度杜特尔特总统的净满意度较第一季度大跌了11个百分点，但仍有59%的受访者对杜特尔特总统的表现感到满意，这表明杜特尔特总统的执政处于"非常好"的水平。第三季度杜特尔特总统的净满意度较第二季度有所上升，有65%的受访者对杜特尔特总统的表现感到满意，这表明杜特尔特的执政仍处于"非常好"的水平。第四季度杜特尔特总统的净满意度再次提升，有74%的受访者对杜特尔特总统的表现感到满意，这一数据均高于2018年前三个季度，这表明杜特尔特的净满意度再次恢复至第一季度的"优秀"水平。

从整体上看，杜特尔特总统在2018年的净满意度均保持着相对良好的状态，即便在净满意度相对较低的第二季度和第三季度，依据SWS的划分标准来看，也是在"非常好"的区间。也就是说，对于这位以"不正经"而闻名的总统，民众对其执政表现还是比较认可的。

---

① 中共中央纪律检查委员会. 菲律宾反腐能否"不手软"［EB/OL］.［2018-02-11］. http：//www. ccdi. gov. cn/lswh/hwgc/201802/t20180206_ 163462. html.

第三节 经济

一、经济发展继续保持增长势头，增速放缓

近年来，菲律宾作为亚洲增长最快的经济体之一而备受关注，2018 年菲律宾经济发展依旧保持增长势头，但增速明显放慢（见图 7-1），经济增长率滑落至 3 年来的最低，仅增长 6.2%。菲律宾统计局 2018 年 1 月 10 日发布的报告显示，第一季度菲律宾经济同比增长 6.8%[①]。第二季度经济增长速度较第一季度有所下降，为 6.2%，第三季度经济发展继续放缓至 6.1%，这一数据低于第二季度的 6.2% 和 2017 年同期 7.2% 的增速[②]，而第四季度增长率有所回升，回升至与第一季度相同的水平（6.8%）[③]。

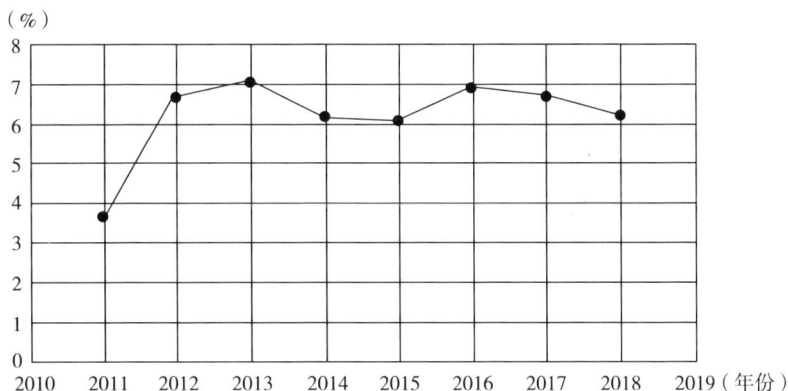

图 7-1 菲律宾 GDP 增长率

资料来源：由世界银行与 Wind 数据库综合整理而得。

---

① 马尼拉时报 . PH Economy Grows 6.8% in 1st Quarter［EB/OL］.［2018 - 05 - 11］. https：//www. manilatimes. net/ph - economy - grows - 6 - 8 - in - 1st - quarter/398077/.

② 菲龙网 . 2018 年第三季度经济增长放缓至 6.1%［EB/OL］.［2018 - 11 - 09］. http：//www. flw. ph/thread - 562101 - 1 - 1. html.

③ 菲律宾星报 . GDP Growth Picks up to 6.8% in 2018 Fourth Quarter — Moody's Unit［EB/OL］.［2019 - 01 - 22］. https：//www. philstar. com/business/2019/01/22/1887001/gdp - growth - picks - 68 - 2018 - fourth - quarter - moodys - unit.

受国际油价上涨、菲律宾比索疲软以及稻米价格上涨等因素的影响，2018年菲律宾全年平均通货膨胀率保持在较高水平，高达5.2%，特别是9月和10月通货膨胀率飙升至6.7%，接近10年高位，远远高于央行2%~4%的预期。5.2%的高通货膨胀率也高于东盟其他通货膨胀率较高的国家，如印度尼西亚（3.2%）、柬埔寨（2.5%）以及越南（4%以下①）等②。居高不下的通货膨胀率给菲律宾带来的是很严重的警讯，菲律宾政府不能以经济增长导致通货膨胀为借口，必须正视问题，尽快解决。

二、财政赤字扩大，财政缺口膨胀

整体来看，2018年菲律宾经济依旧保持着增长势头，但财政赤字却随着经济的增长而扩大。菲律宾财政部数据显示，尽管2018年上半年财政收入同比增长19.9%，达到1410亿比索，同时创下历史新高。但财政赤字增长至1930亿比索，同比增长24.9%。这表明财政赤字的增长速度远远超过了财政收入的增长速度，处于经济增长状态下的菲律宾依旧不能满足其财政支出的需要，且面临着"入不敷出"的窘境。

截至2018年10月底，菲律宾政府财政赤字达到4381亿比索，同比增长87%，占全年赤字计划5237亿比索的84%，其中政府支出达到了2.80万亿比索，同比增长25%③。财政赤字的高速增长主要是由于杜特尔特政府"大建特建"项目的推进和对人力资本投资的增加。2018年10月众议院二度通过了2019年3.757万亿比索的预算案，其中教育和基础设施建设仍然是杜特尔特政府的最优先支出项目。教育部等教育机构获得了6593亿比索的最大配额。公造部获得了5557亿比索，高于2018年的2255亿比索，增长68.3%，这项拨款将主要用于"大建特建"项目及社会服务。财政支出的扩大促使菲律宾政府想尽办法弥补财政缺口。据菲律宾《马尼拉公报》7月10日报道，菲律宾财政部表示，菲律宾政府计划2019年借款将首次突破1万亿比索，以便弥补更高的预算缺口。菲律宾财政部国库署长罗莎利亚·德·利昂（Rosalia V. de Leon）表示，菲律宾政府计划2019年从国内和国外市场借款1.19万亿比索，同比2018年的9960亿比索增长19%。菲律宾财政部长多明戈斯表示，在政府"基础设施建设黄金时

① 越通社.2018年全年居民消费价格指数平均上涨3.54% [EB/OL]. [2018-12-27]. https：//zh. vietnamplus. vn/2018%E5%B9%B4%E5%85%A8%E5%B9%B4%E5%B1%85%E6%B0%91%E6%B6%88%E8%B4%B9%E4%BB%B7%E6%A0%BC%E6%8C%87%E6%95%B0%E5%B9%B3%E5%9D%87%E4%B8%8A%E6%B6%A8354/90211. vnp.
② 数据来源：各国统计局。
③ 中国驻菲律宾大使馆经济商务部参赞处.1~10月菲律宾政府财政赤字增长87% [EB/OL]. [2018-11-28]. http://ph. mofcom. gov. cn/article/jmxw/201811/20181102811096. shtml.

代"，依靠"大建特建"项目，相信中期经济将至少增长 7.05%。因此，发展预算协调委员会（DBCC）将政府 2019 年的财政赤字上限从 GDP 的 3.0% 上调至 3.2%①。

三、外国投资激增，来自中国的投资增长尤为显著

据美国媒体组织《美国新闻与世界报道》的报道，菲律宾作为外资热土，在 2018 年最有吸引力的外商投资国际标中名列前茅。尽管整个东南亚的外商投资或直接投资呈现下降趋势，但伴随着杜特尔特政府"大建特建"项目的推进，菲律宾迎来了更多的外商投资。世界银行的统计数据显示，近几年流入菲律宾的外商直接投资净额一直处于增长状态。菲律宾央行数据显示，2018 年前三季度菲律宾吸引外国直接投资达到 80 亿美元，与上年同期 65 亿美元相比增长了 24.2%。②央行在一份声明中表示，强劲增长是因为在强劲的宏观经济基本面和高增长前景下，投资者对菲律宾经济的信心推动了投资流入持续增长，特别是证券投资达到 55 亿美元，比 2017 年同期的 46 亿美元增长了 19.6%。净股权资本投资也从一年前的 12 亿美元增长至 19 亿美元，增长了 52.1%，这其中大部分的资本来自新加坡、中国香港、美国、日本和中国。③

杜特尔特政府执政以来，亲中政策的实施使中菲关系稳步升温，并迅速驶入快车道。不管是对菲律宾基础设施建设还是对资金上的援助，中国都扩大了规模，加大了力度，中国对菲律宾的投资增长显著。特别是在"一带一路"倡议的引领之下，以及随着中国对菲律宾铁路、医院等基础设施项目的推进，来自中国的投资也随之增多，来自中国的投资在菲律宾外国投资中所扮演的角色也将越来越重要。

菲律宾工商部发布的最新数据显示，受中国投资的推动，菲律宾投资署批准的投资实现了两位数增长，达到 9072 亿比索（约合 1178 亿元人民币），相比于 2017 年的 6168 亿比索（约合 800 亿元人民币）增长了 47.1%；来自中国的投资从 2017 年的 5.758 亿比索增长至 2018 年的 487 亿比索，增幅达 8364%。④

---

① 中国驻菲律宾大使馆经济商务部参赞处. 菲律宾政府计划 2019 年借款 1.19 万亿比索［EB/OL］.［2018 – 12 – 27］. http：//ph. mofcom. gov. cn/article/jmxw/201807/20180702764531. shtml.

② 菲律宾询问日报. Long – term Foreign Investments Continue Record Rise in Q3 2018［EB/OL］.［2018 – 11 – 11］. https：//business. inquirer. net/262054/long – term – foreign – investments – continue – record – rise – in – q3 – 2018？ utm_ expid =. XqNwTug2W6nwDVUSgFJXed. 1.

③ 中国商务部. 第三季度菲律宾吸引外国投资继续上涨［EB/OL］.［2018 – 12 – 14］. http：//yzs. mofcom. gov. cn/article/ztxx/201812/20181202816981. shtml.

④ 菲律宾商报. 中国今年对菲投资激增 8364%［EB/OL］.［2018 – 12 – 26］. http：//www. shang-bao. com. ph/fgyw/2018/12 – 26/78459. shtml.

四、旅游业增长空间拓宽，中国游客数量明显增多

菲律宾拥有着7000多个岛屿，拥有"千岛之国"美称，湖光山色，风景绮丽，因而旅游业已经成为菲律宾经济发展的引擎之一，对国家经济发展发挥着越来越重要的作用。旅游部表示，2018年即使长滩岛封岛6个月，仍有712万名外国游客抵达菲律宾，较2017年的662万人增长了7.65%，创下历史新高。旅游部引用联合国世界旅游组织世界旅游晴雨表的数据表示，2018年菲律宾旅游业高于亚太区旅游6%的平均增长率，韩国仍然是菲律宾的首要客源，有158万韩国人到访了菲律宾，其次是中国，有125万中国人到访了菲律宾，较2017年的中国游客人数增长了29.62%。

此外，随着中菲关系的进一步深化，两国之间的交流也日益频繁，原有直飞航班班次不断增加，新航线相继开通。如菲律宾航空公司于2018年3月25日起将福建晋江至马尼拉和广州至马尼拉的航班由每周5次增至每周7次，厦门航空于2018年12月18日开通泉州至达沃的航班等。原有航班的增加和新航班的开通将进一步促进菲律宾旅游业的发展，中国游客的到访量的不断增加将对旅游业发挥越来越重要的作用。

五、大力推进基础设施建设，带动相关产业发展

杜特尔特政府的经济增长计划为菲律宾创造了新的经济增长点，其中以基础设施建设最为引人注目。2018年苏比克—克拉克铁路、布拉坎国际机场、克拉克国际机场扩建运营维护、帕西格河与马里基纳河桥梁工程等多个新的基础设施项目得到批准，基础设施工程建设不断推进。

菲律宾国家经济发展署署长佩尼亚表示，基础设施项目的推进将在区域经济的快速发展中发挥极其重要的作用。为此，杜特尔特政府表示，将在2017年至2022年的6年时间里，为全国基础设施建设投资约8.4万亿比索。"大建特建"项目的提出，带动了75个基建项目的发展，涵盖道路、桥梁、机场、铁路、港口、防洪设施等多个领域，同时也创造了100多万个就业机会。正如亚洲开发银行所言，随着菲律宾大型基建项目的增多，政府投入的加大，基础设施建设对于经济发展的带动作用将会越来越重要。其中受"大建特建"项目影响最大的莫过于建筑业。随着政府对"大建特建"项目的推进，2018年菲律宾建筑业有所回升。菲律宾统计局的数据显示，2018年第三季度建筑业同比增长16.1%，其

中公共建筑增长 25.4%，而私人建筑增长 12.1%。① 建筑业的发展还吸引了更多的国外优秀的建筑工人来菲律宾工作，同时也吸引了更多的外国资金的注入，从而进一步推动了"大建特建"项目开展。

第四节　安全

一、开展军事合作与演习，预防外来威胁

杜特尔特执政以来，为预防外来威胁，同时打击毒品和犯罪，积极开展军事合作与演习，通过加强国际合作的方式来增强军事力量。

首先是与传统盟友美国的合作。2018 年 5 月 7 日一年一度的菲美肩并肩联合军事演习在菲律宾武装部队总部正式登场，规模与 2017 年相比更加浩大，但与往年不同的是，2018 年的实弹演习不开放媒体采访。菲美两军依照"相互防御协定"，每年举行数场不同代号的联合军事演习。这是杜特尔特总统 2016 年 6 月上任以来的第二次肩并肩演习。杜特尔特总统政治立场亲中，2016 年上任曾表示不再与美军举办联合军事演习，但后来又改变了主意。在杜特尔特总统扬言停止与美国举办联合军事演习的背景下，2017 年菲美只有 5400 人参加肩并肩演习，而且项目缩小到反恐及人道领域。2018 年的人数与项目明显较上年浩大，似有恢复早年规模的迹象②。

2018 年 7 月 9 日，菲美两国海军低调展开为期 8 天的海上联合演习，地点是面向南海的拉允隆省、三描礼斯省和甲美地省，日本海上自卫队也以观察员身份参与。吕宋军区司令沙拉描表示，这场演习对于菲美两国海军进行更广泛的海事合作，提升菲律宾应对在菲律宾海域可能发生的安全威胁的能力，以及维护区域的和平与稳定方面发挥了重要的作用。

另外，2018 年 10 月 6 日，菲美举行"海上战士合作"联合军事演习，日本陆上自卫队刚成立不久的水陆机动团也首次出动两栖突击车易地训练，小试身手。虽然 2018 年日方仍是以观察员身份参与，但这是隶属于陆上自卫队的水陆

---

① 马尼拉标准今日报 . Construction Sector Picks up as Government Builds Infra Projects ［EB/OL］. ［2018 – 11 – 08］. http：//manilastandard. net/business/biz – plus/280002/construction – sector – picks – up – as – government – builds – infra – projects. html.

② 菲律宾商报 . 菲美肩并肩演习登场 ［EB/OL］. ［2018 – 05 – 08］. http：//www. shangbao. com. ph/fgyw/2018/05 – 08/72826. shtml.

机动团首度出动两栖突击车到国外参加演习，因此颇受关注①。

此外菲律宾参加了 2018 年 10 月 22 日至 29 日在中国湛江举行的东盟—中国军事演习，与中国举行了联合军演。通过军演进一步增强了菲律宾与东盟国家的防务安全合作，增进了政治互信，也进一步提升了共同应对安全威胁的能力。

二、铁腕禁毒、坚决反恐，寻求多元化合作

菲律宾家族政治与精英领导所带来的腐败及管理不当等问题引起了民众的强烈不满。长时间以来，菲律宾南北经济发展严重不平衡，社会贫富差距以及民生问题严重影响了菲律宾社会的发展。杜特尔特自执政以来誓言通过改革的方式打击毒品犯罪和恐怖主义活动，还菲律宾人民一个安定的生活环境。

1. 毒品方面

杜特尔特在竞选期间曾许诺，上任后将与毒贩斗争到底，并将毒贩"赶尽杀绝"。甚至还多次在公开场合表示，他不反对警察或是民众直接将毒贩杀死，甚至称可以雇用职业杀手杀死毒贩，由此可以看出杜特尔特总统的禁毒决心之坚定。

2018 年 1 月菲律宾缉毒署采购了价值 9000 万比索的监控、通信和保护设备，以便更好地监控毒品犯罪嫌疑人及其毒品活动，其中包括 20 架遥控飞机（无人机）和 166 台手提无线收音机，这些都将用于情报的收集和调查。② 2018 年 2 月菲律宾重启"上门劝降"的方式禁毒，重启的第一星期是无流血的。菲律宾警方发言人武拉拉高表示，警方数据显示，自重启该禁毒运动以来，共进行了 2127 次"上门劝降"活动，821 名嫌疑犯自首，北棉兰老岛的自首人数最多，共有 424 人，其次是三宝颜半岛，共 318 人③。然而，菲律宾的毒品问题和恐怖主义活动一样，由来已久，不能一蹴而就。杜特尔特政府自执政以来采取的多项禁毒措施，也取得了一定的成效。社会气象站于 2018 年 6 月 27 日至 30 日进行的调查显示，78% 的受访者对杜特尔特政府清除非法毒品的努力感到满意。④ 此外，社会气象站的另一项调查显示，在 2018 年第三季度，民众对杜特尔特政府禁毒行动的净满意度轻微下降，但依旧保持在"非常好"的区间，全国范围内净满

① 菲律宾商报. 菲美日联合军演 日装甲车首登外国领土［EB/OL］. ［2018 - 10 - 07］. http：// www. shangbao. com. ph/fgyw/2018/10 - 07/76493. shtml.

② 菲律宾商报. 菲缉毒署采购 9000 万比索设备［EB/OL］. ［2018 - 01 - 19］. http：//www. shang-bao. com. ph/fgyw/2018/01 - 19/69705. shtml.

③ 菲律宾商报. 重启"上门劝降"一周无血流［EB/OL］. ［2018 - 02 - 03］. http：//www. shang-bao. com. ph/fgyw/2018/02 - 03/70178. shtml.

④ 马尼拉时报. Most Pinoys Happy with Drug War - SWS［EB/OL］. ［2018 - 09 - 24］. https：//www. manilatimes. net/most - pinoys - happy - with - drug - war - sws/444616/.

意度有所下降的原因是棉兰老岛和大马尼拉地区的评价有所下降，但吕宋岛和维萨亚地区的评价却是上升的①。

尽管杜特尔特的禁毒行动得到了绝大多数菲律宾民众的支持，但也引起了不少人的质疑。危险药物委员会主席卡塔里诺·桂（Catalino Cuy）表示，杜特尔特总统近 3 年来对非法毒品的全面战争"现在似乎没什么影响"，因为仍有大约有 400 万到 500 万菲律宾人流连非法毒品市场。此外，杜特尔特总统的禁毒也受到了人权保护机构及法律专业人士的质疑。菲律宾当地人权保护机构人士评论称，这种支持法外打击犯罪的方式可能将整个国家引向危险、无序的道路。人权观察组织认为：大批杀害贩毒嫌疑人不是"控制犯罪"的最佳方式，而是政府无力保护基本人权的失职行为。美国也因此停止了向菲律宾出售军用武器。

尽管杜特尔特总统打击毒品犯罪的决心坚定，但由于毒品问题在菲律宾形成已久，再加上有部分狱警甚至官员做庇护，因而禁毒运动并不能在短时间内完成。为此，杜特尔特政府通过积极寻求国际合作的方式辅助禁毒。如在中国的援助下，一座戒毒中心于 2018 年 12 月 17 日在菲律宾南部棉兰老岛沙兰颜尼省举行移交与揭牌仪式，并于 2019 年正式投入使用。整个戒毒中心项目建设规模可容纳 150 个床位，建筑面积为 6707.56 平方米，大大满足了菲律宾南部地区毒品依赖者的康复需求，支持菲律宾的反毒行动②。总之，对于菲律来说，想要彻底根除毒品难度较大，但是在菲律宾政府的坚决禁毒政策的积极引导，以及国际社会的全力配合下，菲律宾社会的毒品问题有朝一日有望可以得到妥善解决。

2. 反恐方面

从恐怖主义的活动方式来看，菲律宾恐怖主义的主要活动方式包括爆炸、袭击和绑架人质等。2018 年 12 月 31 日下午 1 时 50 分左右，南部滨海大城可塔巴托市南海商场（South Seas Mall）入口处发生爆炸，2 人当场死亡，至少 21 人受伤。因为是年终假日，民众携家带口地出门逛街，因此伤者中也有老人和小孩。由此可以看出，恐怖主义的实施者多采用这种威力高、破坏性强的方式实施恐怖主义活动。从恐怖主义的性质来看，菲律宾恐怖主义组织主要是由宗教极端主义和民族分离主义构成。

菲律宾恐怖主义的活动严重影响了菲律宾经济的发展。早在 20 世纪 90 年代前后，由于菲律宾政局的不稳定和恐怖主义活动的频繁出现，菲律宾经济发展曾一度处于停滞不前状态。2018 年菲律宾政府支出了 250 亿比索用于菲律宾武装部

① 菲龙网. 民众对政府扫毒保持高度满意［EB/OL］.［2018 – 11 – 09］. http：//www. flw. ph/thread – 562212 – 1 – 1. html.
② 菲律宾商报. 中国援菲戒毒中心举行移交仪式［EB/OL］.［2018 – 12 – 18］. http：//www. shangbao. com. ph/fgyw/2018/12 – 18/78284. shtml.

队的现代化建设，其中包括收购全新的攻击型直升机、坦克和其他军事硬件①。由于恐怖主义活动依然活跃，未来菲律宾政府可能还会加大在购买军备物资方面的投入，财政负担或许会进一步加重。恐怖主义活动不仅对国内社会秩序与安全构成了严重的威胁，也使得菲律宾的领土完整面临着严峻的挑战。暗杀以及绑架活动的持续，也严重影响了普通民众的正常生活，贫穷失业问题痼疾难愈。为打击国内恐怖主义势力，凭菲律宾自身的力量难以单独与恐怖主义抗衡，因此，加强国际合作，尤其是与东盟国家的合作成为菲律宾外交政策的一个新的亮点。

第五节　外交

一、访问韩国，强调菲韩伙伴关系的重要性

2018 年 6 月 3 日至 5 日，杜特尔特对韩国进行了为期 3 天的国事访问，进一步加强了与韩国的双边关系，特别是在贸易和投资、国防和安全以及政治合作等领域的伙伴关系。此次访问韩国是杜特尔特总统与韩国总统文在寅继 2017 年 11 月在菲律宾出席东盟与中日韩领导人会议和东亚峰会以来双方的第二次会晤，也是文在寅总统上任以来东盟国家首脑对韩国的首次访问。

作为杜特尔特访韩的重大成果，双方签署了涉及经济、农业、服务业等多个领域的协议与备忘录。包括韩国向菲律宾提供 10 亿美元官方发展援助金，重申致力于促进双边关系的提升，以及帮助菲律宾政府的大规模基础设施建设计划；签署了总值 49 亿美元的贸易与投资协议；有关汽车、公用事业、建筑、离岸服务、食品以及水产养殖等行业的 23 份协议等。

菲韩两国还承诺进一步加强长期伙伴关系，共建区域和平。2018 年 6 月 4 日，杜特尔特在青瓦台与韩国总统文在寅举行闭门会议，两人共同见证了 5 份合作文件以及交通合作备忘录等多项备忘录的签署。韩国通过对菲律宾的经济以及军事援助，不仅促进了双方的经贸合作，进一步加强了两国在政治、经贸以及军事等领域的交流与合作，也进一步提升了韩国在国际社会中的大国形象。

二、菲律宾总统 60 年来首次访问以色列、约旦，积极开展多边外交

应以色列总理内塔尼亚胡和约旦国王阿卜杜拉二世陛下的邀请，杜特尔特总

---

① 菲律宾商报. 政府今年拨 250 亿比索　资助军方现代化方案［EB/OL］. ［2018 - 01 - 08］. http：// www. shangbao. com. ph/fgyw/2018/01 - 08/69344. shtml.

统于2018年9月2日启程对以色列和约旦进行国事访问，时隔60年菲律宾总统的首次访问堪称具有里程碑式意义。

1. 访问以色列

尽管早在1957年菲律宾便与以色列建立了外交关系，并在1958年签订了友好条约，1997年开始双方在经贸、文化以及旅游等方面展开了多项合作。然而历任菲律宾总统并未访问以色列，因此两国关系也只是停留于表面上。时隔60年菲律宾总统的首次访问，对于菲律宾而言，最大的意图无非是解决与本国当前发展息息相关的军火以及菲佣问题。访以期间杜特尔特和内塔尼亚胡举行了双边会谈并见证了《菲律宾护理人员就业协议备忘录》《科学合作谅解备忘录》《投资谅解备忘录》三份协议的签署。以色列总理内塔尼亚胡表示，杜特尔特总统的来访是历史性的访问，因为这是一名任内的菲律宾领导人首次访问。"我们感谢1947年联合国决议案上，菲律宾是唯一一个投票支持以色列的亚洲国家，我们很珍惜与菲律宾的友谊；同时也很感谢旅居以色列的菲籍护工为以色列做出的贡献。"内塔尼亚胡还提出要改善部署菲籍护工到以色列的程序，并指出双方签署的护工协议将免去在以色列申请就业所需支付的费用，为菲律宾人提供更多的便利条件①。此外，菲律宾和以色列公司还签署了价值约为8300万美元的投资和合作协议，而这些投资和合作协议将创造大约790个就业机会。在一个商业论坛上，菲律宾与以色列的私人公司在耶路撒冷签署了22个项目协议，其中包括3份协定备忘录、11份谅解备忘录和8份意向书，总金额达8290万美元，合作领域涉及进行先进的能源优化管理、促进先进农业发展、总体规划房地产项目、淡化海水、战术车辆的营销和推广以及合作开发军事和情报产品等多个领域。

杜特尔特的此次访问对菲律宾和以色列两国来说都有着里程碑式的意义，是两国双边伙伴关系的一次巨大的飞跃。两国未来的发展机遇与挑战并存，就发展前景而言，双方在军购、劳务、旅游、贸易以及反恐方面的合作仍有着巨大的潜力。

2. 访问约旦

应约旦国王阿卜杜拉二世陛下的邀请，杜特尔特于9月5日至8日从以色列飞往约旦进行正式访问。作为首位访问约旦的菲律宾总统，杜特尔特与约旦国王阿卜杜拉二世就两国在经济、投资、旅游等方面可能的合作展开了讨论。菲律宾与约旦面临着一个同样的困扰就是恐怖组织的危害，阿卜杜拉二世陛下曾表示，两国很有必要联手进行打击恐怖主义，并且有意向进一步加深合作。这一想法得到了杜特尔特的强烈认同，并在此次访问中特别强调了武器在打击恐怖主义活动中所发挥的重要作用。

---

① 菲律宾联合日报. 在会见杜特尔特总统后以国总理表示珍重菲以友谊并表扬看护工精神［EB/OL］. ［2018－09－05］. http：//www. unitednews. net. ph/article. php？ post＝11377.

在访问期间，菲律宾从约旦公司获得了至少6000万美元的投资承诺，菲律宾和约旦商人在安曼洲际酒店与杜特尔特举行的论坛上签署了9份商业协议和意向书，预计将在信息技术、软件和移动开发、制造、数字跨境汇款和基因检测等各个领域创造432个就业岗位[1]；9月6日，菲律宾和约旦公司在安曼举办的商业论坛上签署了价值606.8亿美元的交易，这对促进马尼拉和安曼在物流、移动相关服务解决方案，机器人以及信息和通信技术领域的经济合作影响重大[2]；总统特别助理称约旦捐赠菲律宾的两架直升机将于2019年7月移交给菲律宾，同时约旦也将捐赠其他设备，如迫击炮、步枪和火箭榴弹[3]。此外，双方还同意加强反恐合作，共同打击两国所面临的地区内恐怖组织。尽管比原计划提前一天结束对约旦的访问，但短短3天的访问却给菲律宾带来了高达606.75亿美元的投资，堪称"大丰收"。

三、时隔13年中国国家主席访菲，中菲关系进一步深化

应杜特尔特总统的邀请，2018年11月20日至21日中国国家主席习近平对菲律宾进行了为期两天的国事访问，这是自2005年胡锦涛主席访问菲律宾以来中国国家元首再次对菲律宾进行国事访问，具有历史性意义，是两国关系的重要里程碑。自2016年杜特尔特执政以来，中菲关系逐渐转圜，发展驶入了快车道，尤其是2016年杜特尔特总统的访华，为中菲关系的发展掀开了崭新的一页，而习近平的此次访问菲律宾则是为中菲关系的发展提升了一个新的高度。

访问期间，双方签署了包括《中华人民共和国政府与菲律宾共和国政府关于共同推进丝绸之路经济带和21世纪海上丝绸之路建设的谅解备忘录》《中华人民共和国政府与菲律宾共和国政府关于油气开发合作的谅解备忘录》《中华人民共和国商务部与菲律宾共和国公造部关于援菲跨海大桥工程可行性研究项目实施协议》以及《南北铁路南线（设计管理咨询部分）商务合同》在内的涵盖经济、科技、教育等多领域的协议与备忘录。由此可以看出，未来两国的合作意向也非常强烈，双方所达成的协议主要涉及经济领域，包括油气的合作开发、援菲基础设施建设等重要领域，而不只是单纯的商品进出口贸易，合作领域进一步扩大，经贸合作换挡速度进一步加快。这一系列协议与备忘录的签署为中菲未来合作与

---

① 马尼拉时报. PH Bags MYM60M in Investment Pledges from Jordanian Firms［EB/OL］.［2018 - 09 - 07］. https：//www. manilatimes. net/ph - bags - 60m - in - investment - pledges - from - jordanian - firms/439066/.

② 菲律宾商报. 杜特尔特以色列和约旦之行 达成1435亿美元交易［EB/OL］.［2018 - 01 - 08］. http：//www. shangbao. com. ph/jjxw/2018/09 - 08/75799. shtml.

③ 菲律宾商报. 约旦将捐菲2架攻击直升机［EB/OL］.［2018 - 01 - 08］. http：//www. shang-bao. com. ph/fgyw/2018/09 - 07/75780. shtml.

发展提供了强有力的政策支撑。

　　中菲关系的改善首先表现于政治上高层往来日益密切，战略互信不断深化。如表 7-1 所示，杜特尔特上台不到半年的时间，便与习近平会见了两次，随后的 2017 年与 2018 年分别与习近平主席又会见两次。一系列合作协议与备忘录的签署使两国的政治互信进一步加深，从而为两国多层次的合作提供了良好的政治环境。

表 7-1　杜特尔特总统自执政以来与习近平主席的会见

2016 年 10 月 18 日至 21 日	杜特尔特访问中国，并在人民大会堂接受习近平的会见
2016 年 11 月 19 日	习近平在秘鲁首都利马会见杜特尔特
2017 年 5 月 15 日	习近平在人民大会堂会见来中国出席"一带一路"国际合作高峰论坛的杜特尔特
2017 年 11 月 11 日	习近平在越南岘港会见杜特尔特
2018 年 4 月 10 日	习近平在海南省博鳌国宾馆会见杜特尔特
2018 年 11 月 20 日至 21 日	习近平访问菲律宾，在马尼拉同杜特尔特举行会谈
2019 年 4 月	应习近平的邀请，杜特尔特再次访问中国

　　在经济方面，两国之间的经贸合作密切，换挡提速。作为贸易互补性很强的两国，中方支持菲方的"大建特建"项目，双边贸易额增长迅速，在经贸合作领域的成果尤为显著。尽管近年来菲律宾经济一直保持着增长状态，但经济发展的短板也很明显，尤其是在基础设施和制造业方面，而与中国合作恰好可以弥补这一劣势。2017 年中国跃居菲律宾第一大贸易伙伴，中菲双边贸易额首次突破 500 亿美元大关，高达 512.8 亿美元，同比增长 8.5%，中国成为菲律宾第一大进口来源地和第四大出口市场。2018 年菲律宾对中国出口总额约为 82 亿美元，进口总额为 990 亿美元，中国成为菲律宾第四大贸易出口国和第一大贸易进口国。此外，在 2018 年 10 月的中国首届国际进口博览会上，据菲律宾贸工部统计，约有 40 家菲律宾企业参加了此次进博会，参展展品涉及食品与农产品、手工艺品和纺织品等多个领域①。2018 年 1~5 月中国对菲律宾新增投资 1.65 亿美元，增速再创新高。习近平主席访问菲律宾期间，双方还签署了建立工业园、推动基础设施建设以及油气开发等多项合作文件，未来合作发展领域进一步拓宽。

　　在文化方面，文化交流形式多样，人文交流方兴未艾。中菲在政治互动、经贸合作领域的合作成果日益丰硕。文化交流方面形式多样，汉语已经成为正式外

---

　　①　菲龙网. 菲贸工部长：进博会彰显中国对外开放及支持全球化决心［EB/OL］.［2018-10-25］. http：//www.flw.ph/forum.php? mod = viewthread&tid = 554643&from = portal.

语课程被列入菲律宾公立中学课程体系，越来越多的菲律宾学生将有机会在课堂上学习汉语。众议员认为菲律宾人学习普通话和基本汉语是明智及实际的，众议员杜格那、描贝斯和描道卡贝称，掌握普通话是一项值得拥有的技能，特别是在菲律宾和中国重振双边关系的这段时期，并呼吁菲律宾人学汉语。①此外，菲律宾移民局部分官员也开始学习中文，以便能够和抵境的中国游客沟通，移民局人事部门主任表示，移民局长和菲律宾国立大学迪利曼校区校长于2018年10月签署了备忘录，于2019年1月开始为大约50名移民局官员提供中文课程。②

　　大学之间的青年交流对两国文化的交流起着强有力的推动作用。海南师大与菲贝内迪克托学院签订加强双方人文教育合作的协议，双方将推进"中菲海洋合作伙伴青年群"建设，加强双方在人文领域的交流与合作。③2018年11月7日西安航空职业技术学院与菲律宾八打雁省签署战略合作备忘录，协助其建立八打雁航空职业技术学院，西安航空职业技术学院表示将充分利用学院航空优质资源，与菲方开展全方位合作交流，全面推动在人才培养、技术合作、信息咨询等方面的深入合作交流④。2018年11月13日，达沃市同福建省晋江市达成姐妹市协议，晋江成为继南宁之后，第一个同达沃签署合作协议的中国城市，这将对改善达沃市和棉兰老地区的贸易和旅游状况发挥重要作用⑤。

　　政治上两国高层的友好互动为两国未来的发展营造了良好的政治环境。为进一步推进两国传统友好，推进全面合作，提升中菲关系的质量和水平提供了强有力的政治保障。经济上两国存在很大的互补性，贸易增长潜力巨大，双方在铁路、旅游、农业、电力、制造业等经济领域的合作存在着广阔的空间。中方对杜特尔特政府的"大建特建"项目的支持，两国直达航班的增设与加开航班次数以及中方有意聘请菲律宾人来中国教英语等一系列措施的推进，无一不将促进两国间合作的进一步推进。此外，两国在扶贫、反腐以及联合打击跨国犯罪等方面也取得了显著成效。

---

　　① 菲律宾商报. 众议员呼吁菲人学汉语［EB/OL］.［2018 - 10 - 27］. http：//www. shangbao. com. ph/fgyw/2018/10 - 27/77026. shtml.

　　② 菲律宾商报. 为方便与中国游客沟通　移民官将学中文［EB/OL］.［2018 - 12 - 05］. http：//www. shangbao. com. ph/fgyw/2017/12 - 05/68415. shtml.

　　③ 菲律宾商报. 海南师大与菲贝内迪克托学院签协议　加强双方人文教育合作［EB/OL］.［2018 - 11 - 26］. http：//www. shangbao. com. ph/fgyw/2018/11 - 26/77742. shtml.

　　④ 菲龙网. 西安航空职业技术学院助菲建设航空技术学院［EB/OL］.［2018 - 11 - 08］. http：//www. flw. ph/forum. php？ mod = viewthread&tid = 561670&from = portal.

　　⑤ 菲龙网. 达沃与晋江结成姐妹城市［EB/OL］.［2018 - 11 - 14］. http：//www. flw. ph/thread - 565526 - 1 - 1. html.

第六节 区域合作

一、积极参与东盟合作与"一带一路"建设

2018 年 1 月 25 日杜特尔特总统抵达印度，参加东盟印度峰会，并与印度总理莫迪举行了双边会谈。杜特尔特表示，菲律宾与东盟国家关系虽好，但更偏重于经贸领域。由于菲律宾的恐怖主义活动已经严重影响了菲律宾社会的发展，菲律宾与东盟国家之间的反恐合作体系尚未完善，缺乏反恐及法治问题平台。因此，杜特尔特的此行除了促进与东盟国家的传统的经贸合作之外，寻求反恐合作也是其重要意图。

澳大利亚驻菲律宾贸易专员 Elodie Journet 表示，在东盟—澳大利亚—新西兰自由贸易协定（Asean - Australia - New Zealand Free trade Agreement）中，该地区的贸易现在变得更"容易"了，该协议将一系列产品线的关税降至零。自 2010 年东盟自由贸易协定建立以来，菲律宾和澳大利亚之间的贸易增长了 70%。两个经济体之间有着很强的协同作用，这也将促进菲律宾加大对澳大利亚的投资与合作。菲律宾农业部表示愿意协助菲律宾香蕉进入澳大利亚市场，并在菲律宾香蕉种植者和出口商协会（PBGEA）与澳大利亚官员之间的菲律宾香蕉出口商之间举行一次会议，以此促进双方合作的实现。

菲律宾作为"一带一路"建设的重要伙伴，也是"一带一路"的最大受益者之一。2018 年 4 月，杜特尔特总统出席博鳌亚洲论坛前夕，中国驻菲律宾大使赵鉴华高度评价了菲律宾在"一带一路"以及共建海上丝绸之路中的作用，认为"菲律宾将成为最重要的参与者、推动者和受益者之一"。2018 年 8 月 28 日，菲律宾财政部长多明戈斯在岷里拉表示，中国提出的"一带一路"倡议影响巨大，有望成为世界经济增长的助推器。"一带一路"倡议可以将全世界各国的经济连接在一起，以促进各国之间的经贸交往，提高各国之间的互联互通水平。

2018 年 9 月 7 日，广西壮族自治区政协主席蓝天立在南宁会见菲律宾众议院议长、前总统阿罗约一行。蓝天立表示，广西是中国面向东盟开放合作的前沿和窗口，菲律宾是海上丝绸之路沿线的重要国家，加强广西与菲律宾的合作尤为重要。近年来，在中菲关系从"转圜"到"巩固"再到"提升"的大背景下，广西与菲律宾交流合作的进程也将进一步加快，并为中菲关系发展注入新内涵。同时，蓝天立还建议，下一步双方应在"一带一路"框架下加强互联互通和经贸

合作，借助中国—东盟博览会平台促进互利共赢，扩大人文交流，夯实合作民意基础，共建"一带一路"南向通道，打造国际陆海货品新通道。

二、参与亚太经济合作，实现经济繁荣和贸易自由化

在经济全球化大背景下，为实现区域经济繁荣和贸易自由化，菲律宾主动依托参与东盟地区的事务，积极提高菲律宾在东盟合作中的地位，在维持与中国、日本等大国关系的同时，努力促进与亚太地区其他国家的合作与交流。

2018年11月，杜特尔特及其他20位亚太经合组织（APEC）经济体的领导人和代表在巴布亚新几内亚出席了亚太经合峰会，共同商谈该地区所面临的高通胀、贸易紧张和市场不确定性带来的挑战等问题。杜特尔特还出席了在新加坡举行的东南亚国家联盟峰会，推动微型、中小型企业发展和确保粮食安全问题的解决。论坛上杜特尔特还与知名商界领袖以及太平洋岛屿论坛领导人会面，商讨有关可能的合作与交流。由于在巴布亚新几内亚有将近4万名菲律宾人和200多家菲律宾企业，因此，菲律宾还决定向巴布亚新几内亚提供包括农业专业知识在内的重要服务。

杜特尔特表示菲律宾将积极促进在"包容性全球化"方面推行"大哥原则"，即富裕国家扶持小国原则。呼吁降低关税和消除贸易壁垒，以促进整个地区的投资和人员合理流动。同时，紧紧抓住参与到世界舞台的新契机，积极参与国际合作，促进菲律宾经济的繁荣和国家的独立发展。

三、加强海外互动，保障海外劳工的合法权益

菲律宾作为全球对外移民最多的国家之一，海外劳工移民扮演着重要的角色。劳务输出成为菲律宾外汇收入的最大来源之一，每个月在海外工作的菲律宾人向菲律宾国内汇款金额超过20亿美元。为了稳定国家外汇收入的这一重要来源，加强海外互动，有效保障海外劳工的合法权益成为菲律宾政府必须妥善处理的重要问题。

早前菲律宾劳工在科威特因不堪虐待而自杀，菲佣遭虐待问题频频引发争议，杜特尔特一度表示将永久性地禁止向科威特输出劳工。据新华社报道，菲律宾外交部估算，有超过25万的菲律宾人在科威特工作，其中绝大部分是女佣。为了避免海外菲佣在科威特恶性事件的发生，菲律宾政府多次与科威特斡旋。2018年3月菲律宾外交部表示与科威特就保障菲律宾外劳问题所进行的会谈取得进展，科威特已同意菲律宾家政工人的以下条件：最低月薪为120科威特第纳尔（大约2.7万比索），每天至少8小时的休息时间，自己有权保管自己的护照和手机，以及限制他们只服务一个家庭等。2018年4月，杜特尔特在达沃会见了科威

特驻菲律宾大使萨利赫，双方进行了"坦诚而亲切"的会晤，并签署谅解备忘录，为在科威特工作的菲律宾劳工提供保护条件。

第七节 社会文化

一、人口红利增加，贫困人口仍占较大比重，高失业率依旧存在

根据世界银行的最新统计，截止到 2018 年底，菲律宾人口总数约为 1.07 亿人，较 2017 年的 1.05 亿人增长了 1.9%。尽管近年来菲律宾人口增长率起伏较大，但是整体上全国的人口仍处于增长状态（见图 7－2），每年的增幅约为 200 万人。根据菲律宾统计局的统计，截止到 2013 年第一季度菲律宾人的贫困率为 26.3%，2015 年为 21.6%，2018 年为 21.0%。尽管贫困率呈现下降趋势，但是所占比重仍然维持在 20% 以上的较高水平。

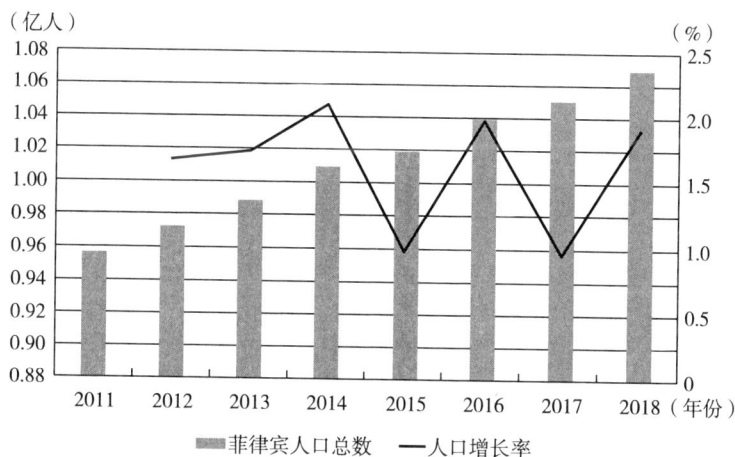

图 7－2　菲律宾人口增长概况

资料来源：世界银行。

尽管杜特尔特总统"大建特建"项目推进以来，菲律宾的就业状况有所改善，但高失业率问题依旧未能得到彻底解决。2018 年 11 月社会气象站公布的一项调查显示，越来越多的菲律宾人正面临着失业问题，全国仍有 980 万菲律宾人没有工作，占总人口的 22%，而该数据高于 2018 年 6 月的 860 万人和

19.7%的比例①。菲律宾的就业形势仍然很严峻。

由图7-3可以看出，随着人口总数的增长，菲律宾就业人口占15岁及以上总人口数的比重整体上呈现下降趋势，但所占比例仍然较大，社会就业的压力随劳动力人口的增长而不断增大。年轻人数量的增多意味着人口红利的增加，这种"中间大，两头小"的结构一方面给社会发展带来了充足的劳动力，社会负担相对较小，但也意味着未来几十年之后的人口老龄化将是菲律宾社会不得不面对的一个严重问题。

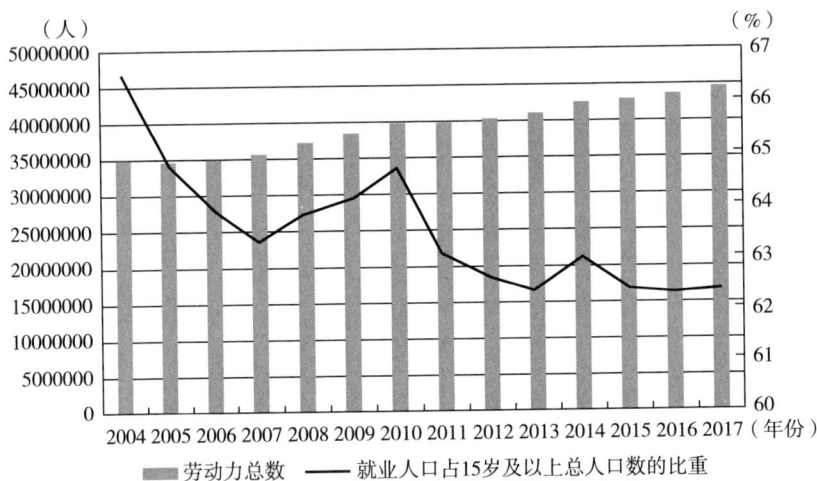

图7-3 菲律宾劳动力人口概况

资料来源：Wind数据库。

二、自然灾害导致社会损失惨重

由于菲律宾位于太平洋"火环"地带，因此地震和火山活动等自然灾害十分常见。2018年菲律宾经历了多场热带风暴、地震及火山喷灰等自然灾害，严重影响了菲律宾的正常发展。

2018年1月13日马容火山喷出高达3公里的火山灰，使8公里危险区内的至少1.3434万名居民面临火山灰的风险，周边3市6镇共计8万多人被迫逃离

---

① 菲龙网. 总统府称正努力提升就业 [EB/OL]. [2018-11-12]. http://www.flw.ph/thread-564072-1-1.html.

家园。① 2018 年 12 月 27 日两次喷出火山灰，灰柱分别高达 200 米和 600 米。马容火山自 2018 年 3 月以来维持"二级"警戒级别，意味着火山处于"温和不稳定"状态，给人民的生活构成了极大的威胁。

另外，2018 年 12 月 29 日棉兰老岛发生 7.2 级海底地震，使菲律宾沿海和邻国印度尼西亚发布海啸预警。虽然此次地震并未造成太多的人员伤亡，但之后引发的多次余震给民众的生活增加了不安全因素。2018 年 12 月热带低压"乌兹曼"使菲律宾社会饱受创伤，截止到 2018 年 12 月 30 日由"乌兹曼"引发的多宗山体滑坡以及洪涝等自然灾害所造成的死亡人数已经上升至 45 人，其中米骨区受灾最严重的南甘马仁省死亡人数高达 16 人，另外仍有 11 人失踪②，造成的经济损失也高达 4 亿比索，不仅对民众的生命财产造成了严重的威胁，同时国家用于减灾救灾以及灾后重建的支出也给国家财政造成了巨大的负担。此外，受台风影响较大的还有农业方面，恶劣天气的影响使菲律宾的农产品产量下降，农产品出口量也呈现下滑状态。根据菲律宾统计局（PSA）的最新报告，2018 年当地农业部门的增长率仅为 0.56%，低于 2017 年近 4% 的增长率，也低于农业部预测的 1% 的增长率。③

第八节　发展展望

2018 年菲律宾政治、经济局势总体平稳，尽管经济增长率降至 3 年来的最低水平，但仍作为亚洲经济增长较快的经济体而备受关注。2018 年的整体发展局势也将对 2019 年的政治、经济局势产生影响。在政治方面，中期选举、修宪运动等将是 2019 年政治领域的焦点。其中 5 月的中期选举将既是民众对总统杜特尔特支持程度的一次检验，也是下一届总统选举的重要风向标。在经济方面，2018 年的新税法的实施使菲律宾的经济得到了较快的发展，但是随之而来的高通货膨胀率也将对 2019 年的经济发展产生冲击。如何降低通货膨胀率，实现 6%～7% 的经济增长率预期，并加快"大建特建"项目的推进，降低贫困率，改善就业状况等将是 2019 年经济领域的重头戏。在国防安全方面，杜特尔特政

① 菲律宾商报. 马容火山喷出 3 公里火山灰［EB/OL］.［2018 - 01 - 14］. http：//www. shang-bao. com. ph/fgyw/2018/01 - 14/69546. shtml.

② 菲律宾商报. 台风死亡人数增至 45 人［EB/OL］.［2018 - 12 - 30］. http：//www. shang-bao. com. ph/fgyw/2018/12 - 30/78574. shtml.

③ 菲律宾星报. Typhoons Slow Farm Sector Growth in 2018［EB/OL］.［2019 - 01 - 24］. https：//www. philstar. com/business/2019/01/24/1887566/typhoons - slow - farm - sector - growth - 2018.

府依旧将不遗余力地加强国防与军队建设、坚决打击恐怖主义以及毒品和腐败，同时积极寻求国际合作。在外交方面，独立外交政策将依旧是杜特尔特总统外交政策的重要体现，既要维持与传统盟友美国保持"斗而不破"的双边关系，同时又要加强与中国、日本、俄罗斯等大国的友好关系，从而达到"外交平衡"的最终目的。其中中菲关系将是菲律宾重要的外交关系之一。在两国领导人的正确引领下，两国关系得到有效改善，合作领域涵盖经济、政治、社会文化等各个领域，两国的合作关系有望得到进一步提升。

第八章 2017～2018年新加坡国情报告[*]

第一节 引言

2018年12月31日，伴随着新加坡滨海湾绚丽的年度烟花表演，为2018年画下完美句点。辞旧迎新之际，新加坡总统哈莉玛与总理李显龙相继发表新年贺词，在贺词中，哈莉玛总统呼吁民众在2019年应保持团结，共同应对未来国内外环境的不确定性和波动性。李显龙总理则就过去一年新加坡在政治、经济、外交等层面的状况进行了简要阐述，强调2018年对于新加坡是硕果累累的一年。综合梳理2018年新加坡在政治、经济、外交、安全以及社会文化等方面的表现，对于理解与把握新加坡国情的发展脉络以及最新动向至关重要。

第二节 政治

2018年，新加坡政治形势总体趋稳，新加坡执政党人民行动党和最大反对党工人党都相继进行了领导团队的更新，以王瑞杰与陈振声为代表的第四代领导层也正式走上台前，为新加坡的未来发展凝聚力量。而工人党则因市镇会理事会诉讼案陷入舆论旋涡之中。

---

* 本章由余俊杰负责撰写。余俊杰，广西大学国际学院（中国—东盟信息港大数据研究院）新加坡舆情助理，舆情监测中心副主任。

一、推进中的政治领导层更迭进程

1. 新加坡政府完成内阁改组，第四代领导层浮出水面

考虑到领导层代际更迭的需要，以及现任总理李显龙的年龄与身体状况，2018 年，新加坡开始推进领导层的更迭进程。李显龙在此前接受采访时强调自身已经做好继续下一届任期的准备，且计划在 70 岁时卸任总理职务。2018 年初，16 位第四代领导团队成员罕见联署发表声明以示回应，强调他们将适时从团队中推选一位领导人。

2018 年 4 月 24 日，李显龙对内阁进行了大规模改组，对多位部长的职务进行了调整，同时新加入多位年轻部长，其中，林勋强、林瑞生和雅国三位部长卸任，全国职工总会秘书长陈振声回到政府核心领导层，出任贸工部长。内阁部长平均年龄从此前的 56 岁降低至 55 岁，内阁中的第四代领导团队成员在此次改组中首次过半，反映了国家领导班子的年轻化与大幅更新，正式开启新加坡政治领导层的更迭进程（见表 8 - 1）。2018 年 5 月 1 日，新加坡总理办公室公布的新一届内阁成员正式上任，新内阁中 16 位部长被猜测为第四代领导团队（4G Leadership）成员，民众广泛认为将从中遴选出新加坡新一届总理。[①]

表 8 - 1　2018 年新加坡新任内阁成员调整情况

姓名	职务	职务调整
李显龙	总理	不变
张志贤	副总理 国家安全统筹部长	不变
尚达曼	副总理 经济及社会政策统筹部长	不变
许文远	交通部长 基础设施统筹部长	不变
黄永宏	国防部长	不变
尚穆根	内政部兼律政部长	不变
维文	外交部长	不变
王瑞杰	财政部长	不变
黄循财	国家发展部长	不变

---

① 新加坡现任总理李显龙在接受采访时尽管未给出肯定答案，但从新加坡国外的舆论氛围与以往总理选拔规律来看，极有可能从第四代领导团队中推选出下一届新加坡总理。

续表

姓名	职务	职务调整
马善高	环境及水源部长 主管伊斯兰教事务部长	增加新职务
陈振声	贸工部长	调任
易华仁	通讯及新闻部长	不变
杨莉明	人力部长	调任
王乙康	教育部长	不变
颜金勇	卫生部长	不变
李智陞	社会及家庭发展部长	不变
傅海燕	文化、社区及青年部长	不变
黄志明	总理公署部长 全国职工总会副秘书长	调任
英兰妮 林勋强	总理公署部长 贸工部长（贸易）	新内阁成员卸任
林瑞生	人力部长	卸任
雅国	通讯及新闻部长 管理伊斯兰教事务部长	卸任

资料来源：根据新加坡总理办公室官网材料整理。

2. 人民行动党与工人党中执委换届，着力备战大选

人民行动党作为新加坡当前的执政党，在新加坡国内一直保持极高的支持率，自1965年新加坡独立以来一直担任执政党，但近年来人民行动党在新加坡国内的支持率波动较大，且多次出现大幅下降势头（见表8-2）。这促使人民行动党重视党内最高决策机构——中央执行委员会（以下简称"人民行动党中执委"）的人员选拔，为下一届大选储备力量。另外，从新加坡总体政治局面来看，人民行动党中执委换届选举自然成为新加坡政治领导层更迭进程中不可忽略的一部分。

表8-2　历届人民行动党在大选中的表现

选举年份	总议席数	候选人数	自动当选人数	民选得票当选数	落选数	得票数	得票比例（%）
1968	58	58	51	7	0	65812	86.7
1972	65	65	8	57	0	524892	70.4

续表

选举年份	总议席数	候选人数	自动当选人数	民选得票当选数	落选数	得票数	得票比例（%）
1976	69	69	16	53	0	590169	74.1
1980	75	75	37	38	0	494268	77.7
1984	79	79	30	47	2	568310	64.8
1988	81	81	11	69	1	848029	63.2
1991	81	81	41	36	4	477760	61.0
1997	83	83	47	34	2	465751	65.0
2001	84	84	55	27	2	470765	75.3
2006	84	84	37	45	2	748130	66.6
2011	87	87	5	76	6	1212514	60.1
2015	89	89	0	83	6	1576784	69.9

资料来源：根据新加坡人民行动党官网材料整理。

2018 年 11 月 11 日，新加坡人民行动党举行中执委选举大会，2000 多名党员从 19 位候选人中投选，共 14 名候选人当选，其后又复选增补 4 名候选人，共 18 名候选人当选人民行动党中执委成员（见表 8-3）。其中最受瞩目的是同属第四代领导团队且被认为是下一届总理候选人的"双王一陈"：王瑞杰与陈振声分别出任人民行动党中执委第一助理秘书长和第二助理秘书长。从目前的党内外舆论观察，王瑞杰极有可能成为下一届总理，陈振声将担任核心领导职务，辅佐王瑞杰①。而王乙康在此次中执委选举中则当选助理财政，被认为在下一届总理候选人竞争中宣告出局。

表 8-3　第 35 届/第 34 届新加坡人民行动党中央执行委员会名单

第 35 届人民行动党中执委		第 34 届人民行动党中执委	
职务	姓名	职务	姓名
主席	颜金勇	主席	许文远
副主席	马善高	副主席	雅国
秘书长	李显龙	秘书长	李显龙
第一助理秘书长	王瑞杰	第一助理秘书长	张志贤

---

① 针对下一届总理候选人议题，也有学者猜测可能会发生颠覆性转换，陈振声赢得支持出任下一任总理，但新加坡方面予以驳斥，称不会再出现这种情况。

续表

第35 届人民行动党中执委		第34 届人民行动党中执委	
职务	姓名	职务	姓名
第二助理秘书长	陈振声	第二助理秘书长	尚达曼
财政	尚穆根	财政	林瑞生
助理财政	王乙康	助理财政	尚穆根
组织秘书	傅海燕	组织秘书	颜金勇
组织秘书	李智陞（复选增补）	组织秘书	陈振声
委员	迪舒沙（复选增补）	组织秘书	王乙康（增补）
委员	英兰妮	委员	傅海燕
委员	黄志明	委员	王瑞杰
委员	黄永宏（增补）	委员	陈川仁
委员	陈川仁	委员	维文
委员	杨莉明（增补）	委员	司徒宇斌
委员	司徒宇斌（复选增补）	委员	马善高（增补）
委员	维文	委员	穆仁理
委员	黄循财（复选增补）	委员	杨莉明（增补）

资料来源：根据新加坡人民行动党官网材料整理。

　　相对于人民行动党在领导队伍的年轻化，2018 年，工人党同样对领导层进行了调整。在工人党领导层更迭的关键环节——工人党中央执行委员会（以下简称"工人党中执委"）选举中，连续 17 年担任工人党秘书长的刘程强正式卸任引发广泛关注。在新一届工人党中执委中，毕丹星担任秘书长，上任主席林瑞莲获得连任，另外 12 名委员中，10 名委员由连任产生。

　　不过，目前新加坡政治领导层的更新进程并未结束，2019 年的内阁职务调整仍备受期待。2018 年 12 月 1 日，新加坡总理李显龙表示，将在 2019 年预算案结束后，进行内阁改组，让年轻部长出任关键领导职务，但是他本人仍将带领人民行动党完成下一届大选①。而政党内部，人民行动党与工人党中执委尽管完成现阶段选举工作，未来是否还会进行下一步调整仍有待观察。

---

　　①　李显龙在 2018 年 G20 峰会后接受记者专访中曾谈到接班人问题，详见：Channel Newsasia. PM Lee Says will Lead PAP in Next Election，but 4G Leaders will be "in the Thick of Things"［EB/OL］．［2018 - 12 - 03］．https：//www. channelnewsasia. com/news/singapore/pm - lee - will - lead - pap - in - next - election - 4g - leaders - 10992420.

二、身陷舆论旋涡的新加坡反对党

相对于人民行动党在领导层交接上取得的稳步成绩，反观新加坡反对党则因一个个夺人眼球的事件深陷舆论旋涡之中，其中新加坡最大的反对党——工人党因市镇会理事会诉讼案引发很大争议。

工人党在 2011 年大选中赢得阿裕尼集选区与后港单选区等选区后，接管阿裕尼—后港市镇会（AHTC）与白沙—榜鹅市镇会（PRPTC），并将市镇会管理代理改为 FM Solutions and Services（FMSS）。2015 年大选期间，新加坡政府就以上两处市镇会的财务报告进行审查，并指出其中存在的财务使用不当等问题。过去数年，工人党一直因为辖下市镇会管理过程中的管理与财务等问题饱受批评。

2018 年 10 月 5 日，阿裕尼—后港市镇会和白沙—榜鹅市镇会起诉工人党秘书长毕丹星、主席林瑞莲、前党魁刘程强及 FMSS 等涉事方的案件正式开庭，并要向他们索回市镇会额外开支的款项。为期 23 天的庭审，一方面让新加坡工人党常常见诸报端，引发大量口诛笔伐，工人党形象颇受影响；另一方面也为工人党提供了辩解的机会，3 位工人党领袖的法庭陈词与辩解也为工人党赢来支持，3 位被诉领袖成功募得诉讼费用也从侧面凸显出工人党在新加坡存在着一定的拥趸者①。

尽管此次案件尚未定论，但是该案首先对工人党的形象进行了负面冲击，其次，由于工人党目前因 3 位主要领袖涉案，一旦败诉 3 位领袖恐将失去大选参选资格，削弱工人党的竞选基础，给工人党在未来大选中的表现蒙上阴影。

第三节　经济

2019 年初，新加坡政府相继公布了 2018 年的各项经济数据，尽管面对贸易保护主义的抬头以及中美贸易摩擦带来的消极影响，从总体来看，2018 年新加坡在国内生产总值（GDP）、进出口贸易及投资等方面保持稳步增长，以下对 2018 年新加坡的经济发展状况进行简要回顾与分析。

一、经济稳步提升，行业特征凸显

2019 年 1 月 2 日，新加坡贸工部发布了 2018 年第四季度和全年经济增长预

---

① 卷入市镇理事会诉讼案的工人党主席林瑞莲、秘书长毕丹星，以及前党魁刘程强通过网络向民众募款，3 天内筹超过 100 万新加坡元，用于支付所需律师费。详见：联合早报.3 天筹逾 100 万工人党议员停止募款［EB/OL］.［2018－10－27］. https://www.zaobao.com.sg/realtime/singapore/story20181027－902529.

估数据。2018 年第四季度新加坡 GDP 增长达 2.2%，低于前三个季度 4.5%、4.1%、2.3% 的增速。从全年来看，2018 年新加坡经济增长达 3.2%，其中制造业增长 7.5%，服务业增长 2.8%，建筑业下降 3.4%。分季度来看，2018 年新加坡 GDP 增长速度中，第一季度居首位，为 4.5%，第四季度增速最慢，仅为 2.2%。从行业来看，制造业一直保持着较快的增长速度，其次是服务业。而建筑业从全年或季度来看都维持负增长，并呈现出下滑趋缓走势（见表 8-4）。

表 8-4　2018 年及各季度新加坡经济增长情况　　　　　单位:%

	2018 年	第一季度	第二季度	第三季度	第四季度
经济增长	3.2	4.5	4.1	2.3	2.2
制造业	7.5	10.4	10.9	3.7	5.5
建筑业	-3.4	-5	-4	-2.5	-2.2
服务业	2.8	4	2.8	2.6	1.9

资料来源：新加坡贸工部。

二、进出口贸易持平，增长乏力

2018 年新加坡进出口商品总值约为 10559 亿美元，较 2017 年增长 9.2%，其中出口商品总值约为 5557 亿美元，同比增长 10.6%，进口商品总值约为 5002 亿美元，同比增长 7.9%。可以看出，2018 年新加坡进出口贸易保持稳步增长（见表 8-5）。而服务贸易从 2017 年的 4890 亿新加坡元增长到 2018 年的 5000 亿新加坡元，增长 2.3%。服务出口达 2480 亿新加坡元，增长 4.1%，服务进口在 2018 年升至 2520 亿新加坡元，增长约 0.6%。其中服务出口中的两大增长点分别为运输服务和保险服务，运输服务增长 4.8%，保险服务增长 6.5%。可见商品贸易仍是新加坡国际贸易结构中的支柱，而服务贸易也达到商品贸易的近半，并保持较高增速。

表 8-5　2017～2018 年新加坡商品贸易情况　　　　　单位：亿美元

年份	2018	2017
进出口总额	10559	9671
进口商品总额	5002	4521
出口商品总额	5557	5150

资料来源：新加坡统计局。

基于新加坡商品对外贸易的月份数据可以看出，2018 年 1～12 月，新加坡进口与出口总值始终保持在 350 亿～450 亿美元区间内上下波动，且出口总额均高于进口总额，保持 40 余亿美元的贸易顺差。

从国别来看，在进口方面，2018 年新加坡三大进口来源国分别为中国、马来西亚和美国，3 国在新加坡商品进口总额的占比分别为 13.4%、11.5% 和 11.3%。出口方面，2018 年新加坡三大出口对象国与地区分别为中国、中国香港和马来西亚，三大出口对象在新加坡商品出口总额的占比分别为 12.2%、11.8% 和 10.9%。较 2017 年，与以上国家和地区的贸易额排序情况相同。中国仍为新加坡第一大贸易伙伴、第一大出口市场和第一大进口来源国（见表 8-6）。

表 8-6　2017～2018 年新加坡商品贸易国别与地区情况　　单位：亿美元

进口商品总额		出口商品总额	
中国	670	中国	680
马来西亚	577	中国香港	657
美国	566	马来西亚	606

资料来源：新加坡统计局。

从商品分类来看，机电产品、矿产品和化工产品是新加坡的主要出口商品，2018 年出口额分别为 1874.7 亿美元、541.5 亿美元和 436.3 亿美元，增长 45.5%、13.2% 和 10.6%，占新加坡出口总额的 45.5%、13.2% 和 10.6%。在机电产品中，电机和电气产品出口 1287.5 亿美元，增长 3.7%；机械设备出口 587.2 亿美元，增长 12.1%。机电产品和矿产品是新加坡的前两大类进口商品，2018 年进口额分别为 1546.6 亿美元和 888.3 亿美元，增长 11.8% 和 21.0%，占新加坡进口总额的 41.7% 和 24.0%。

三、金融体系运行平稳

根据新加坡贸工部的报告显示，2018 年新加坡在金融保险领域的增长达 5.9%，略高于上年的 5.6%。其中，商业银行的资产与债务总额增长 4.1%，达 1.3 万亿美元，向国内非银行客户与银行同业客户提供的借款均有所提升，其中在非银行客户中，建筑和工程以及交通和通信产业向银行的贷款增长最高，分别为 12.5% 和 10%。作为金融体系中的重要一环，2018 年新加坡的金融公司和保险行业同样保持稳步增长，较 2017 年增长了 5.8% 和 2.9%。而在股市方面，受全球经济周期性波动以及中美贸易战、英国脱欧等全球不确定性事件的影响，

2018 年新加坡海峡时报指数（STI）下滑 9.8%。[①]

总体来看，2018 年新加坡金融体系健康运行，第三季度不良贷款率仅为 1.9%，较上年同期下降了 0.2 个百分点。电子商务等领域风险投资活跃，投资总额占到整个东南亚市场的 70%。货币汇率稳定，11 月底外汇储备达 2895 亿美元，增长 3%。[②]

四、就业情况改善，服务业迎来就业潮

在劳动市场方面，2018 年新加坡总体就业情况有所改善，年度整体失业率为 2.1%，低于 2017 年的 2.2%，处于历史低位。其中，前两个季度新加坡就业率均保持稳定，整体失业率同为 2%，但第三、第四季度失业率则都上升了 0.1%（见表 8 - 7）。

表 8 - 7　2017～2018 年各季度新加坡整体失业率

年份	2018 年				2017 年
季度	第一季度	第二季度	第三季度	第四季度	
整体失业率	2%	2%	2.1%	2.2%	2.2%

资料来源：新加坡人力部。

从劳动市场的变化看，2018 年全年就业总人数增加了 4.64 万，其中服务业就业人数增幅最大，达到 5.54 万，而制造业就业人数减少约 0.9 万，这是因为新加坡的长期经济转型所致，建筑业和制造业的就业总量在大幅下降，同时服务业和知识产业的需求在上升。对比 2017 年可以发现，新加坡整体就业人数增幅进一步扩大，制造业就业人数持续下降，而服务业就业人数则在继续攀升（见表 8 - 8）。

表 8 - 8　2017～2018 年新加坡劳动市场就业人数变化情况　　单位：人

年份	2017 年				2018 年			
季度	第一季度	第二季度	第三季度	第四季度	第一季度	第二季度	第三季度	第四季度
就业总人数	- 6800	- 7300	- 2300	12700	3700	6500	19300	16900
制造业就业人数	- 15300	- 14100	- 12800	- 7500	- 9500	- 700	2900	- 1800
服务业就业人数	8600	6800	10400	20200	13100	7200	16400	18700

资料来源：新加坡人力部。

---

① Ministry of Trade and Industry Singapore. Economic Survey of Singapore 2018 ［EB/OL］. ［2019 - 02 - 15］. https：//www. mti. gov. sg/Resources/Economic - Survey - of - Singapore/2018/Economic - Survey - of - Singapore - 2018.

② 中华人民共和国驻新加坡共和国大使馆经济商务参赞处 . 2018 年新加坡经济形势 ［EB/OL］. ［2019 - 01 - 06］. http：//sg. mofcom. gov. cn/article/gqjs/201901/20190102823906. shtml.

五、中美贸易摩擦引发的"双重冲击"

随着特朗普政府正式宣布对中国加征单边进口关税，中美两国围绕着对外贸易展开了一轮又一轮角力。作为中美两国的重要贸易伙伴，新加坡也难以幸免。从目前情况来看，新加坡面临双重冲击，第一层"直接冲击"来自于中美贸易摩擦，新加坡作为中美重要的贸易伙伴，将对新加坡的产品出口产生恶性影响，第二层"间接冲击"则来自中美两国、美国和其他国家间相互征关税，带来全球性的贸易纠纷升级，造成国际贸易网络与体系的紊乱，作为开放经济体的新加坡也不能幸免。

据最新研究显示①，新加坡作为最受中美贸易摩擦影响的十国之一，在新兴市场国家中受影响程度较重。新加坡通过中国货品供应链出口到美国的货品附加值相当于国内生产总值的1.3%。因此，如果美国向中国某些产品增收关税，可能牵连新加坡市场。而新加坡通过美国货品供应链出口货品到中国，但货品附加值相对较小，约为国内生产总值的0.1%。据统计，中美贸易摩擦引发的巨大冲击，将给新加坡带来高达220亿新加坡元的经济损失。伴随着中美贸易摩擦的不断扩大，全球贸易纠纷的不断升级，欧盟、俄罗斯、加拿大、日本等国纷纷加入"战局"，各主要经济体将陷入"报复性回击"的恶性循环，引发全球生产网络与贸易规则陷入紊乱，严重冲击全球消费和投资活动，作为开放经济体的新加坡同样难以幸免。

第四节　安全

一、2018 年新加坡安全概况

2018 年新加坡安全形势总体平稳，各项安全工作有序推进，与传统军事合作国的合作关系也在延续。在国防预算方面，2018 年新加坡国防预算较 2017 年增长 3.9%，达到 112 亿美元（147.6 亿新加坡元），占 2018 年政府总预算（800 亿新加坡元）的 18.5%，其中包括 142.4 亿新加坡元的作战支出（约占总国防

---

① Schroders. Which Countries are Most at Risk from a Trade War? Five Questions Answered ［EB/OL］．［2018 - 06 - 12］．https：//www. schroders. com/en/sg/wealth - management/insights/monthly - viewpoint/which - countries - are - most - at - risk - from - a - trade - war - five - questions - answered/.

预算的 96.5%）和 5.24 亿新元的研发支出（约占总国防预算的 3.5%）①。在内部安全方面，较为突出的安全问题集中在网络安全方面，多次网袭事件的发生对于新加坡的网络安全能力提出了新的挑战。同时频发的军事演习安全事故引发了国内外的密切关注，也使得重新审视新加坡军队的安全措施和规定提上议程。在外部安全方面，新马关系的恶化，特别是新马海域界线的纠纷，可能引发双方船只的正面冲突，也给新加坡的安全形势带来一定的压力。

二、安全合作

2018 年新加坡武装部队先后与 11 国开展了 30 余场联合军事演习，并向中国台湾、老挝及印度尼西亚提供了 3 次人道主义援助。不仅锤炼了新加坡武装部队的军事力量，同时也进一步强化了新加坡在地区军事合作中的地位。

在安全合作领域方面，2018 年新加坡重点关注网络安全、恐怖主义以及海上安全议题，从区域内外积极同其他国家开展安全合作。首先，作为东盟成员国之一，以新加坡国防部与武装部队为主体的机构，以机构设置、外交互访、定期军演及巡查等为形式，不断密切同东盟成员国的安全合作关系。其次，新加坡也保持同域外大国与其他国家的安全合作关系，特别是在网络安全方面，新加坡希望汲取域外大国在网络安全方面的经验，提升自身网络安全能力。为此，新加坡先后同以色列、俄罗斯、加拿大、美国等国在网络安全领域达成合作意向。

三、网络安全

1. 网络数据安全

2018 年 7 月 20 日，新加坡卫生部、通讯及新闻部、新加坡网络安全局和新加坡保健服务集团召开联合记者会，正式通报新加坡遭受有史以来最大规模的网络袭击，约 150 万名曾到新加坡保健服务集团（Sing Health，简称新保集团）旗下医院或诊所就诊病患人员的个人资料被黑客窃取。此外，被盗信息还涉及新加坡总理李显龙及新加坡政府多名部长的个人资料和门诊配药记录。新保集团网袭事件爆发后，国际主流媒体都对此进行了持续报道，引发新加坡国内外一片哗然，网袭背后的犯罪主体及动机成为各方讨论的焦点，新加坡的网络安全问题也引发社会各界的热烈讨论。

随着数字时代的到来，新加坡政府积极推动网络基础设施、电子政务系统以

① Straits Times. Parliament：Defence Spending to Remain Steady Even as other Countries Spend More on Wide - ranging Security Threats，Says Ng Eng Hen ［EB/OL］．［2018 - 03 - 02］．https：//www. strait-stimes. com/politics/parliament - defence - spending - to - remain - steady - even - as - other - countries - spend - more - on - wide.

及数字经济的发展建设，先后出台"智慧城市 2015"计划、"智慧国家 2025"
计划以及《新加坡数字经济行动框架》① 等一系列指导性文件，不断助推国内数
字产业的发展和网络基础设施的建设，积极推动新加坡国内的数字化转型，努力
将新加坡培育成为东盟地区的信息枢纽。新保集团网袭事件的发生暴露出新加坡
在网络安全领域的薄弱点，对于新加坡的网络安全形势，新加坡总理李显龙坦言
"新加坡希望成为一个智慧的国家。但是成为一个智慧国家，我们首先要成为一
个安全的网络国家"。因此，基于网络安全环境趋于恶化的现实背景下，如何构
建完善的网络安全网络，以应对域内外的网络安全挑战，成为当前新加坡政府亟
须思考的关键问题。

2. 打击网络虚假信息议题

新加坡是一个多元文化的移民国家，促进种族和谐是政府治国的核心政策，
多年以来，新加坡一直以稳定的政局、廉洁高效的政府而著称，不仅发展为全球
国际化的国家之一，同时也是东南亚地区重要的经济、金融、航运中心。

2018 年 1 月 5 日，新加坡通讯及新闻部与法律部共同向新加坡国会提交了一
份题为《蓄意散播网络虚假信息：挑战与影响》的绿皮书，该书详细介绍了网
络虚假信息传播的路径、影响、目标以及国际治理经验，最终提出新加坡将组建
国会特选委员会，并就治理网络虚假信息举办听证会，广泛听取社会各界的
意见。

2018 年 1 月 16 日，新加坡国会宣布蓄意散播网络虚假信息——原因、后果
与对策特选委员会（以下简称国会特选会）正式成立，同时公开了 10 名国会特
选会成员名单以及具体工作任务。3 月 14～29 日，新加坡国会特选会召开了为期
8 天的公开听证会，围绕着网络虚假信息的散播、动机、结果以及应对举措等，
先后听取了 79 个组织与个人的轮流论证。此次听证会在历时、公证人数、书面
陈述数量方面都远甚于以往的特选会议题，这表明蓄意散播网络虚假信息问题得
到了各界的广泛重视。

第五节　外交

2018 年，新加坡在外交方面保持其一贯的稳健作风。一方面，从东盟区域
内来看，作为 2018 年的东盟轮值主席国，新加坡积极组织和协调各方共同应对

---

① 详见：新加坡信息通信媒体发展局官网。

区域及全球性议题，同时不断加深与周边伙伴国的各方面合作。作为新加坡外交中的重要一环，2018 年因为马来西亚内外政治势力的变化与利益冲突，新马两国冲突不断，使得新马关系陷入僵持，为此新加坡与马来西亚保持密切沟通，争取和平解决争端。另一方面，从全球视野来看，2018 年，新加坡成功承办美朝峰会，协助美国与朝鲜达成谈判，为推进朝鲜半岛的和平进程贡献力量，同时推进与欧洲、俄罗斯等国的合作关系，在外交舞台上取得了巨大的成果。

一、与东盟成员国的关系：外交局面总体稳定，新马争端成焦点

1. 与马来西亚关系：争取和平解决新马争端

2018 年，马来西亚国内政治形势急剧变化，马哈蒂尔领导的希望联盟在大选中击败巫统，并亲自出任马来西亚总理。随后新马关系中包括新马高铁、水供协定及港界问题等多个议题相继爆发，但这些议题并未对新马关系造成实质破坏，双方仍就彼此对各议题存在的不同认知展开积极对话。2018 年 11 月 12 日，马来西亚总理马哈蒂尔访问新加坡，并将新马比作一对双胞胎，对新马关系给予积极评价。

2018 年 12 月 4 日，马来西亚宣称将从 2019 年底收回新加坡使用柔佛州南部空域的权利，并计划到 2020 年收回对该领域的全面控制权，扩大柔佛新山港口界线。由于安排海事执法局与海事局的船只进入事发海域，新加坡与马来西亚的空域与海域矛盾不断恶化。为解决新马争端，新加坡交通部长许文远多次召开记者会并就个中争论一一解答。为缓和紧张的双边局势，2018 年 12 月 31 日，新加坡副总理兼国家安全统筹部长张志贤及财政部长王瑞杰到布城与马来西亚总理马哈蒂尔会面，双方商定于次年 1 月 8 日举行双边外长会谈，为和平解决新马争端创造机会。

2. 与印度尼西亚关系：双边关系稳定，合作成果丰硕

印度尼西亚（以下简称印尼）是新加坡的邻国与东盟区域内的大国。多年以来，新加坡同印尼的双边关系历久弥新。2018 年，新加坡继续保持与印尼的密切关系，双边高层互访频繁，除了原有和新开展的合作项目，双方领导人也积极探讨未来发展项目。

2018 年 10 月 11 日，新加坡总理李显龙与印尼总统佐科在印尼巴厘岛举行新加坡—印尼领导人非正式峰会，新加坡和印尼共同签署 7 个合作备忘录，其中 3 份重要协定和谅解备忘录在李显龙总理和佐科总统的见证下签署，当中包括推广和保护双边投资协议、未来 3 年的文化交流合作计划以及金融科技合作等，确保两国继续在多个关键领域争取互惠共赢。

3. 与越南关系：共同庆祝建交 45 周年

2018 年，新越双边关系正式步入 45 周年，45 年以来新越高层互访频密，经

贸合作密切。2018 年 4 月 25~27 日，越南总理阮春福应李显龙总理邀请，对新加坡展开 3 天正式访问，先后同哈莉玛总统和李显龙总理会晤，双方计划在再生能源、金融科技和银行业方面加强合作，访问期间阮春福还出席了由新加坡企业发展局、新加坡工商联合总会和新加坡制造商总会共同举办的新越商业论坛。新加坡方面，新加坡总理李显龙也于 2018 年 9 月 12 日出席在越南举办的第 27 届世界经济论坛东盟会议，并在会议间隙同阮春福举行会晤。双方在会谈中重申两国间的友好关系，并就区域和全球局势交换看法。此外，新加坡副总理张志贤、外交部长维文以及越南外交部长范平明也都相继展开了互访，并签署了多项合作协议。

4. 进一步密切与其他东盟成员国的双边关系

作为 2018 年东盟轮值主席国，在东盟系列合作框架下，新加坡同东盟成员国就地区和国际议题展开了广泛的对话与合作，东盟各成员国领导人也都借东盟峰会的契机对新加坡进行了访问，并同新加坡领导人哈莉玛、李显龙等积极开展对话。在高层对话方面，2018 年 5 月 11~14 日，新加坡总统哈莉玛首次对文莱进行了国事访问，并同文莱苏丹等多位皇室成员举行了会面，同时参观了文莱多处科研院校，还对在文莱进行军训的新加坡武装部队开展慰问。10 月 28 日，文莱王子穆赫塔迪·比拉也对新加坡进行了访问，同时与哈莉玛总统、李显龙总理及张志贤副总理举行会晤。2018 年 5 月 9~10 日，老挝国家主席本扬·沃拉吉应哈莉玛总统邀请到新加坡进行国事访问，这是本扬主席自上任两年来首次以国家主席身份访问新加坡，访问期间他还先后同哈莉玛总统及李显龙总理举行会面，并参观了市区重建局和新加坡旅游局，随团前来访问的还包括本扬的妻子、老挝多名部长和官员以及商业代表团。此外柬埔寨、缅甸、菲律宾以及泰国也都同新加坡进行了不同层面的互访与对话活动，新加坡也在积极加强同东盟其他成员国的联系，不断推进与各成员国的合作关系。

二、与域外大国、地区的关系

1. 稳步前进的中新关系

中国是新加坡在政治、经济、外交、社会、安全等领域的重要合作伙伴，中新关系已成为新加坡对外关系的重中之重。2018 年，在中国与新加坡的共同努力下，中新关系站在新的历史起点上继续稳步前进。首先，高层互访与交流继续保持常态化：4 月，新加坡总理李显龙于对中国进行工作访问，在北京同中国国家主席习近平举行会谈，并参加博鳌论坛；11 月，中国国家总理李克强对新加坡进行正式访问，同时出席第 32 届东盟峰会及其系列会议。此外，中国国家副主席王岐山、副总理韩正、国防部长常万全、外交部长王毅、最高人民法院院长周强等也都分别对新加坡进行了交流访问。

面对全球范围内的贸易保护主义抬头和反全球化浪潮，2018 年 11 月 12 日，中国与新加坡在贸易领域取得一大成果，在李克强总理与李显龙总理共同见证下，中新自贸协定升级议定书正式签署。李克强总理指出"中新自贸协定顺利完成升级谈判，希望双方抓住机遇，进一步提升双向贸易投资水平。"李显龙总理也表示，新中自贸协定升级将为两国企业和人民带来实实在在的利益，向两国工商界发出进一步扩大贸易投资的有利信号。①

2. 承办美朝峰会，助推朝鲜半岛和平进程

2018 年，新加坡在处理国际重大事务方面取得了重要成就。得益于新加坡政府在后勤、保安和外交方面的积极筹备与大量的人力物力投入，2018 年 6 月 12 日，美朝双方领导人特朗普与金正恩正式在新加坡举行会谈，并就双方共同关心的议题进行讨论，两国首脑还签署了关于半岛无核化、恢复两国关系的联合公报。

尽管新加坡国内对于承担峰会经费存在争议，但新加坡政府仍高度认可峰会取得的经济效益和政治意义。美朝峰会的顺利举办及预期成果的实现，不仅为全球的和平贡献了新加坡力量，也提升了新加坡在处理国际事务中的分量，作为全球性的重大外交事件，身处国际媒体的"聚光灯"下既有利于新加坡树立良好的国际形象，同时也为新加坡带来一定的经济效益。

3. 与俄罗斯关系：新俄建交 50 周年

2018 年，正值新加坡与俄罗斯建交 50 周年，俄罗斯总统普京于 2018 年 11 月 13 日对新加坡进行首次国事访问，并出席第 32 届东盟峰会及其系列会议。在访问期间，普京总统先后与哈莉玛总统及李显龙总理举行会面，他还强调新加坡是俄罗斯在亚太地区"重要和大有可为"的伙伴，两国关系在过去 50 年里取得稳健发展②。哈莉玛还与普京共同参加俄罗斯文化中心的动土仪式。普京表示，文化中心将进一步提升两国关系，并希望新加坡人未来能通过这座文化中心了解俄罗斯的历史与文化。

4. 与欧盟关系：贸易合作再上新台阶

欧盟作为新加坡第三大贸易伙伴与最大的投资来源地，在新加坡的经济发展中起着重要的作用。为进一步深化双方在贸易领域的合作关系，新加坡与欧盟从 2010 年起就启动了自由贸易协定的有关谈判。2018 年 10 月 20 日，在比利时出

---

① 中华人民共和国中央人民政府网. 中国新加坡自贸协定"升级版""升"在哪里？［EB/OL］.［2018 - 11 - 13］. http://www.gov.cn/xinwen/2018 - 11/13/content_ 5339911.htm.

② 联合早报. 普京：新加坡是"重要和大有可为"伙伴［EB/OL］.［2018 - 11 - 14］. https://www.zaobao.com/special/report/supplement/asean - 2018/asean - foreign/story20181114 - 907331.

席第 12 届亚欧会议的李显龙总理同欧盟委员会主席容克、欧盟理事会主席图斯克和欧盟轮值主席国奥地利的总理库尔茨共同签署了《欧盟—新加坡自由贸易协定》，并共同见证了《欧盟—新加坡投资保护协定》和《欧盟—新加坡伙伴关系与合作协定》的签署。欧盟—新加坡自贸协定生效后，双方出口产品的关税在 5 年内将全部消除。当中包括新加坡的电子产品、药品和加工食品等，这将让新加坡和欧盟企业，尤其是中小企业受惠，标志着新加坡与欧盟在贸易合作方面取得了里程碑式的成就。

第六节　区域合作

作为区域合作的受益者和拥护者，新加坡多年来一直强调区域合作在实现地区和平稳定繁荣中扮演着重要角色。2018 年，面对中美等主要经济体之间的贸易紧张局势和反全球化浪潮，新加坡同样积极投身区域合作的发展进程之中，作为东盟主席国，新加坡以"坚韧团结·创新求变"为主题，务实推进区域稳定和一体化，并努力加快区域全面经济伙伴关系（RCEP）的谈判步伐。

一、2018 年东盟轮值主席国新加坡：以"韧性与创新"推动东盟一体化

2018 年，新加坡作为东盟轮值主席国，坚持"坚韧团结·创新求变"，紧密团结东盟各国，务实拓展项目合作，稳步推进东盟一体化与共同体建设。

作为 2018 年的东盟轮值主席国，新加坡结合国内与地区安全需求，以东盟地区的网络安全合作和智慧城市网络（The ASEAN Smart Cities Network，ASCN）为主要的工作内容。新加坡凭借着自身较为健全的网络安全机制，一方面积极帮助东盟成员国提升网络安全能力，先后注资设立东盟—新加坡网络安全卓越中心等机构；另一方面借助新平台搭建，扎实提升地区内部的网络安全水平。新加坡作为网络安全工作的"先行者"，不仅向东盟成员国传授自身经验，还积极对接美国、日本、俄罗斯等国与东盟网络安全计划进行合作。此外新加坡还大力推动东盟智慧城市网构建工作，将东盟地区的 26 个城市纳入东盟智慧城市网络，在新的合作机制下，共同解决地区城市化快速推进过程中遇到的突出问题，为东盟共同体长期可持续发展奠定基础。

二、积极推动区域全面经济伙伴关系的谈判进程

《区域全面经济伙伴关系协定》是东盟提出且积极推动的经贸协议，邀请中国、日本、韩国、印度、澳大利亚、新西兰这 6 个与东盟有自由贸易协定（FTA）的国家共同参加。相关谈判始于 2012 年，该协定涉及货物和服务贸易、投资、经济技术合作、知识产权、竞争、争端解决、电子商务和中小企业等议题。作为《区域全面经济伙伴关系协定》中的重要力量，新加坡一直支持加快谈判步伐，新加坡总理李显龙也在多个公开场合表达了尽快结束 RCEP 谈判工作的想法。

2018 年 8 月 30～31 日在新加坡举办的《区域全面经济伙伴关系协定》部长会议结束之后，16 个成员国部长通过了联合宣言，其中提出到 2018 年底基本结束关于商品、服务和投资市场开放的谈判以及部分技术内容的谈判工作，力争在 2019 年内可以彻底结束谈判进程的目标①。

三、助推跨太平洋伙伴全面进展协定（CPTPP）落地

作为对新加坡现有双边自由贸易协定的重要补充，《跨太平洋伙伴全面进展协定》的谈判进程也十分艰辛，在美国宣布退出跨太平洋伙伴关系协议（TPP）后，该协议一度被搁置，随着日本接棒美国，在 CPTPP 谈判中发挥了核心作用，加拿大、澳大利亚、新加坡、新西兰等其他成员也在谈判中发挥了重要作用。2018 年 3 月 8 日，"跨太平洋伙伴全面进展协定"的 11 个成员国在智利正式签署《跨太平洋伙伴全面进展协定》。CPTPP 沿袭了 TPP 绝大多数条款，但降低了部分标准和生效门槛。2018 年 7 月 19 日，新加坡正式核准《跨太平洋伙伴全面进展协定》，成为继墨西哥、日本后，第三个核准该协议的国家。据新加坡贸工部透露这项协议共有 11 个国家签署，其中只要 6 个国家进行核准，协议将会在 60 天后生效②。新加坡贸工部长陈振声指出，CPTPP 符合新加坡对全球贸易局势的期望，即促进多边贸易和推动经济一体化，欢迎其他国家加入。

---

① 中国自由贸易区服务网. 各成员国力争 2019 年内结束 RCEP 谈判［EB/OL］.［2018 – 09 – 07］. http://fta. mofcom. gov. cn/article/rcep/rcepgfgd/201809/38765_ 1. html.

② 中华人民共和国驻新加坡共和国大使馆经济商务参赞处. 新加坡正式核准"跨太平洋伙伴全面进展协定"［EB/OL］.［2018 – 07 – 19］. http：// sg. mofcom. gov. cn/article/dtxx/201807/20180702767774. shtml.

第七节 社会文化

多年以来，新加坡政府提倡种族包容，致力打造多元种族、多元文化、多元宗教和谐并存的社会氛围。2018 年，新加坡社会文化发展进程在整体上较稳定，关注的焦点主要集中在收入不平等以及小贩文化申遗等方面。

一、收入不平等引发社会矛盾的激化

作为东亚地区的新兴工业国家，新加坡凭借着其独特的政治经济发展模式，在短时间内成功实现了经济腾飞，一跃成为全球最富裕的国家之一。世界银行公布的最新数据显示，新加坡国内生产总值（2010 年不变价）从 1965 年的 73 亿美元增长至 2017 年的 3100 亿美元，而在人均国内生产总值方面，2017 年新加坡人均国内生产总值（2010 年不变价）是 1965 年的 14.1 倍[1]。与此同时，根据 Kuznets 提出的有关经济增长与收入分配不平等之间的倒 "U" 形关系曲线[2]，在经济快速增长初期往往伴随着收入不平等的加剧，新加坡同样不例外，伴随着经济的高速发展，居民收入不平等问题也逐渐凸显。数据显示，2000~2017 年，新加坡受雇居民基尼系数[3]从 0.442 增至 0.459，在 2007 年达到峰值（0.482），收入不平等的加剧已成为新加坡面临的一大挑战。

在这一背景下，2018 年，关于收入不平等的争论甚嚣尘上，先是新加坡总理与部长高薪金事件的爆发以及凸显新加坡社会巨大贫富差距的影片《摘金奇缘》的大受追捧。其后，慈善组织乐施会（Oxfam）在近期公布的一份报告中明确指出新加坡在缩小贫富差距和降低社会不平等问题上的不作为。李显龙等新加坡领导人就收入不平等的报道展开积极辩驳，引发了新加坡国内外的一片哗然。

二、大力推动小贩文化申遗

2018 年 9 月 19 日，新加坡总理李显龙在国庆群众大会上宣布，将成立提名委员会，计划在 2019 年 3 月向联合国教科文组织提交申请，把新加坡小贩文化列入 "非物质文化遗产代表名录"。尽管掀起国内外的无数热议，但是支持小贩

---

① 数据来源：世界银行数据库。
② 刘国余.收入分配不平等随经济增长变动的研究综述 ［J］.地方财政研究，2012 (8)：39-44.
③ 基尼系数是用来测定社会收入分配差异程度的指标，数值为 0~1。越接近 1 表明这个社会收入分配越不平等。经济学界通常把 0.4 作为社会贫富差距的警戒线。

文化申遗的官员与民众认为，小贩文化的核心不仅是美食，还是新加坡一种独特的文化符号，代表了不同种族与文化的完美融合，体现出新加坡族群和睦共处、种族和谐的社会氛围。另外，小贩中心作为新加坡人日常生活必不可少的一部分，已逐渐发展成为新加坡人的"感情联络站"。目前新加坡国内已展开一系列的官方与民间活动，呼吁新加坡人加入到支持申遗的队伍之中。整个评估过程预计需要 1 年多时间，联合国教科文组织可能会在 2020 年底宣布申遗结果。

三、积极维护宗教与种族和谐

作为一个拥有多种族、多宗教的国家，新加坡一直奉行宗教与种族平等和多元文化的民族及宗教政策。2018 年，新加坡继续贯彻正确的民族与宗教政策，积极维护宗教与种族和谐。在治理方面，新加坡政府面对激化宗教与民族矛盾的群体、个人及媒介绝不手软，新加坡资媒局多次禁止公映或发行易诱发本地宗教和族群间矛盾的相关作品。在讨论有关网络虚假信息治理的过程中，还将宗教与种族问题纳入其中。同时新加坡也主动为不同宗教与种族搭建对话平台，促进彼此间的交流与沟通。新加坡总统哈莉玛在出席首届族群与宗教互信圈会议时强调，不同种族与宗教之间的相互尊敬构成了新加坡社会团结的基石，要培养互敬精神，国人都必须积极地接触其他族群，而新加坡人拥护多元种族与信仰的意愿，也正展现了这个国家的韧性。

第八节　发展展望

立足当下，展望未来。总体来看，未来新加坡还将维持当前的发展形势，面对迫在眉睫的国内大选与走弱的内外经济形势，稳定与发展依旧是新加坡未来发展的主旋律，稳定政治与发展经济也将会是 2019 年新加坡发展的两个主要内容。在政治方面，2018 年新加坡政治领域的重点议题集中在领导层更迭上，2019 年是第四代领导团队带领新加坡发展的开局之年，对于新领导团队是否具有引领新加坡未来发展的疑问还将持续，面对即将到来的国内大选，反对党将会围绕新领导层的领导力水平展开密集攻势。在经济方面，2018 年，面对"反全球化"与贸易保护主义势力的抬头、中美贸易摩擦升级两大消极因素的影响，新加坡的开放经济承受着巨大压力。伴随着国际经济形势的不明朗，未来一段时期内新加坡经济还将承受着巨大的内外部压力，加快产业转型以及扶持国内企业仍是下一步新加坡政府开展经济工作的重点。除此之外，在外交与区域合作方面，新加坡将继续扎实推进外交与区域合作工作，同时发挥自身影响力，打击反全球化浪潮，缓解国内经济困境。在安全方面，安全是新加坡发展的重要前提，面对频发的网络安全事件与军训人员事故，实现网络安全的全覆盖与检讨军训安全流程将成为新加坡安全工作的重中之重。

第九章　2017～2018 年泰国国情报告[*]

第一节　引言

泰国全称"泰王国"，位于中南半岛中部，东邻柬埔寨、南临暹罗湾和马来西亚，西面为缅甸及安达曼海。全国划分为 76 个府，人口约为 6800 万，共有 20 多个民族，主体民族泰族占总人口约 75%，佛教徒占总人口的 95% 以上，是世界知名的佛教国家。2014 年，泰国军人发动了第 20 次军事政变，进入总理巴育领导的军人政府时期。在经济方面，泰国被视为一个新兴的工业化国家，目前是东盟的第二大经济体，虽然自身仍属于中等收入国家，但却是带动老挝、缅甸和柬埔寨等周边国家经济发展的主要力量。2018 年泰国在政治、经济、社会文化领域均发生意义重大的事件，以下分别进行简述。

第二节　政治

2018 年，巴育领导的军政府进入执政的第 4 年。在多次承诺大选但均未兑现后，军政府终于正式宣布将于 2019 年初举行大选，并积极进行准备工作。

一、军事政变与泰国政治现代化的路径探索

自 2001 年开始，泰国政治图景就呈现围绕支持前总理他信和反对前总理他

---

* 本章由蓝襄云负责撰写。蓝襄云，广西大学国际学院（中国—东盟信息港大数据研究院）泰国舆情助理，舆情监测中心副主任。

信的无法弥合的分裂。他信的妹妹英拉在 2011 年大选中成为总理，但不同政治派别对选举结果存在巨大争议和分歧，泰国街头一度出现激烈的政治冲突。2014年，时任陆军总司令的巴育领导军事政变，成立军人权力集团"维护国家和平与秩序委员会"（以下简称"维和委"）。这是泰国自 1932 年确立君主立宪制以来发生的第 20 次军事政变。军事政变在泰国社会的共识里具有一定的合理性。在泰国，虽然实行的是民主选举，但败选一方多是拒绝承认大选结果，并诉诸激烈的街头抗争；而民选政府也并没有带领泰国实现民主制度所承诺的理想社会，反倒是冲突不断，让社会分裂加剧。军人往往在危机中介入，强力压制纷争，由此泰国逐渐产生了一种独特的政治文化，即认为军人势力的介入有其必要性，政变是两害相权取其轻的理性选择，是解决如痼疾般的政治纷争的"泰国路径"。

在经年的政治动荡中，起源于西方的"西式民主"并未带来承诺中的稳定和繁荣，于是泰国出现"泰式民主"的理念，以图替代"西式民主"。不同的政治派别都认为，应该基于泰国的文化和历史现实，建立符合泰国社会和文化特点的"泰式民主"。学者对其内涵的阐释是，泰式民主应根植于"亚洲特质"（Asian－ness）并包含"泰国特质"（Thainess），即根植于佛教教义的德行和原则，包括善治理念、正直的领导人和崇尚佛法的王权。

二、军政府的执政策略与影响

1. 军政府执政 4 周年

2018 年 5 月 22 日是维和委发动军事政变 4 周年，总理巴育召开新闻发布会，表示对 4 年来取得的成绩感到满意，指出维和委和军政府做出了很多努力，启动改革、多管齐下、出台国家发展战略和几百份法律法令法案，解决了诸多问题。①

总的来说，巴育军政府的施政集中在维护社会秩序、推动行政改革、发展经济以及扶助低收入人群四个方面，施政方向符合民心。泰国是世界上贫富差距最严重的国家之一，根据瑞信研究院 2018 年全球财富数据的报告数据，泰国最富有的 1% 的人群掌握了全国 67% 的财富，而且差距还在继续扩大。② 泰国民众将解决贫富差距、缓解严重的贫富差距造成的社会分裂和冲突作为对每个执政团体的期待。巴育军政府的确回应了民众呼声，把施政重点放在发展经济、关注农村和农业发展、扶助低收入者方面。2018 年 8 月，军政府发布第 3 年政绩报告，阐述 2016 年 9 月 12 日至 2017 年 9 月 12 日期间的工作成果，包括及时解决国家面

---

① 泰国世界日报. 军事政变四周年　巴育：满意成绩［EB/OL］.［2018－05－22］. http://www.udnbkk.com/article－256278－1.html.

② 泰国世界日报. 泰财富分配最不平等　政府驳斥［EB/OL］.［2018－12－08］. http://www.udnbkk.com/article－269471－1.html.

临的问题、遵照政府推出的 11 个方面的政策推动国家改革、促进社会和谐，同时也侧重于建设民主体制的政治文化及促进民心团结，在全国 7428 个乡镇建立了乡镇民主体制发展中心。①

2. 制定《国家 20 年发展战略规划》

在巴育军政府执政后，以推动泰国经济、社会发展作为首要任务，试图以政绩来弥补非民选这一合法性上的缺陷。为达到这一目标，军政府首先于 2015 年 6 月提出要制定一个以 20 年为期的国家战略性计划，包含 4 个 5 年实施时期，着重在国家安全、经济、社会事务、外交以及法律五个方面推动改革。经过长达 3 年的工作，2018 年 10 月，泰国政府网站正式发布了《国家 20 年发展战略规划 (2018～2037)》文件（简称 20 年规划）。

20 年规划确立了泰国在 2037 年跻身发达国家行列的宏大目标，基于"自足经济"的发展理念，把泰国建设成为安全稳定、繁荣富裕、可持续发展的国家。该规划分为六方面，分别是政治稳定、国家安全，有能力应对外部威胁，得到国际社会的广泛认可；增强国际竞争力，避开中等收入陷阱；发展国民权益，包括国民享有完善的健康保障；创造机会及实现社会公平，缩小贫富差距；在环境保护和生态平衡的前提下促进发展，扩大土地植被覆盖率，并减少温室气体排放；改革和提升政府行政效率，大力反腐，由此建立完善、公正的司法系统。一些政治观察家认为，冷战以来的官僚政治模式启发了巴育军政府制定这部规划的思路，这个思路反映了泰国的精英阶层中的极端保守阵营与军队阵线关联紧密，他们希望由未经选举的技术官僚而不是民选政治人士掌握权力。"20 年规划"被写入 2017 年新宪法，要求未来民选政府以之为施政纲领。

3. 贪腐丑闻频发

泰国贪腐现象严重。2014 年军政府执政后，将严厉打击腐败设为主要施政目标之一。但军政府的反腐举措收效不大，民众普遍认为 2014 年政变以来腐败问题更严重。② 泰国商大发布的截至 2017 年 12 月底的泰国腐败风险状况报告显示，腐败金额占到了全年国家财政预算的 5%～15%，约合 662 亿～1980 亿泰铢，预计腐败引发的经济增长折损率为 0.41%～1.23%；"国际透明组织"《2017 年贪腐印象指数》报告显示，泰国排名从 2016 年第 101 名提升至第 96 名，但总分仍低于世界平均得分。③

---

① 泰国世界日报. 军政府第 3 年政绩报告厚达 461 页［EB/OL］.［2018 - 08 - 07］. http：//www.udnbkk.com/article - 261292 - 1.html.

② 泰国星暹日报. 萱律实民调显示民众最担忧口腹问题［EB/OL］.［2018 - 02 - 11］. http：//www.singsianyerpao.com/politics/7522/.

③ 泰国世界日报. 2017 年清廉指数 泰国排名上升 5 位［EB/OL］.［2018 - 02 - 22］. http：//www.udnbkk.com/article - 250504 - 1.html.

泰国国家反贪委员会研究发现，2018财年官僚行政系统的腐败造成500亿~1000亿泰铢的损失，且腐败问题有复燃高发迹象。^①导致腐败状况的主要原因是法律存在漏洞，泰国相互庇护的政治文化使之难以建立一套适合国情的反腐败法律系统，以此解决长期存在的腐败问题。

三、确定2019年大选

1. 2019年大选计划

军政府执政的4年多时间里多次承诺要举行大选，但又以安全稳定问题未能得到充分解决、大选条件尚未成熟等理由一再推迟。2017年10月，巴育表示大选将于2018年11月举行，这是军政府第一次给出比较明确的大选日期。2018年1月，军政府将大选推迟至2019年，之后于8月将日期确定为2019年2月24日；到12月底，又表示这个日期与第十世国王哇集拉隆功的加冕典礼事务相冲突而需再往后推迟。

虽然日期未能最终确定，但是大选势在必行的情势变得明朗。这将是4年来泰国的第一次大选，并可能成为8年来首次成功的大选。此次大选将在亲军政府阵营与反军政府阵营之间角逐，这两大阵营也以是否支持流亡海外的前总理他信的政治伦理和理念来区分，被称为亲他信阵营与反他信阵营。多个民调结果显示，巴育是支持率最高的总理人选，如泰国企业管理大学（NIDA）5月的民调显示超过30%的受访者支持巴育继续担任总理，川登喜民调中心8月民调显示24.72%受访者希望巴育大选后继续担任总理；支持率紧随巴育之后的是民主党领袖阿披实、为泰党领袖素达拉以及年轻的新未来党领袖塔纳通。

2. 军政府的大选准备

（1）逐步解除政治活动禁令。2014年5月军事政变之后，军政府以结束反英拉政府的政治乱局、恢复政治和社会秩序为名，开始实施政治活动禁令，包括禁止5人以上的政治集会、禁止政治筹款等。确定将于2019年举行大选后，为激活泰国社会的政治活动及大选做准备，军政府逐步放松禁令，开放政党活动空间。2018年3月，中央选举委员会开放接受新政党登记注册，泰国政治党派和团体立刻活跃起来，到4月共有98个政治团体提交了登记新政党的申请。9月，维和委解除部分禁令，允许政党进行党魁选举、招募新党员、设立支部办公室以及召开至少250名党员出席的党大会，但仍然不能进行竞选宣传活动，5人以上的政治集会依然被禁。一直到12月11日，这项禁令才随着议员选举条例的正式生效得以解除，所有政党可进行竞选宣传活动。

---

① Nation. The Cost of Corruption：Bt100 Billion［EB/OL］.［2018 - 09 - 19］. http：//www. nation-multimedia. com/detail/politics/30354747.

（2）修订大选程序和规则。2018 年 9 月，中央选举委员会公布全国选区的划分方案以及各府当选议员人数的规定，全国下议院选区数从之前的 400 个缩减到 350 个；11 月底，中选会公布了新划分的全国 350 个选区。而中选会在公布重新划分的全国选区之前，巴育动用了宪法第 44 条命令延长中选会宣布划分结果的期限、推迟发布划分结果，并指令中选会不再受现存选区法令的约束，按照自己的意见划分选区。这一举动遭到为泰党、民主党等党派的猛烈抨击，这些政党指责军政府干涉中选会工作，是为了使选区划分倾向于亲军人党派的选举利益。

（3）改变施政风格，力图吸引选民。泰国宪法规定，巴育不能自主参加总理选举，因此军政府想要延续权力，首先必须借助非军人的政党，合法参加大选。2018 年 3 月，前军政府官员登记组建人民国家力量党（Palang Pracharat Party），公开宣称支持总理巴育，计划提名巴育为本党总理候选人。该党成功运用政治人才资源战略，吸纳有影响力的政界人士加入，增强了政治影响力。2018年 9 月，军政府内阁的 4 名内阁成员宣布加入这一政党，巴育也随即首次公开表态"对参政有兴趣"，面对广泛批评却仍然支持内阁部长以公务员身份加入人民国家力量党。[①] 自此，军人势力以合乎选举法和宪法的方式全面展开大选筹备。

巴育在这一年中施政风格和方式的调整被认为是有意扩大选民的基本盘。首先，吸引广大低收入选民的支持。从 2018 年 5 月开始，巴育频繁到全国各府视察，走访乡村，了解民生问题，开展亲民活动。11 月，军政府大手笔通过总额高达 387 亿泰铢的面向低收入人群的财政补贴措施，包括对 1450 万福利卡持有者发放现金补助和水电补助、补贴橡胶种植户等。这些定向扶助的惠民政策显然能够达到争取选民支持的效果，但大选临近的时候走民粹路线，以对财政不负责的态度给选民福利，也被指责包含政治目的，以福利换取选举利益。其次，巴育力争吸引年轻选民。此次大选将是年龄在 18~25 周岁的泰国公民首次参加大选投票，这一年轻的、期待变革的选民群体约占全部选民人数的 10%，是两大对立阵营争取的主要选票基本盘。为吸引这一选民群体，巴育表现出一种"与时俱进"的开明作风，9 月接见了到曼谷宣传的日本少女偶像组合 AKB48，10 月又开通了 Facebook 等社交媒体，试图使用年轻群体的话语渠道，吸引他们的关注和支持。

3. 各党派积极准备参选

从 2018 年 9 月开始，军政府逐步解除政治活动禁令，各政治党派立即活跃

---

① Nation. PM Told to Step down as Junta Chief First［EB/OL］.［2018－09－25］. http://www.nationmultimedia.com/detail/politics/30355149.

起来。因为担心重新活跃的政党活动造成社会不稳定，军政府及维和委于12月7日邀请各政党举行了沟通对话会，磋商大选前的社会秩序维护问题。但当日包括为泰党、民主党在内的10个主要政党拒绝参加对话会议。

此次大选主要是四大政党之间的竞争，即亲军人的人民国家力量党、泰国老牌政党为泰党和民主党，以及年轻的新未来党。民主党成立于1946年，是泰国具有最长历史的政党，在1992～1995年、1997～2001年、2008～2011年是泰国的执政党。民主党主张古典自由主义，支持自由经济，且支持的阶层主要来自经济相对发达的曼谷以及南方省份的城市中产阶级和富有农户。民主党领袖阿披实现年54岁，曾于2008～2011年任泰国总理。作为民主党提名的总理候选人，阿披实旗帜鲜明地反对军人政权继续主导泰国政治，倡导"人民民主"。为泰党成立于2008年9月，前身是前总理他信的政治派别领导的泰爱泰党及泰爱泰党演变的人民力量党。为泰党提名其选举策略委员会主席素达拉为总理候选人。素达拉现年57岁，有丰富的政府行政经验，曾任川立派政府的交通部副部长、班汉政府的内政部副部长、他信政府的卫生部长以及农业与合作部长。新未来党于2018年3月登记成立，创建人为泰国高峰集团执行副总裁塔纳通和法政大学法律系讲师皮亚布特，年轻的党员们包括电影制作人、环保人士及同性恋维权人士。这些年轻的人们抱持社会进步主义和社会民主主义立场，是反军人势力的自由派政治力量。新未来党自称为"第三势力"，党领袖塔纳通表示不会在亲他信和反他信阵营中选边站，建党的初衷是为在亲他信阵营和军人势力阵营之外提供另一种路径选择，结束这两个阵营近20年的对立造成的社会冲突，重建被破坏的民主理念与民主体制。①② 大多数政党提出的执政纲领内容集中在发展经济、消除贫困和缩小贫富差距、推进政治改革及平息政治冲突方面，这是泰国要实现持续发展必须解决的三个问题，也是选民关注议题的焦点。

第三节　经济

泰国是东南亚仅次于印度尼西亚的第二大经济体，属于自由企业经济体系，

---

① Washington Post. A New Political Party in Thailand, Led by an Athletic Billionaire, Rattles Ruling Junta [EB/OL]. [2019 - 03 - 19]. https：//www. washingtonpost. com/world/asia_ pacific/a - new - political - party - in - thailand - led - by - an - athletic - billionaire - rattles - ruling - junta/2019/03/18/49f71a24 - 4276 - 11e9 - 85ad - 779ef05fd9d8_ story. html？ utm_ term =. 073d06c8c8d6.

② Council on Foreign Relations. Can Thanathorn be a Savior of Thai Politics? Part 2 [EB/OL]. [2018 - 03 - 23]. https：//www. cfr. org/blog/can - thanathorn - be - savior - thai - politics - part - 2.

但严重依赖国际贸易。泰国国际贸易出口额约占 GDP 的 2/3，主要出口电子产品、农产品、汽车和零配件，以及加工食品。2018 年上半年泰国经济高速增长，下半年受到中美贸易争端、普吉船难等因素的影响，经济增长极速放缓。

一、上半年经济高速增长

随着全球经济和贸易持续复苏、国内政局渐趋平稳，泰国经济得以逐渐复苏，2017 年 GDP 达到 3.9%，创 5 年来新高。2018 年泰国经济开局良好，随着私人消费和投资水平上升，政府扩大基础设施建设，经济指数继续走高，各界预计 GDP 增幅可达 4.1% ~4.5%。2018 年第一、第二季度 GDP 增长分别为 4.8% 和 4.6%，出口增长超过 10%，稻米、橡胶、木薯、猪肉、白虾等多种农副产品价格攀升，旅游业持续增长，政府一度将 GDP 增幅上调至 4.2% ~4.7%。然而在普遍乐观的预期之下，也有机构指出泰国的整体经济并未真正复苏。彭博社 2018 年 1 月发布泰国经济表现的回顾和展望报告指出，泰国 2017 年的经济增速虽达到 5 年来的新高，但仍未能解决企业投资疲软、工人薪酬过低、家庭负债偏高以及中小企业财务艰难等问题。[①]

二、下半年经济极速放缓

2018 年下半年，受到中国与美国贸易争端激化冲击，普吉发生游船倾覆事故重创入境旅游市场，农产品价格持续低迷，大选前政局不明朗等诸多因素的影响，泰国经济增长放缓，表现无法实现预期目标。

1. 中美贸易争端影响泰国出口

2018 年 3 月，中美贸易争端开启。中国和美国是泰国两大出口市场，泰国夹在中美贸易战之间，出口和经济增长指数对贸易争端的反应敏感。比如，中国钢铁输出美国因 232 条款受阻之后，中国政府提高钢铁产业的出口退税补贴，泰国钢铁企业受冲击情况严重。2018 年 7 月，泰国对美国和中国的出口均呈现放缓态势，泰国对外贸易再次出现逆差，逆差额为 5.162 亿美元，导致 2018 年 1 ~7 月贸易顺差降至 29.394 亿美元。[②] 9 月出口萎缩 5.2%，是近 19 个月以来的首次紧缩。[③]

若中美贸易争端加剧，泰国对中国电脑和电子产品、化学品、橡胶和塑料、

---

① 泰国中华网 . 泰国经济全面复苏的政局补足，警惕数据"假象" [EB/OL] . [2018 - 01 - 24] . http：//thaizhonghua. com/2018/01/24/61349. html.

② 泰国中华网 . 中美贸易争端持续　7 月泰对美出口首萎缩 [EB/OL] . [2018 - 08 - 26] . http：// thaizhonghua. com/2018/08/26/67869. html.

③ 泰国中华网 . 中美贸易战影响持续显现　9 月泰国出口萎缩 5.2% [EB/OL] . [2018 - 11 - 02] . http：//thaizhonghua. com/2018/11/02/70221. html.

木材和木制品、农产品、食品、饮料和烟草的出口将下降，进入美国市场的电脑和电子产品、橡胶和塑料、纺织品、皮革和鞋、电器以及机器和部件等商品将受到更高关税的沉重打击，预计2019年泰国的出口将萎缩0.5%～1.9%，损失将达11.8亿～44.2亿美元。因为贸易战会使外国商品冲击泰国产品，泰国研究"泰国制造"发展方案及制定发展思路，以在不违背世界贸易组织（WTO）规定的前提下，于8月将"泰国制造"发展方案列入国家议程，向政府提案发展和支持国货。

2. 普吉游船倾覆事故重创中国游客市场

泰国政府将2018年定为"神奇泰国旅游年"，对这一年旅游业的增长寄望甚高。泰国旅游业管理部门首先进行职能优化，修订2018年国家旅游政策条例，以全新的方式推广泰国旅游产品和服务，吸引外籍游客入境。与此同时，泰国升级景点质量，推出"神奇泰国·美在地方"项目，聚焦地方旅游业发展，使国内旅游市场也实现了持续增长。2018年上半年，入境游客和创收持续增长，泰国成为全球最热门的旅游目的地之一。但安全问题一直是泰国旅游业发展过程中的一个重大障碍，中泰双方也一直在讨论加强旅游安全的问题。2018年5月，中国驻泰国宋卡府总领事周海成会见了普吉府府尹诺拉帕，在2018年赴泰南中国公民旅游安全联席会议上，就中国游客在南部地区的安全措施进行了讨论。[①]

进入2018年，旅游事故特别是海上的旅游事故频发。2018年7月5日发生了严重船难事件，两艘一共载有127名中国游客的游船在普吉岛附近海域因突遇特大暴风雨而发生倾覆，其中一艘名为"凤凰号"的游船上共有47名中国游客死亡。后经查实，事故发生主因是气象预警不到位，两艘游船忽视天气预警执意出海。在船难发生后，泰国总理巴育与外交部长敦向中国国家主席习近平、国务院总理李克强和外交部长王毅发文，对普吉翻船事件对中国游客造成的伤害表示难过；泰国国王也致电习近平，致哀普吉船难事件。泰国向沉船事故的受害者赔偿了6100多万泰铢抚恤金。

船难发生之后，入境游客特别是中国游客人数减少，泰国旅游业整体受到影响。中国是泰国最大的入境旅游客源国，2017年入境泰国的外籍游客总数超过3500万人次，同比增长8.77%，其中中国游客超过980万人次，同比增长11.97%，占外籍游客总人次的28%。而船难事件后，7月、8月和9月中国游客人次分别比同期下降0.87%、11.77%、14.89%，由此，泰国旅游业下调了2018年全年入境游客的数量和收入目标。

为激励中国游客市场，泰国旅游部门出台了多项措施力图加快挽回中国游客

---

① 泰国星暹日报. 泰中合作加强泰南中国公民出行安全［EB/OL］.［2018－05－25］. http：//www. singsianyerpao. com/economics/17077/.

的信心，把全面做好中国游客信心修复当成下半年政府旅游工作的重中之重。政府加紧强化旅游安全的措施，成立了国家旅游安全委员会，提高国家安全标准；旅游管理部门邀请华文媒体代表参观和了解普吉当地造船厂和码头的安全达标情况；启动新购物退税制度刺激中国游客二次消费；从 12 月 1 日开始又启动了面向包括中国在内的 21 个国家和地区、为期 60 天的落地签证费减免措施。这些措施取得了一些成效，中国国庆黄金周期间中国游客赴泰国旅游人数同比增长 2.77%。但总的来说，中国游客赴泰国旅游的颓势难以挽回。

尽管下半年外籍游客增长放缓，泰国全年旅游业依旧实现了收入和游客数量双增长的目标，外籍游客 3800 万人次，其中中国游客 1050 万人次。2019 年定下 10% 的增长目标，外籍游客突破 4000 万人次。但根据中国游客增长骤减、泰铢升值的态势，泰国旅游业将面临来自越南等东南亚邻国的竞争。

3. 农业产品价格低迷

农业是泰国主要的经济部门之一，泰国在东盟农产品进出口贸易方面占有竞争优势。2017 年泰国向东盟出口的前 5 大农产品是砂糖和糖类商品、饮品、水果、天然橡胶、大米和谷物类，对东盟农产品进出口贸易保有 2000 多亿泰铢的顺差额。2018 年 1 月，泰国提出 20 年国家竞争力提升五大战略，计划将泰国打造成为东盟的农业、工业和新型服务业、旅游、物流中枢，力争使农业成为经济增长的新引擎。但是 2018 年泰国农产品价格整体萎缩 5.9%，特别是橡胶、棕榈油等价格下跌，造成农户收入缩减，菠萝、山竹等水果也遭遇了惨淡行情；11 月，国内鸡蛋价格下滑，政府不得不采取紧急措施，宰杀 100 万只母鸡、出口 6000 万枚鸡蛋，以保持鸡蛋价格稳定。为了提高橡胶在全球市场的价格，泰国、马来西亚和印度尼西亚从 2018 年 1 月至 3 月联合限制橡胶出口。因全国多地持续受农产品价格低迷的影响，2018 年泰国商会信心指数从 4 月的 49.4 下降到 5 月的 47.7。第三季度的 GDP 增长率只有 3.3%，远低于预期的 4.2%。

三、"泰国 4.0" 与东部经济走廊建设

泰国于 2016 年提出"泰国 4.0"战略（Thailand 4.0），以"东部经济走廊"战略（EEC）作为重要企划；2018 年 8 月，军政府又决议推出"南部经济走廊"建设（SEC），与"东部经济走廊"共同成为泰国国家品牌。

泰国的经济发展经过农业 1.0 时代、利用廉价劳动力的轻工业 2.0 时代和着重吸引外资的重工业 3.0 时代，于 2016 年提出"泰国 4.0"战略，通过创新和技术手段发展高附加值产业的发展模式，解决之前经济模式带来的问题，实现经济繁荣、提升社会福祉、提高人力资源价值以及环境保护这四大目标，引领泰国走出中等收入陷阱以及不平等、不平衡的陷阱。2018 年，泰国军政府继续推进

"泰国4.0"战略，并围绕该战略进行了经济、教育、行政改革。

东部经济走廊是实现"泰国4.0"战略的重要建设项目，旨在通过东部三府北柳府、春武里府（芭堤雅市）、罗勇府沿海经济特区建设，推动泰国由低技术含量的产业向高新技术产业转型。政府制定2018年东部经济走廊的目标投资额达3000亿泰铢，批准增设19个目标促进投资工业园区。2月9日，泰国国家立法议会通过《东部特别经济开发区法》，内容涵盖为投资者提供非税收优惠权益，以及加快发放各种许可证等，此项举措是在政府通过基础设施建设和提供税收优惠权益来吸引对东部经济走廊投资的努力之外，进一步建立民间投资者对大规模长期投资的信心的重要补充；5月，政府公告将3府的19个工业园区划入东部经济走廊特别工业鼓励区内；6月，《2018年东部经济走廊EEC特区法案》正式颁布实施，法案共73项条款，其中包括提高东部经济走廊开发效率法和东部经济走廊土地使用法等内容。

2018年，东部经济走廊开发项目吸引了来自美国、英国、瑞士等国的高级别官员来访，各国政府官员、企业代表与投资商来到泰国进行投资考察，希望加大和泰国在各方面各领域的合作事宜。为了扩大引进外资，副总理颂奇率领投促委官员与泰国企业家进行了全球路演，成效显著。2018年上半年招商引资项目总数同比新增22%，总投资额为2846亿泰铢。

四、经济发展措施

1. 打造良好的营商环境

泰国政府重视为外来投资创造良好的营商环境。2017年，政府着重完善监管法规，取得显著成效，在世界银行于2017年10月发布的《2018年全球营商环境报告》中，泰国排名从第46位跃升至第26位。2018年，泰国政府加快适合初创企业发展的法律监管改革，进一步优化营商环境，在多个全球营商环境评价体系中取得了良好排名。在美国新闻社3月发布的2018年度最值得投资国家排名中，泰国从第20名上升到第8名；《美国新闻与世界报道》网站发布的"2018年全球最佳创业国家"中，泰国连续两年获评第1位；在"全球最佳投资国家"中也跻身前10名，排在第8位。这些排名显示，泰国经济稳定，创新、劳工技能和专长、科技、环境等指标良好，可负担性、制造成本低廉、全球联通性以及获取资本的便利性吸引了全球的商业决策者。2018年2月1日，泰国政府开始签发四年期"智慧签证"，吸引专家到泰国十大目标产业工作，为初创企业和企业家在泰国设立公司提供了极大的便利。

2. 解决人才短缺问题

实现"泰国4.0"战略的挑战之一是高技术人才的短缺。例如，东部经济走廊未来5年至少还有10万个高技术人才岗位缺口需要解决，最需要人才的行业是电子、食品加工、橡胶、塑料、物流、酒店、银行、建筑等。2018年7月泰国内阁批准了一项预算额达6亿泰铢的"东部经济走廊现代化技术人才培养战略计划"的议案，要求加快国内高等教育师资队伍培养，促成行业和高校建立专项科研实验室，增加国内科研人员的储备，以达到未来5年至少培养19.5万掌握现代科技技术的高素质专业人才队伍的目标。2月1日，泰国正式签发四年期的"智慧签证"，吸引特定产业的外国专业人才前来泰国。11月，对在东部经济走廊投资企业给予特殊的外籍员工工作证申请和审批制度。调整后的"SMART VISA"制度将能为东部经济走廊吸引更多的投资者，而此举也将使企业在人员招聘和使用上更具有灵活性。

3. 承诺经济政策稳定性和连贯性

泰国政府反复向全世界的投资者承诺保障东部经济走廊项目以及其他投资政策的稳定性和连贯性，强调东部经济走廊关乎泰国未来发展大计，投资政策不会因为任何原因而中途变道，更不会因为执政政府变更而发生任何改变，2019年大选后该项发展战略依旧会是民选政府的工作重点。

4. 开展南部经济走廊项目

2018年8月，泰国内阁决议开展南部经济走廊项目，效仿东部经济走廊的投资发展模式，先把拉农、春蓬、素叻他尼和洛坤4府纳入重点开发区并加强交通基础设施方面的投资，为投资者提供最优惠投资待遇，打造太平洋与印度洋经济枢纽黄金地段。

第四节 安全

在国内政治冲突逐渐平息之后，泰国目前面临的内部安全挑战主要是南部地区的分裂动乱以及一些非传统安全问题，比如武器走私、非法移民、能源安全、自然灾害、传染性疾病等。2018年，泰南分离分子的袭击事件仍然时有发生，泰国政府继续加大力度来解决非法移民等非传统安全问题。

一、南部武装袭击时有发生

泰国南部有三个与马来西亚接壤的边境府治，即北大年府、惹拉府和陶公府，2004年以来，泰南三府持续处于动荡状态。截至2018年，已有6800人在暴力袭击事件中丧生，其中90%是平民。2018年发生多起炸弹袭击，年底新年期间爆炸事件增多，陶公府军营遭到袭击，宋卡府地标景点"美人鱼海滩"连续发生两起爆炸。但总体来说，相比之下这一年仍是暴力活动相对平息的一年。

2018 年，除了继续在一些地区实施戒严、继续打击暴力袭击活动，泰国政府还积极推进和谈，组织南部府治和谈委员会，尝试与理念相异的各方进行交流和沟通，寻求合作和停止武力袭击行为。同时，泰国政府也与马来西亚政府协商合作解决南部动乱问题。2018 年 10 月马来西亚总理马哈蒂尔访问泰国，与巴育总理会谈的主要议题之一就是解决泰南边境冲突问题。巴育期待马来西亚成为泰国政府与南部分裂势力进行和谈对话的协调者。① 2019 年 1 月 4 日，泰国与马来西亚的泰南边境地区和平事务和谈小组新成员 4 日在曼谷商讨平息泰南冲突计划。

二、非法移民问题

由于过去过于宽松的边界管理和移民执法，一直以来泰国的非法移民问题比较严重，境内约有 10 万名非法居留的外籍人士。这些人主要来自周边国家，特别是缅甸、老挝、印度等国，人员持旅游签证入境后或逾期滞留或非法打工，逐渐滋生了非法雇佣童工、强迫劳动等社会问题，也使得泰国成为非法移民聚集地乃至跨国犯罪的中心。为了治理非法移民引起的问题，同时保证合法外劳获得泰国法律和国际法律的保护，泰国政府于 2017～2018 年加大力度解决外国人非法居留问题。2017 年 7 月，移民局联合旅游警局的警察力量，展开大规模的"扫荡非法外国人透视行动"，截至 2018 年 12 月，在全国开展了 40 余次搜捕行动，搜查 6013 处场所，查获 5978 名非法留居的外国人，并逮捕非法雇佣劳工的雇主。泰国警方称此项行动非常成功，已使泰国境内非法居留的外国人人数为零。但是这一行动收到不少负面的社会反应。人权观察组织官员认为该行动有种族歧视倾向，因为警方在搜查中重点锁定来自尼日利亚、乌干达等非洲国家的黑人，在泰国的外国人社区引发不安。

在"扫荡"非法移民的同时，政府也加强外籍劳工的管理工作。2018 年 2 月开始制定措施，对外国人出入境进行全系统监管；劳工部则对外籍劳工进行全面登记工作，截至 6 月，完成登记手续进入管理系统的缅甸、老挝、柬埔寨三国劳工共 118.78 万人，达到外劳登记目标人数的 90%。在加强惩戒非法移民的同时政府也根据实际需要引进更多外籍劳工。8 月，劳工部为解决商业捕捞人工短缺的问题，计划引进 1.4 名外籍劳工，同时将在职的 1.1 万名外籍劳工的工作许可证延长 2 年。

---

① Nation. South Peace Talks in Focus ［EB/OL］. ［2018 - 10 - 24］. https：//www. nationthailand. com/politics/30357041.

三、难民问题

泰国不是联合国《1951 年难民公约》和《1967 年议定书》的签署国，因此仍然将所有寻求庇护的人视为非法移民或羁押或驱逐。2018 年引起普遍关注的难民事件之一是前巴林国家足球队员、在澳大利亚获得难民身份的阿雷比（Araibi）在泰国遭到羁押的事件。泰国法院在是否签发对阿雷比的逮捕令开始引渡程序问题上陷入两难。事件延续了 2 个多月，2019 年 2 月 11 日，巴林撤回引渡阿雷比的要求，阿雷比在曼谷获释。

阿雷比事件反映了泰国灵活务实的外交策略。一方面声言坚守国内之章办事，一方面重视国际舆论，根据情势发展调整方式、态度、政策和策略，在强调泰国传统政治、文化等价值观的同时，也以相对开放的心态向国际社会靠近。当发生有关难民的争议事件时，泰国根据本国法律进行的处理常遭到国际社会的批评，而在国际社会舆论的压力之下，泰国政府有时也会相应调整处理方法。

第五节　外交

一、泰国军政府外交的总体战略

一个多世纪以来，在世界各地风起云涌的领土争端、权力斗争、武装冲突、战争之中，泰国成功地保持了主权的独立，维护了国家安全，并避开了殖民统治。泰国的国家安全政策基于务实主义，因此在为自己主权独立的遗产感到自豪的同时，也在担忧国际社会大国力量的消长对泰国形成威胁。

2014 年军事政变之后，联合国以及泰国的主要盟国中断了与泰国高层的战略对话关系，敦促军人政府还政于民，恢复民主政体。2017 年 10 月，总理巴育应邀访问美国，泰美恢复正常外交关系；2017 年 12 月，欧盟所有国家恢复与泰国的全面政治接触。2018 年，泰国与西方国家以及国际组织在全面恢复外交关系的同时逐渐恢复经贸合作协议的谈判。配合《20 年国家发展战略》的推出，泰国政府通过了《20 年泰国外交事务计划（2018～2037）》，制定 9 项核心战略，包括打造泰国品牌、鼓励民众和公共团体更积极地在国际舞台上进行展示等，以此提升泰国的国家形象和国际认可度。总体来看，泰国坚守大国平衡外交战略，不在大国之间"选边站"，但是在泰国社会内部不同的政治派别在更靠近中国还是更靠近美国的问题上发生对立，泰国社会对此议题也充满争议。

二、与西方国家全面恢复政治接触

2018 年是泰国外交繁忙的一年，西方国家与国际组织决定恢复与泰国政治经济等多领域往来后，开始对巴育发出访问邀请。泰国领导人频繁出访，与国际社会展开全面政治接触，并对贸易、军事、安全等多项议题进行磋商。6 月，巴育应邀对英国与法国展开为期 7 天的正式访问，期间与英国、法国政府首脑就增加泰国与英国、法国和欧盟之间的商贸往来等多项议题进行磋商；11 月，巴育访问德国，会晤德国总理默克尔，表示期待在"工业 4.0"方面，推进合作开发技术和发展人力资源，包括提高中小型企业及职业培训的潜力，提升就业技能，并承诺将举办清廉公正的大选。泰国也重视与亚洲国家的外交关系，巴育于 7 月访问不丹，副总理颂奇也在泰国与韩国建交 60 周年之际表示希望在新时期强化两国的双边经贸投资联系。

三、与各国加速推进贸易伙伴关系

2018 年 1 月，英国外交部亚太事务副国务大臣马克·菲尔德借前来泰国访问之机展开第三次泰国与英国战略伙伴关系磋商之际，表示英国视泰国为英国进入东盟地区的门户和桥梁。2 月，俄罗斯方面表态希望将泰国作为其面向东南亚市场的中转中心，并利用较为先进的科技帮助泰国实现技术发展。而在经历了 3 年多的暂停后，泰国与欧盟的自由贸易协定谈判重回轨道。

四、进一步加强军事安全合作

2014 年军政府执政后，美方减少与泰方的军事合作。2018 年，美国对泰国的态度有了积极的转变，泰美关系进一步趋于稳定。美方取消对泰国的武器限制，两国寻求更紧密的安全事务联系，军事方面的合作取得很大进展。美国也明确支持泰国军方主持 2019 年的太平洋地区军事会议。4 月，副总理兼国防部长巴逸访问美国，与美国国防部长詹姆士·马提斯展开会晤，强调泰美两国友好外交关系，感谢美国国防部长认可泰国政府在推进全国大选事务上做出的努力，并支持泰国迈向完全民主国家。美国陆军太平洋司令部司令也明确表示支持由泰国陆军部主持 2019 年太平洋地区陆军参谋长会议。① 2018 年 2 月，泰美联合举办第 37 届"金色眼镜蛇"多边联合军事演习，"金色眼镜蛇"是亚太地区规模最大的军事演习，2014 年泰国军事政变之后，美国军方缩小了参与规模。但此次演习中，美国军方派出了历年来阵容最大的队伍，日本、韩国、新加坡、印度尼西

① 泰国世界日报．太平洋陆军参谋长会议　美支持泰主办［EB/OL］．［2018－02－28］．http：//www.udnbkk.com/article－250962－1.html.

亚、马来西亚也派军队参加。

五、重视西方社会的舆论和评价

泰国关注国际涉泰舆论，也重视政治、经济、社会领域的国际评价，在国际社会的舆论监督下调整施政举措。2018 年，泰国在一系列国际排名中都有客观改善。在经济方面，世界经济论坛发布的 2018 国家竞争力排名中泰国位列第 38 位，比 2017 年的第 40 位上升 2 位；世界知识产权组织（WIPO）最新公布 126 个国家和地区的创新指数排名榜，泰国列第 44 位，比 2017 年的第 51 位进步了 7 位；美国贸易代表办公室公布的关于世界各国的知识产权保护的年度报告《特别 301 报告》将泰国从优先关注国名单中去除，改为一般关注国家。在社会进步方面，美国公布的 2018 年度人口贩卖行为（US TIP），泰国从需要密切关注的排名中升至第二等级，彰显打击人口贩卖成效显著；彭博社公布的 2018 全球医疗效率排名，泰国从 2017 年的第 41 位上升到第 27 位；濒危野生动植物物种国际贸易公约也于 2018 年将泰国从 8 个非法象牙交易的重点关注国名单中移除。

但面对某些方面的批评和指责，泰国政府也表现出强硬的抵触态度。人权观察组织（HRW）发布的《2018 世界人权报告》指责泰国政府在 2017 年没有实施任何恢复民主统治与基本自由的重大措施，人权危机仍未见转机；联合国主管人权事务助理秘书长年度报告将泰国列入 38 个"可耻国"名单。泰国政府回应称这些指责毫无事实根据，不理会具体地区的实际情况和对泰国政府的工作努力视而不见，乱给泰国政府扣帽子。① 同时，作为回应，总理巴育在 2 月主持"人权配合泰国 4.0 迈向永续发展"研讨会开幕式时表示，政府已经将人权列为国家基本政策。②

六、与日本关系进一步密切

因为无可回避的历史记忆以及政治和领土争议，亚洲许多国家与日本之间的关系相当复杂和微妙，然而泰国却与日本建立起了一种包含文化、政治互信的共同情谊。日本一直以来是泰国重要的海外投资来源，项目和金额占据泰国海外引资最重要的地位，并且具有非常好的持续性，比如新能源产业、医疗药品产业、设备制造业、电子电器业、食品加工业，农产品增值等集成产业发展的模式和现状很多都能和泰国政府近期提出的优先引资项目完美契合。泰国在贸易自由化和

---

① 泰国星暹日报 . 外交部批评 2018 世界人权报告失实［EB/OL］. ［2018 – 01 – 25］. http：//www. singsianyerpao. com/politics/5765/.

② 泰国星暹日报 . 总理：维护人权列为国家基本政策［EB/OL］. ［2018 – 02 – 12］. http：//www. singsianyerpao. com/politics/7653/.

经济合作发展的各个层面上建立了与日本经济合作的机制，2018 年，两国继续开展一系列促进经济发展的交流与合作。2 月，泰国副总理颂奇率领泰国数字内容产业政企团体到日本福冈举行商务合作洽谈，讨论如何拓展和深入两国在数字内容产业方面的合作；泰国商业部则组织了一场关于自由贸易协定助推泰日战略经济伙伴关系的研讨会；泰国交通部与日本交通国土厅召开关于曼谷至清迈高速铁路建设会议，集中讨论第一段曼谷至彭世洛段的建设成本、列车最高运行速度、高铁车站周边土地的开发利用等事宜，进一步推进泰日高铁的建设进程。3 月，泰国央行与日本财务省签署了一项关于使用本国货币进行双边贸易的协议，协议包括促进日元与泰铢之间的直接汇率报价、银行间交易等。这次合作是加强日本和泰国双边金融合作的一个重要里程碑，两国之间的信息共享和定期讨论将促使合作更为深入。5 月初，泰国总理巴育接见日本国际协力银行（JBIC）高管一行，再次强调泰国东部经济走廊（EEC）项目是日本和中国合作支持泰国发展目标工业的第一个项目，同时感谢 JBIC 协助研究在 EEC 设立智能城市。巴育还表示，泰国关注跨太平洋伙伴全面进展协定（CPTPP），希望日本协助研究该协定可能对泰国的农业和药品工业造成的影响。10 月，泰国交通部调整相关条件，继续邀请日本参建高铁，指出之前日本婉拒泰方新干线项目参投邀请的消息不实。

在经济影响之外，日本对于泰国社会发展也具有相当深入的影响，两国民众相互的好感度很高，真正实现了"民心相通"。泰国与日本推动旅游的行政变革也促进了泰日之间的人文纽带的加强。泰国人成群结队到日本旅游，不断地刷新人次纪录。泰国年青一代对日本的正面情感很大一部分来自于接触日本动漫作品、时尚品牌等流行文化。日本文化不断深入泰国民众生活，例如日本料理在泰国的市场不断扩大，截至 2018 年 8 月，在泰国的日料餐厅达到 3004 家。

七、与中国关系进一步深化

近几年来，中国对泰国经济的影响与日俱增。泰国政府宣布将东部经济走廊与中国的"一带一路"建设对接，涵盖高铁、港口扩建、汽车、电子、化工等超过 500 亿美元的投资项目。中泰铁路是中泰两国政府间直接合作的共建"一带一路"、开展产能合作的旗舰项目。路线从首都曼谷及东部工业重镇罗勇府到泰国东北部重要口岸廊开府，全长 867 公里。2018 年 7 月，中国外交部长王毅在新加坡出席第 51 届东盟外长会议之东亚合作系列外长会期间会见了泰国外长敦，表示中国将全力支援中泰铁路项目的发展。① 第一段呵叻府刚东—邦亚速 3.5 公

---

① 泰国星暹日报. 中国外交部长王毅会见泰国外长敦［EB/OL］.［2018 - 08 - 05］. http：//www. singsianyerpao. com/politics/23499/.

里工程原计划于 2018 年 10 月完工。然而由于物料延迟、铁路局内部预算支取不到位等问题，首段 3.5 公里工程进度落后于计划，到 11 月时，工程进展只达到 40%。但泰国方面表示，因为铁轨基部土木结构建设已经完成，只要准备充分即可铺轨，因此并不影响中泰高铁的整体建设进程。

中国对泰国的影响不仅表现在经贸领域，两国之间的军事防务交流也逐年加深。泰国逐渐增加从中国采购军事设备，2017 年，泰国政府从中国购买了 34 辆装甲车和 28 辆中国 VT－4 主战坦克，并签署了购买 3 艘中国制造的 S26T 潜艇的协议。2018 年，泰国国家国防工业与中国的合作取得更多进展，设立了泰中两国国防部联合工作小组共同研究在泰国设立武器维修工厂等事宜。3 月，中国船舶重工业集团和泰国皇家武装部队签署一项军需装备的合作协议，将建设应急军备厂。巴育军政府 4 年来购买中国武器近 500 亿泰铢。[①] 10 月，中马泰"和平友谊——2018"联演于 10 月 20 日至 29 日在马来西亚举行，中国国防部表示，该演习旨在展现中马泰三国军队维护南中国海地区和平稳定的共同意愿，进一步巩固相互间务实交流与合作，增强共同应对各种安全威胁的能力，并不针对任何其他国家。[②]

第六节　区域合作

一、泰国与东盟各国的关系

1. 积极参与东盟事务

总理巴育在这一年间参加了东盟重要的论坛和会议，参与见证了东盟一系列重要文件的签署。1 月，巴育赴金边出席第二届澜沧江—湄公河流域合作论坛。4 月，赴新加坡参加第 32 次东盟峰会，以及泰国、马来西亚及印度尼西亚三国经济特区发展第 11 次领导人会议。6 月，在曼谷主持了第 8 届伊拉瓦底—湄南河—湄公河经济合作战略峰会，并担任峰会主席，引领与会各国探讨"朝向湄公社区一体化建设与互联"议题。10 月，出席东盟国家与国际组织领导人非正式会议，提出泰国方面的三点立场和态度：一是泰国愿意促进地区和世界经济、金

---

① 泰国星暹日报. 巴育政府 4 年来购中国武器近 500 亿泰铢 [EB/OL]. [2018 - 06 - 14]. http：//www. singsianyerpao. com/politics/18953/.

② 联合早报. 中马泰联演将在马来西亚举行　中国国防部：不针对其他国家 [EB/OL]. [2018 - 10 - 14]. http：//www. zaobao. com/realtime/china/story20181014 - 898998.

融的稳定，促进连接性；二是泰国大力提倡加强国家、地区软件和硬件连接；三是泰国强调促进经济发展，以实现繁荣和平等，共同实现可持续性发展目标。在积极参与东盟地区事务的同时，泰国还积极推动中南半岛 5 国 CLMTV 的次区域合作关系。2018 年 CLMTV 五国的政治、经济和社会关系继续发展，这一年共同磋商的重要议题是外籍劳工权益保护。8 月，泰国劳工部官员参加了在越南举行的第四次老挝合作会议，探讨 CLMTV 各国在相互国家的跨境外籍劳工的社会保障问题。

2. 灾情救援为外交助力

2018 年泰美"金色眼镜蛇"联合军演首次加入人道主义救援和减灾缓解项目，通过模拟情境，实地训练各国军队的灾情处理和救援能力。救援也成为 2018 年泰国外交的重要一环，在接受国际社会援助的同时，泰国也向东盟成员国伸出援手。这一年，东盟多个国家发生了自然灾害和特大事故，7 月，老挝东南部阿速坡省的桑片—桑南内水电站大坝发生坍塌，这座水电站 90% 的电输往泰国，总理巴育表示两国是关系密切的邻邦，立即准备好救护人员、医生、护士、军人、电力技师以及必要物资，下令向老挝提供紧急援助。泰国国防部成立老挝水坝崩塌事件临时救灾指挥中心，协调泰国陆海空三军展开联合行动，依照老挝提出的要求或需求展开救助；泰国社会各方也为老挝募得 3200 万泰铢的救灾捐款。也是在 7 月，缅甸中南部地区发生严重水灾，在受灾期间一直获得泰国多个官方部门持续救援，获助食品和日用品。同时总理巴育接见缅甸驻泰国大使玛英丹，移交 300 万泰铢援款救济缅甸灾民。[①] 9 月，印度尼西亚发生地震和海啸，副总理兼国防部长巴逸要求包括海、陆、空三军尽快与外交部、驻印度尼西亚大使馆武官处、泰国提议成立的东盟军医联合中心沟通，根据实际情况提供最迫切的救援。[②]

二、预备加入 CPTPP

"全面与进步跨太平洋伙伴关系协定"（简称 CPTPP），原称"跨太平洋伙伴关系协定"（TPP）是亚太经济合作会议成员从 2002 年开始酝酿的一组自由贸易协定，旨在促进亚太区的贸易自由化。美国于 2017 年退出 TPP 后，日本带领其余的 11 个成员国于 2008 年 3 月完成 CPTPP 的谈判和签署。泰国与马来西亚、越南之间存在竞争，因此不欲在自贸区问题上落后，副总理颂奇表示，中美贸易战

---

① 泰国星暹日报 . 缅甸遭水灾 总理移交 300 万泰铢救济灾民［EB/OL］.［2018 – 08 – 06］. http：//www.singsianyerpao.com/politics/23539/.

② 泰国星暹日报 . 巴育要求军队做好驰援印尼准备［EB/OL］.［2018 – 09 – 30］. http：//www.singsianyerpao.com/politics/28124/.

导致世界经济的不透明感增加，加入 CPTPP 具有现实意义。在 CPTPP 签署后，泰国政府要求商业部对加入该协定的利弊进行全面研究，认为参与到 CPTPP 能为泰国出口带来更多机会，进而实现出口高速增长的中远期目标。6 月底，日本外相河野太郎访问泰国，泰国再次明确表示加入协定的意愿，计划最快在 2018 年内正式加入，成为 11 个创始成员国以外的第一个新成员。[①] 2018 年 12 月 30 日，CPTPP 正式生效，但泰国大选在即，本届政府来不及加入该协定，将力争在 2019 年加入。

三、接棒 2019 年东盟轮值主席国

2018 年 11 月 15 日，在第 33 届东盟峰会上，泰国总理巴育从新加坡总理李显龙手里接过象征东盟轮值主席国职位的木槌，正式接任 2019 年东盟轮值主席国。在此之前，东盟内部出现一些反对泰国接任的声音。也有一些国家担忧泰国在面临内部政治冲突激化风险的时候，难以顺利履行轮值主席国的领袖职责。面对这样的质疑和担忧情绪，巴育明确表示反对将接任东盟轮值主席国事务政治化。

巴育宣布 2019 年东盟的主题为"为实现永续发展推进伙伴关系"，倡议东盟塑造韧劲，培养创新力，推进可持续发展，建设一个以人为本、充满活力、共同发展、面向未来的东盟共同体。泰国的计划是平衡各方利益，其主要议程是要在 2019 年内推进并完成区域全面经济伙伴关系的磋商，使东盟实现与澳大利亚、中国、印度、日本、韩国以及新西兰的自由贸易，以及推动完成南海行为准则的磋商。关于东盟与中国的关系，巴育表示将要通过推进东盟与中国在海军军演以及海洋资源保护的合作来建立双方的战略信任，为南海带来和平和稳定。

第七节　社会文化

2018 年，泰国社会文化领域发生的事件举世瞩目：清莱府洞穴救援得到全世界的支持，成为有史以来最成功的救援案例之一；箜剧列入世界非物质文化遗产名录，鼓励了泰国传统文化的保护和传承。

一、清莱府洞穴救援事件

2018 年 6 月 23 日，泰国北部清莱府的一支名为"野猪队"的少年足球队的

---

① 环球网. 日泰两国外长就磋商泰国加入 TPP 达成共识［EB/OL］.［2018 - 06 - 27］. http：//world. huanqiu. com/exclusive/2018 - 06/12362021. html？agt = 15422.

12 名球员和 1 名教练一行 13 人在进入当地名为"睡美人"的洞穴游玩探险后失联。为了寻找失踪的 13 人，泰国倾力组织了救援行动，全世界密切关注救援进展。在两周的时间里，来自世界各地的数百名志愿者投入救援。7 月 2 日，在失联 9 天之后，13 人首先被 2 名英国救援人员找到，全员平安；10 日，受困 18 天后，13 人全部被安全营救出洞。此次救援极其复杂，是有史以来最成功的救援案例之一。本次救援动员人力超过万人，现场 1000 多名搜救人员包括泰国陆军、泰国海军"海豹部队"和来自 7 个国家的救援队伍。泰国国王派皇家食堂驻扎洞口，泰国所有新闻频道到场报道，总理巴育视察救援工作，众多知名高僧做法祈福，泰国国家警察总署长和副署长参与救援，清莱府尹也日夜奔忙。美国、英国、澳大利亚、中国、日本、老挝和缅甸等 20 多个国家及非政府组织团体参与或协助了救援工作，动员了军队、警察、潜水专家、医疗人员、工程公司、救难团队等，同时出动了 10 架警用直升机、7 辆警用救护车，使用了 700 个潜水气瓶，抽出的水量超过 10 亿升。

此次救援行动展现出人溺己溺、急人之所急的无国界精神。洞穴救援需要排水，致使 3 个区的农田受损严重，而受到影响的农民都表示愿意牺牲，有些人甚至暂时弃耕，加入救援行动；相关救灾部门也安排发放救济金补偿农民。1 名自愿参与救援的泰国前海军海豹部队队员在运送氧气筒入洞返回途中因缺氧而离世。9 月，泰国政府举办以"万众一心"为主题的感恩晚会，向 114 名外国人和 74 名泰国人授予了王室荣誉奖章。

此次救援也改变了洞穴附近居民的生活。越来越多的游客慕名探访这个一度成为全球焦点的地方，当地居民在到洞穴入口的必经之路售卖水果、小吃、纪念品等，改善了生活。当地政府对洞穴进行清理和维修，11 月中旬重新向公众开放，力图将之建成旅游热点。而野猪队被困的 13 人中，在全世界的关注下，3 名足球队员和 25 岁的教练也于 8 月取得了泰国公民身份。泰国约有 48 万名无国籍者。这个遭长期忽视的议题在搜救任务发现 4 名受困者不具公民身份后获得关注，并促使政府加快通过申请。10 月，美国环球影业购得版权，开拍电影《洞穴》，预计将于 2019 年 7 月上映。

二、泰国箜剧列入世界非物质文化遗产名录

泰国一向重视传统文化艺术的保护和传承。为扩大传统文化的世界知名度和影响力，泰国政府于 2016 年 6 月颁布了《促进和保护文化知识产权条例》，并计划到 2021 年的 5 年内，每年向联合国教科文组织提交一项将泰国传统文化列入"非物质文化遗产"的申请，箜剧就是计划中的第一项。2018 年 11 月 29 日，联合国教科文组织将泰国的"箜剧"（Khon）和柬埔寨的"面具舞"（Lkhon Khol）

同时列入人类非物质文化遗产名录。箜剧是泰国传统舞蹈艺术集大成的最高表现形式，是泰国与其他国家进行文化外交的重要项目。泰国和柬埔寨关于这一传统文化的正统传承地位开展了长久争论，联合国教科文组织的这一决定结束了这个争论。泰国政府和王室因为箜剧得到认证而倍感荣耀，政府从 2018 年 12 月至 2019 年安排了一系列活动，宣传有关箜剧的历史、文化和艺术。而在政府致力于使古老的箜剧艺术能更深入人心的同时，泰国现代艺术家和年青一代也在思考着如何使当代元素融入箜剧，使其真正具有艺术传承的生命力。

第八节　发展展望

　　2019 年对泰国来说是非常重要的一年。2019 年 1 月 23 日，泰国选举委员会正式宣布大选日期为 3 月 24 日。如果大选能够顺利举行，泰国将结束长达 5 年多的军人统治、重返民主政治。新一届政府将面临弥合长期的政治冲突造成的社会分裂，提振泰国经济，缩小泰国社会贫富差距的执政挑战，并将代表泰国继续承担 2019 年东盟轮值主席国的职责。大选后政局明朗有可能重拾投资者的信心，使投资逐渐恢复增长，但影响 2019 年泰国经济增长的还有中美贸易争端、政策利率以及入境游等诸多因素，而政府主导的大型基建投资拉动内需的增长将是泰国经济能够保持持续增长的关键。经济增长状况将影响泰国新一届政府扶助低收入人群的政策设计和成效，而解决严重的城乡差距、贫富差距、地区差距的问题，是泰国政局稳定之所系。2019 年将成为泰国政治、经济、社会发展走向里程碑式的一年。

第十章　2017～2018年越南国情报告[*]

第一节　引言

2018年，越南政局较为稳定，在越南共产党的领导下，越南国内自上而下积极地开展经济建设，也取得了较为瞩目的成绩，在国际方面，越南积极融入国际社会，主动发展与世界大国的关系、巩固与东盟成员国的关系，同时越南在防务安全领域取得了一定的进展，越南在多边舞台上积极发出"越南声音"，在教育、医疗、体育和艺术方面取得些许进步。

第二节　政治

2018年越南政治局势总体稳定，社会秩序良好。越南共产党在政治领域的领导和建设主要集中在加大反腐力度、推进法权建设和逐步推动行政改革等方面。

一、廉政建设：越共加强反腐力度，但清廉指数（CPI）排名下降

2018年，越南反腐工作得以强化并不断取得新成绩，国际社会对越共中央总书记、国家主席阮富仲的反腐决心给予高度评价，俄罗斯圣彼得堡国立大学胡

＊　本章由苑君负责撰写。苑君，广西大学国际学院（中国—东盟信息港大数据研究院）越南舆情助理。

志明研究所教授科罗托夫（Vladimir Kolotov）表示，越共倡导的反贪腐斗争没有禁区，也没有例外，高级官员受到纪律处分以及被追究刑事责任的情况同样存在，这点值得关注。反腐体制的健全工作和反腐法律的制定工作取得重大进展，预防机制逐渐得以完善，在一定程度上减少了贪污腐败。越南预防和打击腐败工作已成为大势所趋，反腐巩固了人民对越南共产党的信心，同时积极推动党建工作朝着良性方向发展。

在反腐制度建设方面，越南共产党领导机构，如越共中央、中央政治局和中央书记处颁布多项加强党建工作的决议、指示和规定，从源头上防止贪污腐败、思想蜕化、"自我演变"和"自我转化"。越南国会和中央政府颁布多项预防和打击腐败的法律文件。越南党和国家都采取措施，强化反腐工作，这提高了越南党和国家对社会生活各领域的管理能力和效果，为预防和打击腐败现象做出贡献。

在反腐惩处工作方面，有序开展和经济有关的贪腐案件的检查、监察、审计、调查、起诉以及审理工作，充分发挥警示震慑作用，强化越南党和国家机构内部的纪律，加强越南党和国家坚决惩处和打击腐败工作的决心，扩大反腐工作检查范围和对象至县级和基层党委，涵盖退休的领导干部，严肃处理出现违法违纪行为的党组织以及党员。2018 年，越南对涉嫌贪污腐败、出现违法乱纪行为的 650 名党员给予纪律处分，越共十二大至今，给予由越南中央管理的 60 余名干部纪律处分[①]。2018 年 1 月 8 日，越共十二大以来的反腐第一大案"郑春青贪腐案"在河内市人民法院开庭审理。开庭当天，包括越共中央政治局原委员、胡志明市委原书记丁罗升（Đinh La Thăng）和越南油气安装股份总公司原董事长郑春青（Trịnh Xuân Thanh）在内的 22 名被告一道出庭受审。2018 年全年，涉及油气、银行、土地管理、公共资产等方面的多起重大腐败案件和部分部门、地方发生的消极腐败现象被调查、起诉、受审及处置。监察和审计机关也各司其职，发现众多错误，建议处理很多组织以及个人，为国家收回财产。

二、法权建设：继续开展国际人权交流、提高国会质询工作的质量

2018 年的越南法权建设主要体现在继续开展国际人权交流和提高国会质询

---

① 越南人民报. 越共中央总书记、国家主席阮富仲主持召开中央反腐败指导委员会第十五次会议 [EB/OL]. [2019 - 01 - 21]. https：//cn. nhandan. com. vn/newest/item/6741701 - % E8% B6% 8A% E5% 85% B1% E4% B8% AD% E5% A4% AE% E6% 80% BB% E4% B9% A6% E8% AE% B0% E3% 80% 81% E5% 9B% BD% E5% AE% B6% E4% B8% BB% E5% B8% AD% E9% 98% AE% E5% AF% 8C% E4% BB% B2% E4% B8% BB% E6% 8C% 81% E5% 8F% AC% E5% BC% 80% E4% B8% AD% E5% A4% AE% E5% 8F% 8D% E8% 85% 90% E8% B4% A5% E6% 8C% 87% E5% AF% BC% E5% A7% 94% E5% 91% 98% E4% BC% 9A% E7% AC% AC% E5% 8D% 81% E4% BA% 94% E6% AC% A1% E4% BC% 9A% E8% AE% AE. html.

工作的质量。

2018 年，越南的人权建设主要体现在以下两点：一是越南主动提出有关人权的倡议，特别是妇女儿童、残障人士的人群权利的倡议，得到国际社会的欢迎；二是越南认真落实有关人权的国际承诺，包括落实联合国普遍定期审议（UPR）的承诺，越南在 2018 年向联合国人权理事会递交第三周期 UPR 国家报告时，越南以积极的姿态参与联合国人权事务，主动与国际社会沟通自身的人权建设情况。

2018 年越南国会继续展开落实越共十二大决议以及第十四届国会各项议程的工作，提高国会代表质询工作的质量。

2018 年，第十四届国会第五次会议的质询和答复质询工作由电视、广播直播，全国各地选民可以跟踪质询工作，确保了此次质询活动的民主透明度。这延续了越南国会代表质询工作的一贯民主性，是越南现有社会主义法权建设的重要组成部分。第十四届国会第五次会议的质询和答复质询工作的亮点在于在质询和答复工作上有创新，缩短提问和答复时间，这有利于增加提问和辩论的代表数量，同时能发挥出国会代表的能力，提高质询和答复质量，推动了越南的法权建设。同时，这一质询和答复质询工作也是落实在 2018 年初越南国会主席阮氏金银提出的越南国会秉持创新和为民精神完成各项目标和计划的承诺。

三、行政改革：逐步推进精简行政机构

2017 年，越南中央政府计划 2018 年大力推动行政改革，精简行政机构，严肃行政纪律，建设服务型信息化政府。2017 年 10 月 4 日至 11 日召开的越共十二届六中全会的讨论内容包括：《关于推进国有事业单位管理机制、财政机制改革和对其进行重组的决议》《关于继续革新和构建精简高效的政治体系若干问题的决议》。本次会议明确了行政机构改革朝着精简高效方向发展。2018 年，越南政府延续 2017 年的政治体制改革任务，继续按照越共中央和越南中央政府的决议精简行政机构。但由于越共十二届六中全会决定实行精简国家机构和编制相关实施细则的制定和颁布过程遇到困难，该项决议进展缓慢。该决议具体工作由内务部负责，包括对《政府组织法》《地方政府组织法》《干部公务员法》以及《职员法》等一大批相关机构文件的调整、修改和补充工作。在越共中央政治局和越南中央政府签署并颁布决议后，内务部随即展开省级、县级国家机构的精简工作。对于内务部综合政治体制改革和经济体制改革情况，建议继续建立健全体制，重点建设社会主义定向市场经济体制，巩固健全"一门式"服务模式。

第三节 经济

2018年，越南全国超额完成12项既定指标，GDP增速约达7.08%[1]，创2008年以来的新高，GDP增长速度高于政府提出的6.7%的既定目标[2]。越南国家经济规模达到5500万亿越南盾（约合2450亿美元）[3]，越南人均GDP为2580美元，相较2017年，增长近200美元[4]。2018年全年，越南财政部、国家银行、农业与农村发展部、卫生部、教育培训部、劳动荣军社会部及交通运输部等八部委联手把通货膨胀率控制到3.54%，达到既定目标——控制在4%以下[5]，巩固了越南的宏观经济基础。

尽管越南上半年各个季度之间的经济增长率较为不均衡且外部环境对经济的积极影响因素下降，但是从全年来看，越南经济宏观形势总体稳定；经济增长方式主要依靠增强经济供应能力、提高劳动生产率和资源利用率。越南2018年经济增长主要归功于私人消费的稳定增长，经济结构继续向积极方向转变，通胀率创新低，投资商对越南经商环境的信心日渐上升，加工制造和市场服务等重要产业持续快速增长等。

在取得成绩的同时，越南经济也存在一定的问题。例如，外资是拉动越南经济增长的主要因素，越南对各大国际市场的出口依赖性强；在越南国内的出口企

① 越南人民报.2018年越南经济的四大亮点［EB/OL］.［2019-01-10］.https：//cn. nhan-dan. com. vn/economic/item/6711701-2018% E5% B9% B4% E8% B6% 8A% E5% 8D% 97% E7% BB% 8F% E6% B5% 8E% E7% 9A% 84% E5% 9B% 9B% E5% A4% A7% E4% BA% AE% E7% 82% B9. html.

② 越南人民军队.越南宏观经济基础进一步巩固［EB/OL］.［2018-12-31］.https：//cn. qdnd. vn/cid-6158/7193/nid-556455. html.

③ 越南人民报.阮春福总理：2018年越南财政收入超出既定目标［EB/OL］.［2019-01-09］.ht-tps：//cn. nhandan. com. vn/economic/item/6710301-% E9% 98% AE% E6% 98% A5% E7% A6% 8F% E6% 80% BB% E7% 90% 86% EF% BC% 9A2018% E5% B9% B4% E8% B6% 8A% E5% 8D% 97% E8% B4% A2% E6% 94% BF% E6% 94% B6% E5% 85% A5% E8% B6% 85% E5% 87% BA% E6% 97% A2% E5% AE% 9A% E7% 9B% AE% E6% A0% 87. html.

④ 越南人民报.2018年越南经济的四大亮点［EB/OL］.［2019-01-10］.https://cn. nhan-dan. com. vn/economic/item/6711701-2018% E5% B9% B4% E8% B6% 8A% E5% 8D% 97% E7% BB% 8F% E6% B5% 8E% E7% 9A% 84% E5% 9B% 9B% E5% A4% A7% E4% BA% AE% E7% 82% B9. html.

⑤ 越南建设证券股份公司网.2018年12月及全年越南宏观经济研究报告［EB/OL］.［2019-01-10］.ht-tps：//vn-cs. com/201812_37383. html? lang=cn.

业中，外资企业所占比重达到70%以上①；越南对财政支出的利用尚不充分，政府公债负担率高，越南国企改革仍然进展缓慢；越南科技水平偏低，对土地和资源的利用率有待提高等；同时方兴未艾的第四次工业革命对越南经济、政治和社会产生了重大影响，俨然成为越南经济发展的动力，但同时也给越南这样的中等收入国家带来了严峻挑战。

一、三大产业

2018年越南三大产业的经济贡献率如图10-1所示。

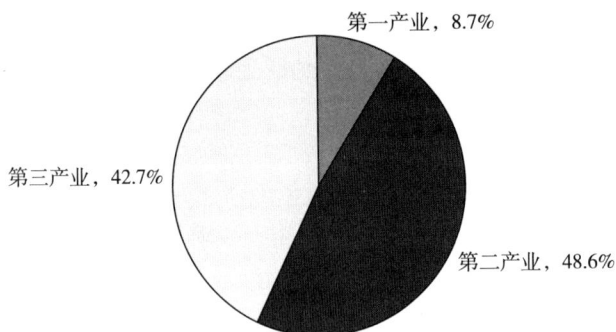

图10-1 2018年越南三大产业的经济贡献率

资料来源：越南计划与投资部统计总局。

第一产业方面，2018年在越南国民经济结构中，越南农业与农村发展部门完成年初5个全部指标，即农林水产GDP增速达3.76%，创下自2011年以来的7年新高，对GDP的贡献率达8.7%，生产总值增长了3.86%，森林覆盖率为41.65%，越南完成新农村建设的乡村达42.4%，农林产品出口额为400.2亿美元，再创新高②。

---

① 越南人民报. 越南宏观经济基础进一步巩固［EB/OL］.［2018-12-31］. https：//cn. nhandan. com. vn/economic/item/6689201-%E8%B6%8A%E5%8D%97%E5%AE%8F%E8%A7%82%E7%BB%8F%E6%B5%8E%E5%9F%BA%E7%A1%80%E8%BF%9B%E4%B8%80%E6%AD%A5%E5%B7%A9%E5%9B%BA. html.

② 越南人民报. 越南农业结构调整需与增长模式转变并行［EB/OL］.［2019-01-03］. https：// cn. nhandan. org. vn/economic/economic_ policy/item/6695801-%E8%B6%8A%E5%8D%97%E5%86%9C%E4%B8%9A%E7%BB%93%E6%9E%84%E8%B0%83%E6%95%B4%E9%9C%80%E4%B8%8E%E5%A2%9E%E9%95%BF%E6%A8%A1%E5%BC%8F%E8%BD%AC%E5%8F%98%E5%B9%B6%E8%A1%8C. html.

　　第二产业增长率为 8.85%，对 GDP 贡献率最高，达 48.6%[①]；越南注重加工制造业发展，许多外国企业利用越南廉价的生产优势，到越南投资设厂；制造业仍然被视为发展经济的一大亮点，同时也是拉动经济增长的一大引擎；制造业同时注重绿色、可持续发展，2018 年越南经济已经减少了对采矿业的依赖，越南采矿业已连续 3 年出现负增长，降幅是 3.11%[②]。

　　第三产业增长率为 7.03%，GDP 贡献率为 42.7%[③]，越南积极选拔、培训从事服务业的人员，并大力发展劳务输出，在越南国内，第三产业中的旅游业成为拉动越南经济增长的一大动力，在东盟各成员国内部，越南旅游业日渐成为一大亮点。

　　1. 第一产业：提高产量及质量，努力扩大出口

　　随着越南农业生产率的提高、普及和推广，越南农产品在满足自给的基础上，日渐扩大出口，但目前出口面临的主要问题是出口农产品质量有待于提高，难以满足国际市场对农产品质量的要求。

　　一方面，越南加大了对农业领域投资力度，确保农业可持续发展，进而增加农产品附加值，提升农产品质量，为扩大农产品出口创造便利条件。为推动越南农业取得突破性发展，越南政府总理提出八项举措中的第一条就是"朝着商品生产方向实现农业结构重组与革新增长模式相结合，促进高科技农业发展，大力应用农产品深加工技术，推出高质量且竞争力高的产品"[④]。

　　另一方面，越南农产品出口居世界第 15 位，出口市场广阔，涵盖世界上的 180 个国家和地区[⑤]，这其中还包括许多高端市场。由于中国与越南在文化和消

　　① 越南人民报 . 2018 年越南 GDP 创 11 年来新高 ［EB/OL］. ［2018 - 12 - 28］. https：//cn. nhan-dan. com. vn/economic/item/6684101 - 2018% E5% B9% B4% E8% B6% 8A% E5% 8D% 97gdp% E5% 88% 9B11% E5% B9% B4% E6% 9D% A5% E6% 96% B0% E9% AB% 98. html.

　　② 越通社 . 加工制造业继续成为越南经济增长的亮点 ［EB/OL］. ［2019 - 01 - 02］. https：//zh. vietnamplus. vn/% E5% 8A% A0% E5% B7% A5% E5% 88% B6% E9% 80% A0% E4% B8% 9A% E7% BB% A7% E7% BB% AD% E6% 88% 90% E4% B8% BA% E8% B6% 8A% E5% 8D% 97% E7% BB% 8F% E6% B5% 8E% E5% A2% 9E% E9% 95% BF% E7% 9A% 84% E4% BA% AE% E7% 82% B9/90365. vnp.

　　③ 越南人民报 . 2018 年越南 GDP 创 11 年来新高 ［EB/OL］. ［2018 - 12 - 28］. https：//cn. nhan-dan. com. vn/economic/item/6684101 - 2018% E5% B9% B4% E8% B6% 8A% E5% 8D% 97gdp% E5% 88% 9B11% E5% B9% B4% E6% 9D% A5% E6% 96% B0% E9% AB% 98. html.

　　④ 越通社 . 力推越南农业突破发展的 8 项措施 ［EB/OL］. ［2018 - 12 - 01］. https：//zh. vietnam-plus. vn/% E5% 8A% 9B% E6% 8E% A8% E8% B6% 8A% E5% 8D% 97% E5% 86% 9C% E4% B8% 9A% E7% AA% 81% E7% A0% B4% E5% 8F% 91% E5% B1% 95% E7% 9A% 848% E9% A1% B9% E6% 8E% AA% E6% 96% BD/89131. vnp.

　　⑤ 越通社 . 越南农产品出口额居世界第 15 位 ［EB/OL］. ［2018 - 11 - 28］. https：//zh. vietnam-plus. vn/% E8% B6% 8A% E5% 8D% 97% E5% 86% 9C% E4% BA% A7% E5% 93% 81% E5% 87% BA% E5% 8F% A3% E9% A2% 9D% E5% B1% 85% E4% B8% 96% E7% 95% 8C% E7% AC% AC15% E4% BD% 8D/88978. vnp.

费需求等方面具有诸多相似处，越南的大多数农产品都能出口到中国市场。2018年前11个月，中国是越南果蔬最大出口市场。越南农业领域需要加快建立健全各类农业规范，以此满足越南农产品出口市场的进口规定，实现越南农产品的稳定持续出口。越南出口额达10亿美元以上的农产品共10种①。

越南农业发展也面临着许多困难，如农业领域的投资金额低、先进技术推广应用力度不大等，对农业领域投资的企业仅占越南企业总数的1%②，而且主要是指小微企业。

2. 第二产业：增速高低兼有，引外资促发展

2018年，越南加工制造业继续成为经济增长的一大亮点，增长率达到12.98%③，高于2012~2016年增长速度，但是低于2017年的增长速度。

2018年，越南工业产业内部的增长率高低兼有，并不均衡。焦炭、石油精炼业增长65%；金属生产业增长25%；医药制造业增长20%；机动车增长16%；制纸业增长14%等④。有部分工业产业增长率较低，如橡胶产业增长3.3%，垃圾处理业增长3%⑤。

根据越南统计总局的资料显示，2018年，越南工业生产指数同比增长10%⑥。电力生产及分配业增长10%；水供应和垃圾处理业增长6.3%；采矿业

①② 越南人民报. 越南注重提升农产品质量安全 促进农业可持续发展［EB/OL］.［2018-12-18］. https：//cn. nhandan. com. vn/economic/item/6658801-%E8%B6%8A%E5%8D%97%E6%B3%A8%E9%87%8D%E6%8F%90%E5%8D%87%E5%86%9C%E4%BA%A7%E5%93%81%E8%B4%A8%E9%87%8F%E5%AE%89%E5%85%A8-%E4%BF%83%E8%BF%9B%E5%86%9C%E4%B8%9A%E5%8F%AF%E6%8C%81%E7%BB%AD%E5%8F%91%E5%B1%95. html.
③ 越南人民报. 2018年越南GDP创11年来新高［EB/OL］.［2018-12-28］. https：//cn. nhandan. com. vn/economic/item/6684101-2018%E5%B9%B4%E8%B6%8A%E5%8D%97gdp%E5%88%9B11%E5%B9%B4%E6%9D%A5%E6%96%B0%E9%AB%98. html.
④ 越通社. 加工制造业继续成为越南经济增长的亮点［EB/OL］.［2019-01-02］. https：//zh. vietnamplus. vn/%E5%8A%A0%E5%B7%A5%E5%88%B6%E9%80%A0%E4%B8%9A%E7%BB%A7%E7%BB%AD%E6%88%90%E4%B8%BA%E8%B6%8A%E5%8D%97%E7%BB%8F%E6%B5%8E%E5%A2%9E%E9%95%BF%E7%9A%84%E4%BA%AE%E7%82%B9/90365. vnp.
⑤ 越通社. 加工制造业继续成为越南经济增长的亮点［EB/OL］.［2019-01-02］. https：//zh. vietnamplus. vn/%E5%8A%A0%E5%B7%A5%E5%88%B6%E9%80%A0%E4%B8%9A%E7%BB%A7%E7%BB%AD%E6%88%90%E4%B8%BA%E8%B6%8A%E5%8D%97%E7%BB%8F%E6%B5%8E%E5%A2%9E%E9%95%BF%E7%9A%84%E4%BA%AE%E7%82%B9/90365. vnp.
⑥ 越南人民军队. 越南全国工业生产指数同比增长10%［EB/OL］.［2018-12-04］. https：//cn. qdnd. vn/cid-6158/7193/nid-555643. html.

下降 2%，其中原油开采业下降 11%①。

吸引外资是越南一贯的优势。2018 年，越南调整了吸引外资的方式，集中吸引拥有先进管理水平、管理技术和强大市场竞争力的世界著名投资商领域，以保持越南第二产业的较高增长水平；实行"强强联合"，推动外资企业与越南国内加工制造业领域的企业直接对接。

随着外国投资的迅速增长，越南制造业的专业化水平不断得到提高。这一方面拉动了越南国内加工制造业的发展速度；另一方面也加快了越南加工制造业融入全球价值链的速度。为越南装备制造业增添浓墨重彩的是，2018 年 10 月 2 日，越南汽车的民族品牌 Vinfast 首度亮相巴黎车展。欧洲汽车组织——AUTOBEST 授予 Vinfast 的两款车型世界汽车产业"新星"的称号。

3. 第三产业：劳务输出和旅游业发展显著

2018 年越南的第三产业蓬勃发展，主要体现在劳务输出和旅游业发展上。

在劳务输出方面，据越南劳动荣军、社会部输外劳工管理局的数据显示，2018 年，越南输外劳动者达 14 万人，比全年既定目标高出 27%②，劳务输出的质量和数量都有所提高。越南劳工输出市场的前三是日本、中国台湾和韩国。这是越南民众面对国内就业困难的背景下，已连续 5 年逾 10 万人参与到劳务输出的大军中。这对增加越南外汇，取得越南服务业发展经验大有裨益。

2018 年是越南旅游业取得众多成绩的一年。

2018 年越南旅游业不仅巩固发展传统旅游市场，而且大力开拓潜在旅游市场。为了满足不同客源市场的需求，越南旅游企业推出文化旅游、海上旅游、生态旅游、城市旅游等主流旅游产品③。下龙湾、富国岛和岘港等旅游地发展成为越南国家旅游标志和旅游业发展的主要推动力。

在越南文化体育与旅游部的指导下，越南旅游总局颁布了旅游地评估标准和旅游行为标准，增强了各地、企业和管理机构对旅游的理解和认知，越南旅游总局同时还制定出台了有关旅游管理工作、旅游环境治理、导游活动等内容的规划。

---

① 越通社. 加工制造业继续成为越南经济增长的亮点［EB/OL］.［2019 - 01 - 02］. https：// zh. vietnamplus. vn/%E5%8A%A0%E5%B7%A5%E5%88%B6%E9%80%A0%E4%B8%9A%E7%BB% A7%E7%BB%AD%E6%88%90%E4%B8%BA%E8%B6%8A%E5%8D%97%E7%BB%8F%E6%B5% 8E%E5%A2%9E%E9%95%BF%E7%9A%84%E4%BA%AE%E7%82%B9/90365. vnp.

② 搜狐. 2018 年越南有 14 万多名劳动者出国工作［2018 - 12 - 27］. http：//www. sohu. com/a/ 285066194_ 713220.

③ 越通社. 2018 年——越南旅游业成功的新烙印［EB/OL］.［2018 - 12 - 21］. https：//zh. vietnamplus. vn/2018%E5%B9%B4%E8%B6%8A%E5%8D%97%E6%97%85%E6%B8%B8%E4%B8%9A% E6%88%90%E5%8A%9F%E7%9A%84%E6%96%B0%E7%83%99%E5%8D%B0/89987. vnp.

2018 年到访越南的海外游客人数创历年新高，约达 1560 万人次，相较 2010
年，增长了两倍，其中国内游客 8000 万人次，旅游收入达 620 万亿越南盾①。

2018 年，越南旅游业还获得了许多国际性奖项，比如越南首次获得世界旅
游大奖（World Travel Awards）的"亚洲最佳旅游目的地"奖、世界高尔夫大奖
（World Golf Awards）的"亚洲最佳高尔夫球胜地"奖。这表明在国际旅游市场
中，越南的知名度和地位在不断攀升，越南旅游企业进一步成长壮大，积极参与
国际竞争。

除此之外，越南许多航空公司、度假村和旅行社也获得许多荣誉称号。2018
年，有 380 家旅行社获得国际业务经营许可证，4678 名导游领到营业执照等②。

二、对外经贸

2018 年前 11 个月越南进口额累计约达 2168.2 亿美元，同比增长 12.4%。
其中，越南国内企业的进口额约达 866.3 亿美元，增长 12.6%；外资企业的进口
额约达 1301.9 亿美元，增长 12.3%。

在进口市场方面，2018 年前 11 个月中国仍是越南最大的进口市场，进口额
约达 597 亿美元，同比增长 13%。其次是韩国约达 435 亿美元，增长 1.7%。③

根据越南统计总局的数据资料显示，2018 年越南全国共有 29 种商品出口总
额逾 10 亿美元，占越南全国出口金额的 91.7%。其中有 5 种商品的出口额突破
100 亿美元，各类电话及零部件出口额最高，达 500 亿美元，与 2017 年相比，增
长 10.5%；排名第二的是纺织品服装，出口 304 亿美元，与 2017 年相比，增长
16.6%；电子、电脑及零件出口紧随其后，达 294 亿美元，与 2017 年相比，增
长 13.4%；机械设备工具及配件的出口额位列第四，为 165 亿美元，与 2017 年
相比，增长幅度最大，达 28%；排在第五位的是鞋类，2018 年出口总额达 163

①② 越南人民报. 越南旅游业力争 2019 年接待国际游客 1800 万人次 ［EB/OL］. ［2018 - 12 - 24］.
https：//cn. nhandan. com. vn/newest/item/6675901 - % E8% B6% 8A% E5% 8D% 97% E6% 97% 85% E6% B8%
B8% E4% B8% 9A% E5% 8A% 9B% E4% BA% 892019% E5% B9% B4% E6% 8E% A5% E5% BE% 85% E5%
A4% 96% E5% 9B% BD% E6% B8% B8% E5% AE% A21800% E4% B8% 87% E4% BA% BA% E6% AC%
A1. html.

③ 越南人民报. 2018 年前 11 个月中国仍是越南最大的进口市场 ［EB/OL］. ［2018 - 11 - 30］. ht-
tps：//cn. nhandan. com. vn/economic/commercial/item/6623401 - 2018% E5% B9% B4% E5% 89% 8D11% E4%
B8% AA% E6% 9C% 88% E4% B8% AD% E5% 9B% BD% E6% 98% AF% E8% B6% 8A% E5% 8D% 97% E8%
94% AC% E6% 9E% 9C% E6% 9C% 80% E5% A4% A7% E5% 87% BA% E5% 8F% A3% E5% B8% 82% E5% 9C%
BA. html.

亿美元，与 2017 年相比，增长 11%①，如图 10 - 2 所示。

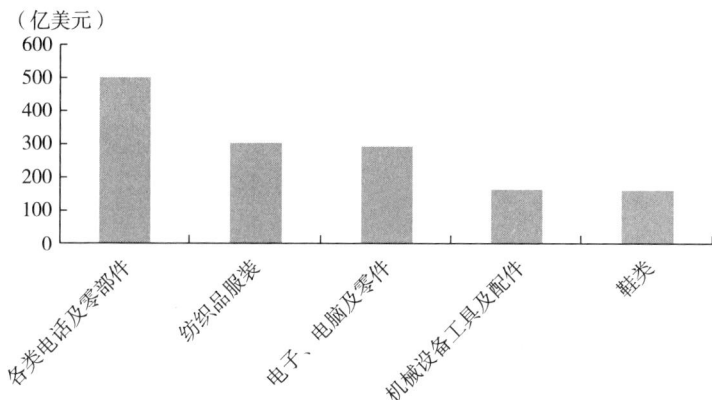

图 10 - 2　2018 年越南出口突破 100 亿美元商品

资料来源：越南统计总局。

2018 年 11 月 5 日，越南在上海成立了越南贸易促进局杭州贸易促进办公室。至此，越南一共在中国成立了两个贸易促进办公室：一是越南贸易促进局重庆贸易促进办公室，二是越南贸易促进局杭州贸易促进办公室。越南贸易促进局杭州贸易促进办公室的成立将有利于推动华东地区以至中国与世界各国和地区对外经贸合作。越南贸易促进局重庆贸易促进办公室和杭州贸易促进办公室为带动越南与中国西南内陆腹地、华东沿海地区经贸合作关系的持续稳定发展注入强大动力。

1. 对外贸易：贸易逆差大幅收窄

2018 年，越南全国货物进出口总额约为 4820 亿美元②，打破了历史纪录。

2018 年，越南商品进出口总额创下历史纪录，达 4822.3 亿美元，增长 12.6%。其中，出口额 2447.2 亿美元，增长 13.8%，进口额 2375.1 亿美元，增长 11.5%。贸易顺差达 72.1 亿美元，2017 年贸易顺差 21.1 亿美元，同比增长

———————————————

①　越通社. 图表新闻：2018 年出口额 100 亿美元以上的五种商品［EB/OL］.［2019 - 01 - 02］. ht-tps：//zh. vietnamplus. vn/% E5％9B％ BE％ E8％ A1％ A8％ E6％ 96％ B0％ E9％ 97％ BB2018％ E5％ 9B％ B4％ E5％87％ BA％ E5％ 8F％ A3％ E9％ A2％ 9D100％ E4％ BA％ BF％ E7％ BE％ 8E％ E5％ 85％ 83％ E4％ BB％ A5％ E4％ B8％ 8A％ E7％9A％ 84％ E4％ BA％ 94％ E7％ A7％ 8D％ E5％ 95％ 86％ E5％ 93％ 81/90430. vnp.

②　越南人民报. 2018 年越南进出口额达 4820 亿美元［EB/OL］.［2018 - 12 - 28］. https：// cn. nhandan. com. vn/economic/commercial/item/6685001 - 2018％ E5％ 9B％ B4％ E8％ B6％ 8A％ E5％ 8D％ 97％ E8％ BF％ 9B％ E5％ 87％ BA％ E5％ 8F％ A3％ E9％ A2％ 9D％ E8％ BE％ BE4820％ E4％ BA％ BF％ E5％ A4％ 9A％ E7％ BE％ 8E％ E5％ 85％ 83. html.

51 亿美元，创历史最高纪录①。

2018 年前 9 个月，越南贸易顺差 53.9 亿美元。其中，越南国内企业贸易逆差 182.6 亿美元，外资企业贸易（包括原油）实现顺差，金额为 236.5 亿美元；越南内资企业出口增长为 17%，外资企业出口增长 14%②，内资企业出口增长率高于外资企业出口增长率。

2018 年前 11 个月越南贸易呈顺差之势，顺差额约达 68 亿美元。其中，越南国内企业的逆差额约达 234 亿美元；外资企业的顺差额约达 302 亿美元。③

中越贸易多年存在着严重不平衡现象，继 2017 年中越贸易出现可喜成绩之后，2018 年越南对中国贸易出现逆差收窄的情况。2017 年，越南向中国出口 353 亿美元，同比增长 60.6%，位列美国和欧盟之后；越南从中国进口 585 亿美元，增长 16.9%④，进口额在进口来源地排名中位列第一。在越南对中国贸易中，出口增幅大于进口增幅，缩小了贸易逆差，越南对中国贸易不均衡的状况得以进一步改善。根据中国方面统计，2018 年上半年，中越双方贸易额为 660.4 亿美元，同比增长 28.8%，其中，越南向中国进口增长 23.5%，出口增长 37.4%⑤，越南在对中国贸易中，出口增幅大于进口增幅，呈现贸易顺差。根据越南海关总局的资料显示，2018 年，越南对华出口大幅增加，中国一度超过美国成为越南的最大出口市场。

2. 吸引外资：外资加快对越南投资步伐

越南推行革新开放 30 年以来，凭借着良好的政治社会条件、稳定的宏观经济状况、日渐改善的营商环境以及多项优惠政策，吸引世界 112 个国家和地区的外资到越南投资项目 27353 个⑥，而且越南也一直把外商直接投资看作是越南经济的一部分，在越南全社会的固定资产投资中，外资企业占到 25%，占越南全

① 越通社.2018 年越南贸易顺差 72.1 亿美元 [EB/OL].[2018 – 12 – 27].https：//zh. vietnam-plus. vn/2018% E5% B9% B4% E8% B6% 8A% E5% 8D% 97% E8% B4% B8% E6% 98% 93% E9% A1% BA% E5% B7% AE721% E4% BA% BF% E7% BE% 8E% E5% 85% 83/90195. vnp.

② 百度.2018 年前 9 个月越南实现贸易顺差额达 53.9 亿美元 [EB/OL].[2018 – 09 – 29].https：//tieba. baidu. com/p/5898222926? red_ tag =2297330641.

③ 搜狐.2018 年前 11 个月中国仍是越南最大的进口市场 [EB/OL].[2018 – 11 – 30].http：//www. sohu. com/a/278892237_ 806142.

④ 中华人民共和国商务部.越南对中国贸易逆差大幅收窄 [EB/OL].[2018 – 01 – 17].http：//hochiminh. mofcom. gov. cn/article/zxhz/tjsj/201801/20180102700553. shtml.

⑤ 新华社.中越经贸合作迈上新台阶 [EB/OL].[2018 – 08 – 06].http：//www. xinhuanet. com/world/2018 –08/06/c_ 129927050. htm.

⑥ 搜狐.盘点 2018 年越南经济十大事件，援引自越通社 [EB/OL].[2019 – 01 – 05].http：//www. sohu. com/a/285193919_ 806142.

国贸易进出口总数的 70%，创造了 850 万个就业岗位①，这对越南经济社会的发展做出了重要贡献。

根据越南计划与投资部外国投资局的统计资料显示，2018 年，外商直接到越南投资的资金总额为 354.6 亿美元，等同于 2017 年同期金额的 98.8%，其中，实际到位资金过半，达 191 亿美元，同比增长 9.1%②。根据美国《福布斯》（Forbes）杂志在 2018 年末的报道，越南已经成为最受青睐的亚洲地区投资目的地。全球顶尖咨询服务公司普华永道（PwC）在 2018 年亚太经合组织工商领导人峰会召开之前进行了考察，其结果显示越南连续两年成为最受外国投资商欢迎的亚太地区投资目的地。

越南共有 18 个领域吸引国外资金，其中，吸引外资最多的是加工制造业，其次是房地产、批发零售业。目前，日本投资金额达 85.9 亿美元，占越南吸引外国投资商投资总额的 24.2%③，位居首位。

2018 年前 11 个月，越南共有 54 个省市吸引外资，其中河内市吸引外商投资达 50 亿美元，占外商投资总金额的 31.8%，成为越南吸引外商投资量最大的城市；巴地头顿省吸引外商投资约 18 亿美元，占比 11.4%，排名第二；平阳省吸引外商投资约 9.53 亿美元，占比 6%，位列第三；同奈省吸引外商投资 9.23 亿美元，占比 5.8%，位居第四；胡志明市吸引外商投资 7.37 亿美元，占比 4.7%，排名第五④（见图 10 – 3）。

三、财政与金融

2018 年越南财政收入超出预定目标：截至 2018 年 12 月 31 日，越南国家财政收入是 1420 万亿越南盾，超出既定目标 103.5 万亿越南盾，增长 7.8%。其中，中央一般公共预算收入较预定总额增长 4.3%；地方一般公共预算本级收入较预定总额增长 12.5%；与国会报告提出的数据增加 64.3 万亿越南盾⑤。

在 2018 年的财政收支工作中，财政部门以主动、积极以及节省的方针组织开

---

① 华尔街见闻. 越南实地考察报告：20 年前的中国？［EB/OL］.［2019 – 01 – 10］. https：// www. baidu. com/link？url = 5XH2_ lb5WvfxQ4gW2_ tBg9eSGMqYk – Iyqk_ MAD7kgu – EkV0kLKH1EmpBLt Vsi0DcE – 1MJaev_ Qho5hHfFM7hsa&wd = &eqid = dabcde4200058dec000000065d5a5413.

②③ 越共电子报. 2018 年越南吸引外资达 354.6 亿美元［EB/OL］.［2018 – 12 – 26］. http：// cn. dangcongsan. vn/news/2018%E5%B9%B4%E8%B6%8A%E5%8D%97%E5%90%B8%E5%BC%95fdi% E8%BF%913546%E4%BA%BF%E7%BE%8E%E5%85%83 – 509149. html.

④ 越南人民报. 越南吸引外资达 157 亿美元［EB/OL］.［2018 – 12 – 01］. https：//cn. nhan-dan. org. vn/economic/investment/item/6618601 – %E8%B6%8A%E5%8D%97%E5%90%B8%E5%BC% 95%E5%A4%96%E8%B5%84%E8%BE%BE157%E4%BA%BF%E7%BE%8E%E5%85%83. html.

⑤ 越南人民军队. 阮春福总理：2018 年越南财政收入超出既定目标［EB/OL］.［2019 – 01 – 09］. https：//cn. qdnd. vn/cid – 6123/7182/nid – 556703. html.

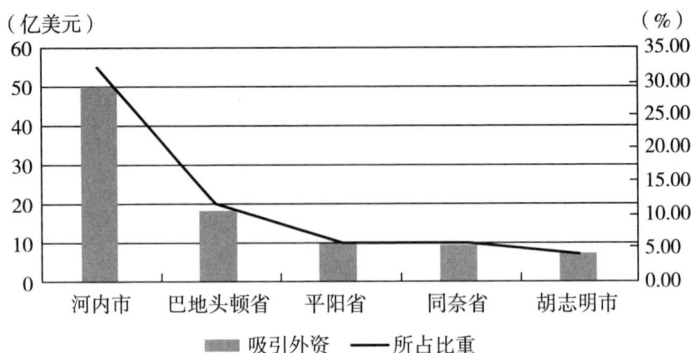

图 10 - 3　2018 年前 11 个月越南吸引外资及所占比重前 5 的省份

资料来源：越南统计总局。

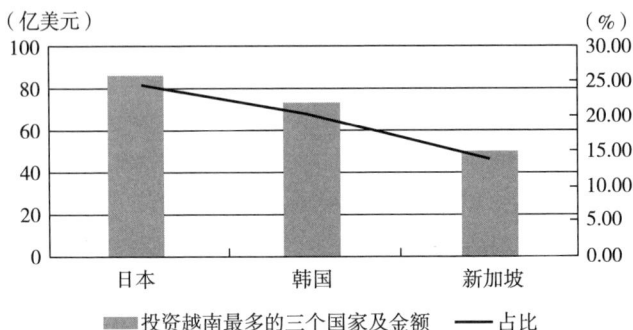

图 10 - 4　2018 年投资越南最多的三个国家及金额和所占比重

资料来源：越南计划与投资部。

展工作。2018 年，越南严格控制、管理国家预算支出，保证了财政预算超支低于 GDP3.6%；越南 2018 年公共债务管理工作取得新成绩，贷款期限得以延长，贷款利率呈逐渐下降趋势，这将有利于降低各种财政风险的影响。截至 2018 年 12 月 31 日，公共债务余额低于 GDP 的 3.6%，政府债务余额低于国内生产总值的 52%，国家外债余额低于国内生产总值的 49.7%[1]，均在国会的允许范围之内。

越南总理阮春福在越南财政部举行的 2018 年财政工作总结暨 2019 年国家财政预算任务部署视频会议上对 2019 年越南财政工作提出力争达到 1450 万亿越南盾[2]并继续降低经常性费用支出的要求。

---

① 越南人民军队. 阮春福总理：2018 年越南财政收入超出既定目标［EB/OL］.［2019 - 01 - 09］. https：//cn. qdnd. vn/cid - 6123/7182/nid - 556703. html.

② 越南人民军队. 阮春福总理：2018 年越南财政收入超出既定目标［EB/OL］.［2019 - 01 - 09］. https：//cn. qdnd. vn/cid - 6123/7182/nid - 556703. html.

1. 财政：财政赤字大幅改善

2018 年，越南的财政政策和货币政策松紧适度，能够准确、及时、有效地维持货币汇率、银行利率和货币市场的稳定。

2018 年初，越南国会提出财政赤字为 3.7%，截至 2018 年 9 月，财政预算赤字约为 3.67%[①]，这是国家财政预算开源节流的重要成果，尤其需要注意到越南的经常性开支处于较好的控制范围之内。2018 年，越南财政部进一步加大税收监管力度，应收尽收，以尽量扩大财政收入来源，控制财政赤字。

2. 金融：外汇储备创新高

越南外汇水平和国内通货膨胀率相对平稳，自 2016 年以来，外汇储备持续攀升，在 2017 年和 2018 年初连续创下新高。由于贸易顺差，越南保持了外资流入的增长趋势，外汇储备创下历史最高数值。越南外汇储备来源主要是指国际收支盈余、贸易顺差、外商直接投资、外商间接投资的资金到位、ODA 资金到位、国际游客消费以及侨汇收入。2018 年，越南净买入超 60 亿美元[②]，极大地巩固了外汇储备，同时主动采取措施，管理外币市场，有效地防止了市场美元化，从而增强了到越南投资兴业的外来投资商的信心及越南国内外对越南企业和经济的信心。截至 2018 年 7 月，越南外汇储备达 635 亿美元[③]。但在东盟范围内，越南外汇储备不是最高水平，处于中等程度，仍不充足。

第四节　安全

一、越南人民军加强国防安全和全军备战训练工作，派遣海外维和的医护力量

2018 年，越南人民军从中央到地方的各级领导单位加强维护国防安全。越南国防部各主力单位以及各级军事单位及时了解并掌握越南社会和国防安全的实际情况，向当地党委和政府提出参谋意见，从而落实维护军事和国防安全的任

---

① 搜狐 . 2018 年越南 GDP 有望达 6.7%，援引自越共电子报〔EB/OL〕.〔2018 - 09 - 25〕. http://www. sohu. com/a/256161958_ 806142.

② 慢钱头条 . 越南净买入 60 多亿美元增加外汇储备，援引自越通社〔EB/OL〕.〔2019 - 01 - 09〕. http: //toutiao. manqian. cn/wz_ 5bVrd3mVkJJ. html.

③ 越通社 . 越南外汇储备规模达 635 亿美元〔EB/OL〕.〔2018 - 07 - 03〕. https：//zh. vietnamplus. vn/%E8%B6%8A%E5%8D%97%E5%A4%96%E6%B1%87%E5%82%A8%E5%A4%87%E8%A7%84%E6%A8%A1%E8%BE%BE635%E4%BA%BF%E7%BE%8E%E5%85%83/82480. vnp.

务；越南各级军事力量会同当地党委和政府以及其他相关武装力量，合作处理已发生的问题，对维护越南政治环境的稳定和社会秩序的井然有序做出了不可磨灭的贡献，为越南经济社会的发展提供政治保障，增强了越南民众和国际人士对越南的信心。

2018年，越南人民军尤为重视加强全军备战训练工作，特别是使用武器和技术设备的训练，以及将训练和备战相结合。国家正规部队、地方部队以及民兵自卫队的训练质量逐渐提升，部队的机动性以及应对各种突发情况的能力得到提高。

2018年，越南派遣一号二级野战医院31名官兵和医护人员前往联合国南苏丹特派团执行任务。越南一号二级野战医院承担负责照顾联合国南苏丹特派团干部和人员身体健康的任务。这样在南苏丹执行任务的越南军官人数升至5人。越南派遣各种力量参与联合国南苏丹维和任务彰显了越南党、国家和军队参与维和任务，积极投身巩固、保障国家和地区稳定事业的高度政治决心。

二、成立网络空间作战指挥部：维护国家网络空间安全

第四次工业革命方兴未艾，互联网经济发展渗透到社会生活的各个领域，但也出现了能直接威胁越南国家主权和民族利益的战争新形式，如信息化战争、网络战争等。敌对势力、反动分子和高科技犯罪人员利用网络空间破坏越南党和国家的革新事业，损害到了越南国家的利益、主权、安全以及越南民众的生活。

2018年1月8日，越南国防部在河内成立了网络空间作战指挥部。网络空间作战指挥部将在保护越南网络主权、打击高科技犯罪和网络空间里的"和平演变"等方面发挥重要作用。越南规划加大投入力度，建设网络空间作战力量的现代化力量，越南中央军委和国防部将负责对接越南党和国家有关网络作战的军事国防各项政治任务的政策和决议，在网络空间作战领域中起到参谋助手作用，领导和指挥网络空间作战司令部的政治、组织和思想建设，保证网络空间作战司令部听党指挥，建设忠诚、自律、智慧、敏捷、高效的网络空间作战司令部和战斗武装力量，推动现代化武器装备建设，实现队伍精简高效，战斗能力强大，以便维护越南国家网络主权和安全，应急处理各种情况，免于越南陷入被动。

越南成立网络空间作战指挥部是应对新形势下保卫国家网络安全和主权的要求，是越南应对互联网经济高度发达形势的体现。

三、促进地区安全，加强海上执法合作

越南现有《越南海警力量法令》实施19年来为维护越南国家和民族利益、

捍卫越南国家主权以及确保海上安全和秩序做出了重要贡献；但随着越南国内外形势的变化、海洋局势复杂多变，涉及越南海上国防安全的事情频繁发生，同时，越南海警队伍承担的任务也日趋繁重，鉴于此，越南拟制定颁布《越南海警法》。

2018 年 5 月 22 日，越南第十四届国会第五次会议听取了《越南海警法（草案）》的审查报告。《越南海警法（草案）》的制定将有助于完善越南现有的法律体系，提升管理和保护海洋岛屿的工作效率；推动越南海警力量建设朝着革命化、正规化、精锐化、现代化方向发展，以便形成海上执法的骨干队伍，发挥保卫越南国家主权和安全的综合作用。

第五节　外交

2018 年，越南以积极主动的姿态在国际舞台上开展外交活动。越南继续深化与美国、日本、中国、俄罗斯等大国的关系；不断巩固与印度尼西亚、老挝和柬埔寨等东盟成员国的关系；此外，越南在"全方位、多样化"的既定外交政策指导下，还着重发展了与澳大利亚和匈牙利的外交关系。

一、继续深化与大国关系

1. 与美国关系

在越南与各大国关系中，美越关系最引人注目。2018 年的越美关系深化了双方在政治、经贸、防务、民间人文、战争遗留问题和人道主义领域的交流和合作。

在政治方面，美国尊重越南的独立、主权、领土完整、政治制度以及选择符合本国国情的发展道路。2018 年 11 月 14 日，越南总理阮春福出席第 33 届东盟峰会及系列会议期间会晤美国副总统迈克·彭斯（Mike Pence）时建议越美双方加强各级代表团尤其是双方高层领导互访。最近几年，美越之间的高层互访频繁，并有继续增进的趋势。

但 2018 年的美越双方在民主、人权、民族、宗教和知识产权方面存在较大的分歧；美国不时在民主、人权、民族和宗教问题上批评越南，越南对此也给予了回击。

美国是越南的主要贸易伙伴之一，与 2017 年同期相比，2018 年美国向越南出口增长 23%①。越美经贸和投资合作关系已然成为双边关系的重要组成部分。吸引外资是越南发展经济的一贯策略，在对美经贸关系中，越方尤为强调改善投资营商环境，吸引更多的美方优质企业到越南长期投资，向越方转移先进技术和管理经验，同时越方也敦促美方早日承认越南的市场经济地位。

由于越南战争的缘故，越美双方继续加强人道主义和越南战争遗留问题的互动合作。双方还是围绕美国承诺参加越南边和机场橙色剂污染地区清理项目，越南为搜寻越南战争期间失踪的美国军人遗骸工作提供帮助。

2018 年越美双方频繁在民间人文方面开展交流。赴美国留学的越南大学生和实习生约 30000 人，占据赴美留学的东南亚留学生人数之首②。

2. 与日本关系

2018 年的越日关系在政治、经济、文化领域取得长足进展，越南把日本当作一支重要的国际力量来接触，日本把越南视为其加强与东南亚各国联系的一个关键节点。

2018 年，在政治方面，越日双方通过高层互访增加政治互信。2018 年 5 月 29 日至 6 月 2 日，时任越南国家主席陈大光对日本进行国事访问。日本天皇明仁与皇后接见陈大光并设国宴欢迎陈大光夫妇到访。此外，陈大光与日本首相安倍晋三举行会谈。2018 年 10 月 8～10 日，越南总理阮春福访问日本并出席日本与湄公河流域国家峰会，与日本首相安倍晋三举行会谈。

在经济方面，2018 年，日本一如既往地成为对越南最大投资国；双方在辅助工业、能源、高科技农业及优质基础设施等领域展开合作；两国互相打开对方的国门。

在文化方面，由于越南与日本同属汉文化圈，文化上的相近极大地推动了双方在文化领域的交流和合作。日越两国多次组织文化交流活动。2018 年 9 月 16 日，庆祝越日两国建交 45 周年，越南胡志明市举行了第五届日越文化节，此活动向胡志明市市民介绍日本文化及风土人情，增进两国了解，为两国企业合作提供平台。

---

① 越通社. 越美两国关系继续保持良好的发展势头［EB/OL］.［2019 - 01 - 08］. https：//zh. viet-namplus. vn/%E8%B6%8A%E7%BE%8E%E4%B8%A4%E5%9B%BD%E5%85%B3%E7%B3%BB%E7%BB%A7%E7%BB%AD%E4%BF%9D%E6%8C%81%E8%89%AF%E5%A5%BD%E7%9A%84%E5%8F%91%E5%B1%95%E5%8A%BF%E5%A4%B4/90626. vnp.

② 越南人民报. 2018 年越美工商峰会：塑造双边经济关系的未来［EB/OL］.［2018 - 09 - 10］. https：//cn. nhandan. org. vn/economic/economy_ intergration/item/6404101 - %E9%A2%98%E4%B8%BA%E2%80%9C%E8%B6%8A%E5%8D%97%E6%96%B0%E7%9A%84%E6%8A%95%E8%B5%84%E5%92%8C%E8%B4%B8%E6%98%93%E6%9C%BA%E9%81%87%E2%80%9D%E7%9A%84%E5%BA%A7%E8%B0%88%E4%BC%9A%E5%9C%A8%E8%8A%A0%E6%8B%BF%E5%A4%A7%E4%B8%BE%E8%A1%8C. html.

在南海问题方面，日越两国强调南海和平、稳定，航海和飞越自由与安全的重要性，日越两国加强合作，均主张在 1982 年《联合国海洋法公约》的基础上通过和平方式解决一切争端和分歧。

3. 与中国关系

2018 年中越两党、两国关系基本保持平稳发展。2018 年是中越全面战略合作伙伴关系建立十周年。中越双边关系取得了长足进展，既服务于两国的自身发展，又造福于两国人民，为推动社会主义事业发展和维护地区和平稳定做出了积极贡献。中越双方在"十六字"方针和"四好"精神的指引下，推动中越关系在正确轨道上前行。

2018 年 11 月 4 日，中共中央总书记、国家主席习近平在上海会见了来华出席首届中国国际进口博览会的越南总理阮春福，这加强了中越高层的政治沟通。

中越双方保持中越两国两党高层交流，加强政治引领双边关系；同时通过加大发展战略对接和政策沟通，推动中越双方开展务实合作；中越两党两国需要巩固传统友谊，增进两党在党建、反腐、治国理政方面的交流合作和彼此借鉴，以此提高各自在本国的执政能力。中越双方加强对话交流，有效管控分歧，以便推动中越双方在南海共同开发问题上取得实质性进展以及进一步巩固中越双边关系的民意基础，培养两国民众相互亲近的友好感情。

在南海问题方面，中越双方一致认为妥善处理海上问题对保持双边关系健康、平稳发展至关重要。中越双方都要切实落实关于指导解决中越海上问题基本原则协议的各项规定，坚持通过协商管控分歧，都不采取使局势复杂化、扩大化的单方面行动。与此同时，双方积极开展海上合作，包括探讨可行途径，实现共同开发。这一方面能为最终能解决海上问题积累有利条件，另一方面也能为全面推动两国务实合作营造必要环境。

中越两国处在大力推动改革和革新开放事业的关键期，日渐凸显经济发展的互补性。中越合作前景十分广阔，双方尤其要抓住这一契机大力发展经济合作。中越双方继续深化两国在"一带一路"和"两廊一圈"的实质性对接，统筹推进基础设施、产能、跨境经济合作区等重大项目合作，全面提升两国务实合作的质量和规模。

同时中越双方也扩大了在发展旅游业方面的开发合作。中越双方都有着丰富优质的旅游文化资源，而且，两国民众到对方国家旅游的数量日益增多，经过几年的发展，中国和越南已经相互成为对方重要的旅游合作对象国。中越旅游合作开发为增进两国人民间的了解和友谊、推进中国"一带一路"倡议与越南"两廊一圈"战略实现有效对接、推动双边关系正常稳定发展均发挥了至关重要的作用，产生了深远的影响。

4. 与俄罗斯关系

越南与俄罗斯两国关系在 2018 年取得进展。越南继续成为连接俄罗斯与东盟之间的桥梁。越南国会与俄罗斯联邦委员会、俄罗斯国家杜马在 2018 年保持密切配合。

在现阶段的越俄双边贸易中，越南处于顺差地位；双方继续在能源、石油、天然气等传统领域保持合作关系。同时，越南与俄罗斯的经贸合作潜力巨大，双方不断开拓新的合作领域，提升双边合作层次。

越南与俄罗斯在人文领域交流不断扩大，在俄罗斯的越南人数量不断上升并积极融入俄罗斯社会，已然成为沟通越南与俄罗斯的桥梁；同时，俄罗斯也扩大了越南留学生的奖学金名额。

二、不断巩固与东盟成员国外交关系

1. 与印度尼西亚关系

2018 年是越南与印度尼西亚关系很特别的一年。2018 年 9 月 11～12 日，印度尼西亚总统佐科·维多多对越南进行国事访问并与时任国家主席陈大光共同出席了越印战略伙伴行动计划（2019～2023）的签署仪式。越南是印度尼西亚在东盟成员内的唯一战略伙伴。2018 年，越南与印度尼西亚开展关于专属经济区的谈判，内容包括：解决双方渔业捕捞存在的问题；加强双方经济合作以力争经贸合作成为双方合作的支柱；保护旅居越南的印度尼西亚公民；两国维护地区的和平与稳定等。越南总理阮春福于 2018 年 10 月在巴厘岛与印度尼西亚总统佐科举行的会谈以及两国高层政要互访中都多次提到要力争使双方贸易额提升至 100 亿美元①。

2. 与老挝关系

越南与老挝的关系一直以来都是特殊亲密的国际关系。2018 年，越老双方高层互访频繁，尤为强调加强两国人民特别是年青一代世代友好的越老传统关系。2018 年，两国国防部长就加强两国防务合作、党建工作和政治工作交换意见，此举加深了双方政治互信。2018 年两国处理了边界线建设和界碑维护工作。在经贸往来方面，越南企业积极参与老挝基础设施互联互通、扶贫开发项目和公益活动；越南为老挝打通出海通道，辐射老挝经济社会发展。在教育培训方面，两国落实了《提高越老人力资源培训领域合作质量与效率提案（2011～2020）》。

---

① 越通社. 阮春福总理结束出席东盟领导人见面会并对印尼进行工作访问之旅 [EB/OL]. [2018 - 10 - 12]. https://zh.vietnamplus.vn/%E9%98%AE%E6%98%A5%E7%A6%8F%E6%80%BB%E7%90%86%E7%BB%93%E6%9D%9F%E5%87%BA%E5%B8%AD%E4%B8%9C%E7%9B%9F%E9%A2%86%E5%AF%BC%E4%BA%BA%E8%A7%81%E9%9D%A2%E4%BC%9A%E5%B9%B6%E5%AF%B9%E5%8D%B0%E5%B0%BC%E8%BF%9B%E8%A1%8C%E5%B7%A5%E4%BD%9C%E8%AE%BF%E9%97%AE%E4%B9%8B%E6%97%85/87024.vnp.

3. 与柬埔寨关系

2018 年，越南与柬埔寨的关系本着"睦邻友好、传统友谊、全面合作和长期稳定"①的方针保持越柬传统友谊与团结，双方加强了传统教育宣传。在 2018 年，防务合作仍然是越柬合作的重要支柱。双方强化培训合作和两国代表团的互访工作，深化边境管理方面的交流合作。在经济方面，2018 年，越南企业较为成功地开拓了柬埔寨市场，实现对柬埔寨出口首次突破 30 亿美元，出口增长迅速的商品领域主要是纺织品、石油、钢铁、塑料、肥料和机械设备②。越柬两国加强在脸书（Facebook）等社交网站和信息安全领域的合作，共同分享相关经验，一同打击虚假消息，维护社会稳定。2018 年，越柬两国政府为稳定越裔柬埔寨人的生活达成多项一致性意见。

三、深化发展与世界各国的多边外交关系：继续奉行全方位、多样化的外交关系

2018 年，越南的多边外交取得了巨大成绩，已然成为越南外交的一大亮点。

1. 与澳大利亚关系

2018 年 3 月越南总理阮春福访问澳大利亚，15 日，两国发表《越南社会主义共和国和澳大利亚联邦关于建立战略伙伴关系的联合声明》，越南与澳大利亚将双边关系提升为战略伙伴关系，澳大利亚进而成为越南在二十国集团中的第 11 个战略合作伙伴③。两国加强在教育培训、科学技术、农业和旅游业等其他领域的合作。

2. 与匈牙利关系

2018 年 9 月 8~11 日，时任越共中央总书记阮富仲正式访问匈牙利。在访问期间，越南与匈牙利建立全面伙伴关系。两国经贸合作占据主流，教育合作是两国传统的合作领域，也是两国合作的一大亮点，此外，立法、司法、国防安全、卫生、培训、地方间合作也在两国合作范畴之内。

---

① 越南人民报. 柬埔寨首相洪森圆满结束对越访问之行［EB/OL］.［2018 - 12 - 08］. https：//cn. nhandan. org. vn/political/national_ relationship/item/6638201 - % E6% 9F% AC% E5% 9F% 94% E5% AF% A8% E9% A6% 96% E7% 9B% B8% E6% B4% AA% E6% A3% AE% E5% 9C% 86% E6% BB% A1% E7% BB% 93% E6% 9D% 9F% E5% AF% B9% E8% B6% 8A% E8% AE% BF% E9% 97% AE% E4% B9% 8B% E8% A1% 8C. html.

② 中国国际贸易促进委员会. 越南对柬埔寨出口突破 30 亿美元［EB/OL］.［2019 - 01 - 09］. http：//www. ccpit. org/Contents/Channel_ 4114/2019/0109/1110946/content_ 1110946. htm.

③ 越通社. 越南 2018 年外交工作：积极主动 创新高效［EB/OL］.［2019 - 01 - 03］. https：//zh. vietnamplus. vn/% E8% B6% 8A% E5% 8D% 972018% E5% B9% B4% E5% A4% 96% E4% BA% A4% E5% B7% A5% E4% BD% 9C% E7% A7% AF% E6% 9E% 81% E4% B8% BB% E5% 8A% A8 - % E5% 88% 9B% E6% 96% B0% E9% AB% 98% E6% 95% 88/90409. vnp.

第六节　区域合作

一、越南与《跨太平洋伙伴关系全面进展协定》

《跨太平洋伙伴关系全面进展协定》（CPTPP）是澳大利亚、文莱、加拿大、智利、日本、马来西亚、墨西哥、新西兰、秘鲁、新加坡和越南11个国家于2018年3月在智利首都圣地亚哥签署的一项自由贸易协定。2018年11月12日，越南第十四届国会批准CPTPP，该协议于2019年1月14日正式生效。

越南加入该协定彰显了越南党和国家积极融入国际社会的意愿，凸显了越南的地缘政治地位。CPTPP为越南打开亚洲、美洲和大洋洲市场，特别是为越南商品扩大出口日本、澳大利亚、加拿大等国际市场创造了条件。该协定有助于越南调整市场结构，增强越南经济的独立性和自主性。越南加入CPTPP还推动越南参与该协定生效后形成的供应链，广泛参与高附加值的生产链。根据越南计划与投资部的数据显示，到2035年，CPTPP可能推动越南国内生产总值和出口额分别增长1.32%和4.04%①。

越南与该协定的大多数成员国都存在贸易顺差。2018年，越南与CPTPP成员国的双边贸易额达744.78亿美元，占2018年越南进出口贸易总值的15.5%②。在该协定其余的10个成员国中，日本是越南最大的贸易对象国。此外，马来西亚、新加坡、澳大利亚、加拿大、墨西哥、智利等成员国均为越南"10亿美元"的合作伙伴③。

二、越南与东盟（ASEAN）

2018年9月11～13日，越南在河内成功举办了2018年世界经济论坛东盟峰

---

① 搜狐.越南批准《跨太平洋伙伴关系全面进展协定》：利益及优势，援引自越通社［EB/OL］.［2018－11－19］.http：//www.sohu.com/a/276496972_806142.

② 越共电子报.2018年越南对CPTPP成员国的商品出口额达368亿美元［EB/OL］.［2019－01－15］.http：//cn.dangcongsan.vn/news/2018/E5%B9%B4%E8%B6%8A%E5%8D%97%E5%AF%B9cptpp%E6%88%90%90%E5%91%98%E5%9B%BD%E7%9A%84%E5%95%86%E5%93%81%E5%87%87%BA%E5%8F%A3%E9%A2%9D%E8%BE%BE368%E4%BA%BF%E7%BE%8E%E5%85%83%83－511076.html.

③ 搜狐.越南批准《跨太平洋伙伴关系全面进展协定》：利益及优势，援引自越通社［EB/OL］.［2018－11－19］.http：//www.sohu.com/a/276496972_806142.

会（WEF ASEAN 2018）。本次峰会为数字经济、智能连接在东南亚地区的发展和应用方面提出了许多新设想和新倡议。在本次会议中，越南提出有关东盟移动宽带收费标准的新提议并涉及印度尼西亚 Go – Jerk 和越南 Go – Viet 企业合作开通应用信息技术的客运服务程序①。在开幕式中，越南总理阮春福提议东盟各国建设国家技术产业孵化园区网络和地区级技术产业孵化园网络，进而构建东盟各国的人才孵化体系。越南还建议东盟各国在第四次工业革命的浪潮下，继续努力协作，同各合作伙伴一道共同维护地区和平稳定，从而确保航空、陆路以及海上的自由和安全。

在经贸关系方面，越南与东盟成员国之间的经贸合作日渐增强。东盟位列欧盟、美国和中国之后，成为越南的第四大出口市场，出口商品主要涵盖手机及其零配件、电脑、电子产品、钢铁、器械设备、交通工具、纺织品等②。当然，越南企业仍需要在贸易活动的参与、市场计划的考察以及目标市场的对接等方面加大力度以便更大限度地开拓东盟各国市场。

三、越南与亚太经合组织（APEC）：推动亚太地区合作与发展

2018 年 11 月 17 日，越南总理阮春福在巴布亚新几内亚独立共和国首都莫尔斯比港出席亚太经合组织第二十六次领导人非正式会议。在此次会议中，越南积极介绍自身发展现状，参与亚太经合组织工商咨询理事会（ABAC），主动和与会代表商讨合作发展大计，为越南的经贸、数字经济、网络经济发展提供更多的机遇，努力扩大越南的多边外交。

2018 年时值越南加入亚太经合组织 20 周年。11 月 30 日上午，越南在河内举办了"越南加入亚太经合组织（APEC）20 年成果及未来走向"会议。越南加入亚太经合组织是越南的战略决定，为越南革新事业和融入国际社会提供了巨大的机遇。加入 APEC 的 20 年，越南经济社会取得了许多的重要成绩。越南的 28 个战略伙伴和 14 个全面伙伴都是该组织成员，占越南进出口总额的 75%、直接投资额的 78% 以及国际游客量的 79%；越南与亚太经合组织成员国中的 17 个成员签订了 14 项自由贸易协定③。经济技术合作是亚太经合组织的三大支柱之一，越南借助该平台提高了经济改革和融入地区的能力，在一定程度上缩小了与发达经济体之间的差距。该会议为增强越南在亚太经合组织和地区经济结构中的参与

---

① 越南人民军队.2018 年世界经济论坛东盟峰会在河内开幕［EB/OL］.［2018 – 09 – 12］.https：//cn. qdnd. vn/cid – 6123/7183/nid – 553192. html.

② 搜狐.越南企业应加大对东盟与中国市场的出口力度，援引自越通社［EB/OL］.［2018 – 12 – 14］. http：//www. sohu. com/a/282162272_ 806142.

③ 搜狐.越南加入亚太经合组织 20 周年：从战略视野到越南的烙印［EB/OL］.［2018 – 11 – 16］. http：//m. sohu. com/a/276432168_ 713220.

及贡献、扩大越南革新深度和开放广度、发挥越南多边外交的作用提出众多意见和建议。

越南也主动为亚太经合组织做出积极贡献，于 2006 年和 2017 年两度成功举办 APEC 领导人会议。这两次会议的成功表明了越南在推动亚太地区经济互联互通建设和经济增长方面做出了积极、主动的贡献。

四、越南与欧盟

越南与欧盟的经贸合作稳定持续发展。2018 年，欧盟是越南仅次于美国的第二大出口市场；2018 年前 9 个月，越南对欧盟出口货物 312 亿美元，越南从欧盟进口商品约 100 亿美元[①]。

欧洲理事会和欧洲议会分别在 2018 年底和 2019 年初正式签署《越南—欧盟自由贸易协定》（EVFTA）。《越南—欧盟自由贸易协定》有助于越南与欧盟互相减免关税。其中：欧盟出口越南商品 65% 的税项将废除，余下的税项也将在未来 10 年内逐渐废除；欧盟废除越南出口商品 85.6% 的税项，将在未来 7 年内扩大废除税项范围到 99%[②]。这将刺激越南对欧盟出口，预计在该协定生效 10 年后，越南国民生产总值将提升 10% 到 15%[③]。

越南与欧盟在森林和海洋经济方面有合作。越南借助与欧盟签订《森林执法、施政与贸易自愿伙伴关系协定》（VPA/FLEGT）之机，努力调整林业结构、提高原材料生产链透明度，扩大越南林业出口欧盟市场的比重。

由于现实和历史因素，越南与法国的双边经贸往来频繁。法国在对越南投资的欧洲投资商中排名第三，共有 300 家法国企业开展对越南投资金额 34 亿美元的投资活动，提供了 2.6 万个就业岗位[④]。

五、越南与"澜沧江—湄公河"合作机制

2018 年 1 月 10 日，越南总理阮春福在柬埔寨首都金边出席了澜湄合作第二次领导人会议。在这次会议中，越南强调了澜湄合作各参与国需要保障的原则和重要目标，越南提议未来 5 年的合作需要重视和加强有效保护、管理和可持续利用澜沧江—湄公河水源，把水源合作列为 6 国合作的重点项目之一，6 国优先加

---

①②③ 越通社. EVFTA 将为越南出口活动注入动力［EB/OL］．［2018 - 10 - 26］. https：//zh. viet-namplus. vn/evfta% E5% B0% 86% E4% B8% BA% E8% B6% 8A% E5% 8D% 97% E5% 87% BA% E5% 8F% A3% E6% B4% BB% E5% 8A% A8% E6% B3% A8% E5% 85% A5% E5% 8A% A8% E5% 8A% 9B/87622. vnp.

④ 越南人民报. 法国专家：越南是欧盟的战略性选择［EB/OL］．［2018 - 12 - 24］. https：//cn. nhandan. com. vn/newest/item/6675501 - % E6% B3% 95% E5% 9B% BD% E4% B8% 93% E5% AE% B6% EF% BC% 9A% E8% B6% 8A% E5% 8D% 97% E6% 98% AF% E6% AC% A7% E7% 9B% 9F% E7% 9A% 84% E6% 88% 98% E7% 95% A5% E6% 80% A7% E9% 80% 89% E6% 8B% A9. html.

强共享水文气象数据信息，合作应对干旱、洪水等；大力完善基础设施建设，方便人员、货物、资金流通；协助澜湄合作成员国利用第四次工业革命推动工业化发展；推动企业发展及提高人力资源素质等。

2018 年 12 月 17 日，湄公河—澜沧江合作第四次外长会议（MLC）在老挝琅勃拉邦市举行，该次会议对 2018 年澜沧江—湄公河合作情况做出评价。澜湄水资源合作中心、澜湄环境合作中心、湄公河研究中心已投入运营，该次会议成功举办了澜湄合作首次会议周以及关于水资源、生产能力、农村发展和传媒发展的合作论坛，这些活动为推动中国、缅甸、老挝、泰国、柬埔寨和越南成员国之间的友谊、增进互信了解和推动澜湄流域地区经济社会全面发展产生了积极影响。关于未来合作方向，各位部长一致同意深化提升成员国的生产能力，强化区域互联互通、贸易、海关、医疗、卫生、能源、澜湄经济走廊建设等方面的合作倡议，以提高澜湄流域国家民众的生活水平和澜湄合作的效率。

第七节 社会文化

一、教育事业

近年来，越南教育事业不断地取得重要进展，其普及的学前教育、初级中等教育工作在国际上斩获殊荣。越南教师队伍目前发展较为齐全，结构合理，质量不断提高，基本上大部分教师都能满足职业标准。越南党和国家将继续推动师资队伍建设，为教师创造发挥才能、安心教学的环境，致力于构建一个亲善、健康及民主的教育环境。

2018 年是越南教育界关于全面教育革新决议开展的第五年。越南教育事业取得了很多显而易见的成效。2018 年，越南河内国家大学和胡志明市国家大学首次实现越南高等学校列入全球 1000 所最佳大学排行榜。河内国家大学、胡志明市国家大学、河内理工大学、芹苴大学和顺化大学共五所越南大学列入 2018 年亚洲最佳 400 所大学排名中。

越南教育和培训机构系统在质量、规模和数量上都发生了显著的变化。随着越南法律框架日渐通畅，越来越多的越南国内外企业投资越南教育培训领域，这一现象有继续增加的趋势。根据越南计划与投资部外国投资局的统计资料显示，

2018 年前 9 个月，新审批的教育培训领域投资项目 46 项，注册资金为 5 亿美元①。

1. 越南国内教育：加强教育立法

2018 年 11 月 15 日上午，越南举行第十四届国会第六次全体会议，讨论《教育法修正案（草案）》。《教育法修正案（草案）》具体落实了 2013 年版《宪法》中有关教育培训的新规定，从教育对象、目标、内容和方法四方面构建越南教育理念，进而体制化了越南党和国家关于根本和全面革新教育培训的观点和方向。

越南国会代表认为，在越南法律体系的构建上要保障教育法与其他法律文件的一致性和配套性，从而保证《教育法修正案（草案）》的可行性，使其符合越南经济社会的客观实际；从改革教育事业服务经济社会发展的角度来说，修改、补充《教育法》意在不让任何人失去学习的机会，是越南民族为教育事业大胆改变思维，进而满足第四次工业革命发展对人才的需求的体现。

2018 年 9 月 6 日上午，越南国会常务委员会举行专职国会代表会议，讨论了《高等教育法修改补充法案》。该项法案为推进高等院校扩大自主权奠定基础，有助于提升高等院校教育、培训质量，凸显了高等教育在国民教育体系中的地位和作用，为越南经济社会发展和国际竞争力的提高提供助力。

越南《教育法》自 2005 年颁布以来，虽经过 2009 年修改补充，但多项规定已不符合或不能按照越南 2013 年《宪法》、越南党和国会的各项决议正确反映教育培训领域新内容，不符合新颁布的法律体系，因此，2018 年 6 月 11 日下午，越南第十四届国会第五次会议讨论了《教育法若干条款修改补充法（草案）》并听取了教育培训部长冯春芽（Phùng Xuan Nha）所做的关于该法草案的说明、意见采纳和整理报告。国会代表的讨论意见大致可以分为以下三点：一是国会代表建议法律起草委员会研究各类教育机构的类型，找出法律和政策框架下的不足之处和阻碍因素，同时可以在制定适合越南国情的教育机构系统规定时适度参考国际经验；二是鉴于学前教育在国民教育体系中占据极其重要的地位，国会代表建议起草委员会提出必要的修改意见，补充教育级别与教育等级、幼儿园与托儿所等概念；三是从教育对越南经济社会发展的贡献来讲，国会法律起草委员会需要具体化"教育是首要国策"及"向教育投资就是向发展投资"②的规定，明确分类教育投资来源，有助于制定正确的政策。

---

① 搜狐. 流入越南教育培训领域的外资总额达 43 亿美元［EB/OL］.［2018 - 10 - 29］. https：//www. sohu. com/a/274747076_ 713220.

② 越南人民军队. 第十四届国会第五次会议：为提高教育质量奠定法律基础［EB/OL］.［2018 - 06 - 12］. https：//cn. qdnd. vn/cid - 6123/7182/nid - 550504. html.

2. 加强国际教育交流与合作

越南共有 9400 万人口①，人口结构年轻化，有发展教育的巨大优势。越南教育领域的市场化潜力在国际社会具有较大的吸引力。截至 2018 年 10 月，胡志明市共有 27 所国际学校，成为世界上国际学校较多的城市之一②。2018 年，越南政府修改了关于教育评估外国投资与合作规定的 86 号决议。此次修改于 2018 年 8 月 1 日生效，扩大了外商投资学校中的越南学生数量限额，把幼儿园到高中的国际学校中越南学生所占比重的最大值从之前规定的 10%～20%，提升到 50%。这一改革为吸引更多的外国投资者在越南投资成立国际学校带来更多便利。

越南学生出国留学人数增加，留学国家多样化。根据联合国教科文组织统计研究所的数据资料显示，出国留学的越南留学生年均增长 12%，2012 年约为 5 万人，2018 年增长到 8 万人③。越南留学生数量增长迅速，特别是赴欧美等国的留学生人数日渐增多。越南学生除了选择发达国家留学之外，选择在地区内和周边国家的留学生人数也不断增长。根据新加坡《联合早报》报道，由于地理位置相近，文化相似，中国大学能提供高质量课程，收费不昂贵且能提供各种奖学金，中国成为越南学生比较向往的出国留学目的地。

二、医疗卫生

2018 年，越南国内发生了三件有关医疗卫生事业的重大事件。

其中两件：越南成立首家人体细胞银行和越南首家野战医院参加联合国维和行动荣登《越通社盘点 2018 年越南十大国内新闻事件》。

2018 年 10 月 16 日下午，越德友谊医院创办的越南首家人体细胞银行在河内正式问世。这是人体细胞采集、保管、存储、运输、供应和交换的基地，同时也是疾病检查治疗、医疗培训和科学研究的重要场所。2018 年 12 月 24 日，越德友谊医院和二号儿科医院正式宣布已把 1 名脑死亡患者捐献的 6 个器官（一颗心脏、一个肝脏、两个肺脏和两个肾脏）成功移入 5 名患者体内④。截至目前，越南已自主掌握了包括肾脏、心脏、肝脏、胰腺、肺脏等临床各类重要和多个常见器官的移植技术，每年开展 1500 余例器官移植手术⑤，成功率可以匹敌世界上许多发达国家。这是越南医学事业的一大进步。

越南积极参与联合国事务。2018 年 10 月 1 日，越南组织野战医院的 63 名成

---

①②③ 搜狐．流入越南教育培训领域的外资总额达 43 亿美元［EB/OL］．［2018 - 10 - 29］．https：//www.sohu.com/a/274747076_713220.

④⑤ 越共电子报．越通社盘点 2018 年越南十大国内新闻事件［EB/OL］．［2018 - 12 - 25］．ht-tp：//cn.dangcongsan.vn/news/2018%E5%B9%B4%E8%B6%8A%E5%8D%97%E5%8D%81%E5%A4%A7%E5%AF%B9%E5%A4%96%E6%96%B0%E9%97%BB%E4%BA%8B%E4%BB%B6 - 509262.html.

员前往南苏丹参加维和任务的医疗服务。这是越南首次组织独立单位参与联合国开展的维和任务。

另一件医疗卫生事业——越南首次成功生产出了达到现行有效法律规定标准的 O 型口蹄疫疫苗（AVAC - V6 FMD Emulsion type O），这被列入《越南经济事件十大盘点》之中。该疫苗可以初步将疫苗成品价下调约 20%，由此越南每年可以节省数万美元的费用①。

三、体育事业

第 18 届亚运会（Asian Games 18）是越南成绩最好的一届亚运会。越南在 2018 年雅加达亚运会上斩获 4 枚金牌、16 枚银牌和 18 枚铜牌，位列奖牌榜第 17 位，达到预定摘得至少 3 枚金牌的目标②。

2018 年是越南足球史上最成功的一年。越南国家足球队顺利夺取 2018 年铃木杯东南亚足球锦标赛（AFF Suzuki Cup）冠军、2018 年亚洲 U23 足球锦标赛亚军和首次晋级 2018 年亚洲运动会（ASIAD 2018）半决赛等辉煌成绩。这归功于智慧、体质、意志和道德品质融为一体的越南年青一代的球员以及韩国籍主教练朴恒绪。越南足球取得的成绩提升了越南民族自豪感和凝聚力。足球前卫阮光海获得越南国内外一片赞誉，成为 2018 年越南模范运动员。

越南参加第 18 届亚运会的代表团共有 523 名成员，包括 352 名运动员、81 名教练及其他官员、专家、医疗人员等。此次代表团成员数量远高于 4 年前参加第 17 届亚运会时的 298 人③。

四、文化艺术

2018 年底，越南国会大厦的当代艺术空间正式对外开放。国会大厦的当代艺术空间是由 15 名艺术家用 3 个月的时间，根据国会大道通道区地形制作的新作品，展示了 22 件多种类型的当代艺术作品，这些大尺寸的艺术作品把国会大厦装点成了当代艺术博物馆，迎接游客前来参观。这一艺术空间展现了当代艺术对文化遗产的观点，预计国会办公厅会将此艺术空间列为日后国会大厦参观行程

---

① 搜狐．越南经济事件 10 大盘点［EB/OL］．［2018 - 12 - 27］．http：//www.sohu.com/a/285034312_ 120065163.

② 越通社．雅加达亚运会最后比赛日：越南在奖牌榜上排名第 17 位［EB/OL］．［2018 - 09 - 02］．https：//cn.qdnd.vn/cid - 6157/7223/nid - 552884.html.

③ 越南之声广播电台．2018 年亚运会．越南男足首战大胜［EB/OL］．［2018 - 08 - 15］．http：//vovworld. vn/zh - CN/% E6% 96% B0% E9% 97% BB/2018% E5% B9% B4% E4% BA% 9A% E8% BF% 90% E4% BC% 9A% E8% B6% 8A% E5% 8D% 97% E7% 94% B7% E8% B6% B3% E9% A6% 96% E6% 88% 98% E5% A4% A7% E8% 83% 9C - 670532. vov.

的首站。观众一方面能感受到艺术家传递出来的艺术信息，另一方面还能感受到文化遗产过去和现在的对话。这是越南国会大厦首次设置大型独特的艺术空间，与国会大厦脚下的升龙文物博物馆实现空间连接，从古至今的空间连接给参观者带来不同的文化体验。

第八节　发展展望

2019 年，越南首先将继续保证政治社会稳定，在此基础上，越南将大力革新各项政治制度，完善法制建设，推动革新事业进一步发展，提高国家管理能力，继续加大反腐工作力度，建设廉洁、高效政府。在经济方面，越南将继续保持宏观经济稳定，抑制通货膨胀，调整经济结构和转型增长模式，调整产业结构，完善社会主义定向市场经济并力争得到国际社会越来越多国家和国际组织的承认，努力提高人民生活水平。在外交方面，越南将继续奉行大国平衡战略，同时也将继续深入推动发展对外关系，加快融入国际社会脚步，努力树立负责任的国家形象，提升越南在国际社会上的地位；在东盟内部，越南将一如既往地充当老挝、柬埔寨、缅甸和东盟内部其他成员国之间的沟通桥梁，同时努力发挥更大的作用；在与其他经济体的合作中，越南将加快有效落实已签署的各项贸易协定。在人文社会方面，越南将继续秉持人文事业来源于生活、服务于市场的方针，发展服务于社会主义建设的人文社会事业；在越南民族自信心、自豪感、凝聚力建设方面，越南将继续按照自身对越南历史的认知注重培养普通民众特别是青少年、青年一代的历史观，同时也会在国际上宣扬越南对自身历史的认知，进而增强越南民族、海外越侨对越南民族的认可、归属和凝聚力。

参考文献

［1］邵建平，杨祥章．文莱概论［M］．广州：世界图书出版公司，2012：4．

［2］中华人民共和国驻文莱达鲁萨兰国大使馆．文莱概况［EB/OL］．［2018 - 02 - 20］．https：//www.fmprc.gov.cn/ce/cebn/chn/wlgk/．

［3］Agence Kampuchea Presse. Election Official Results：CPP Wins All NA Seats［N/OL］．［2018 - 08 - 15］．http：//akpnews.info/archives/135938．

［4］Klaus Schwab. The Global Competitiveness Report 2018［R］．Geneva：World Economic Forum，2018．

［5］Freshnews. Cambodia Earns US $ 300 Million from Rubber［N/OL］．［2019 - 01 - 28］．http：//en.freshnewsasia.com/index.php/en/localnews/12840 - 2019 - 01 - 28 - 08 - 57 - 58.html．

［6］Trading Economics. Cambodia Competitiveness Index［DB/OL］．［2019 - 02 - 22］．https：//tradingeconomics.com/cambodia/competitiveness - index．

［7］Trading Economics. Cambodia GDP［N/OL］．https：//tradingeconomics.com/cambodia/gdp．

［8］高棉日报．国王签发王令正式任命新内阁29名政府部门部长全部留任［N/OL］．［2018 - 09 - 06］．http：//cn.thekhmerdaily.com/article/21566．

［9］高棉日报微信公众号．2018 年柬埔寨 GDP 增长 7.3%［N/OL］．［2019 - 01 - 03］．

［10］柬华日报．政府和政党领袖论坛今日举行 多方共商成立最高咨询理事会［N/OL］．［2018 - 08 - 21］．http：//jianhuadaily.com/20180821/26638．

［11］柬华日报．参议院审议通过《政党法》修正案［N/OL］．［2018 - 12 - 25］．http：//jianhuadaily.com/20181225/40032．

［12］柬华日报．新政府大规模提拔官员引关注［N/OL］．［2018 - 11 - 13］．http：//jianhuadaily.com/20181113/34650．

［13］柬埔寨中国商会．东南亚国家清廉度　柬埔寨排名垫底［N/OL］．
［2019 – 01 – 30］．https：//mp. weixin. qq. com/s？—biz = MzA4NDY3NjgwNw = =
&mid = 2649501910&idx = 4&sn = c5bf211151c341eae46fe7e56c9c38bf&chksm = 87
fb097eb08c8068c20b9f0f1fb4756392ed5ce64250af055440aa2335a4868c8620c0e7434b
&mpshare = 1&scene = 1&srcid = 0130YHSTHV1zXmsNVpTrqtHs#rd.

［14］柬中时报．柬未来税收增长难度高［N/OL］．［2019 – 02 – 08］．ht-
tps：//cc – times. com/posts/3991.

［15］柬中时报．欧盟宣布征税　柬大米或每年加付 6000 万美元进口税
［N/OL］．［2019 – 01 – 17］．https：//cc – times. com/posts/3816.

［16］Freshnews. 2018 年获批建筑项目接近 3000 个，协议投资额约 50 亿美
元，金边市 5 层楼建筑已超过 1000 栋［EB/OL］．http：//cn. freshnewsasia. com/
index. php/en/10832 – 2018 – 12 – 24 – 05 – 37 – 18. html.

［17］柬中时报．柬最大水电站投产　助实现电力自给自足［N/OL］．
［2018 – 12 – 17］．https：//cc – times. com/posts/3531.